阴山山脉秦汉长城调查报告

下 册

内蒙古自治区文物考古研究院
内蒙古博物院
编

张文平 主编

文物出版社

第十章

汉外长城北线

汉外长城北线分布在呼和浩特市武川县、包头市达尔罕茂明安联合旗、巴彦淖尔市乌拉特中旗和乌拉特后旗境内。与汉外长城南线大体呈同一走向。本次调查发现的长城墙体最东端起于今呼和浩特市武川县西乌兰不浪镇圪妥行政村阿路康卜村西南1.1千米，西端在乌拉特后旗潮格温德尔镇巴音努如嘎查西北42.5千米处，由此与蒙古国南戈壁省镜内的汉外长城相衔接。

在调查中，将墙体共划分为320段，其中包括土墙205段、石墙4段、消失墙体111段。墙体总长为523849米，其中土墙长379810米、石墙长6240米、消失段落长137799米。在总长379810米的土墙中，保存一般部分长24461米、保存较差部分长50294米、保存差部分长273517米、消失部分长31538米。在总长6240米的石墙中，保存一般部分长5644米、保存较差部分长596米墙体沿线共调查单体建筑12座，均为障城，未见烽燧。具体统计见下表（表一〇）。

表一〇　汉外长城北线数据统计简表

<table>
<tr><td colspan="2" rowspan="3">县域</td><td colspan="9">墙体（米）</td><td>单体建筑（座）</td></tr>
<tr><td rowspan="2">总长</td><td colspan="4">土墙</td><td colspan="2">石墙</td><td rowspan="2">消失段</td><td rowspan="2">障城</td></tr>
<tr><td>一般</td><td>较差</td><td>差</td><td>消失</td><td>一般</td><td>较差</td></tr>
<tr><td>呼和浩特市</td><td>武川县</td><td>41438</td><td></td><td></td><td>26142</td><td>359</td><td></td><td></td><td>14937</td><td></td></tr>
<tr><td>包头市</td><td>达尔罕茂明安联合旗</td><td>136632</td><td></td><td>7452</td><td>74650</td><td>1886</td><td></td><td></td><td>52644</td><td>3</td></tr>
<tr><td rowspan="2">巴彦淖尔市</td><td>乌拉特中旗</td><td>186319</td><td></td><td>9188</td><td>117590</td><td>4614</td><td></td><td>73</td><td>54854</td><td>3</td></tr>
<tr><td>乌拉特后旗</td><td>159460</td><td>24461</td><td>33654</td><td>55135</td><td>24679</td><td>5644</td><td>523</td><td>15364</td><td>6</td></tr>
<tr><td colspan="2" rowspan="2">小计</td><td rowspan="2"></td><td>24461</td><td>50294</td><td>273517</td><td>31538</td><td>5644</td><td>596</td><td rowspan="2">137799</td><td rowspan="2">12</td></tr>
<tr><td colspan="4">379810</td><td colspan="2">6240</td></tr>
<tr><td colspan="2">合计</td><td colspan="9">523849</td><td>12</td></tr>
</table>

下面，从长城墙体分布与走向、长城墙体与单体建筑保存现状两个方面，按照由东向西的旗县顺序，分别予以详细描述。

一 长城墙体分布与走向

汉外长城北线自呼和浩特市武川县西乌兰不浪镇圪妥行政村阿路康卜村西南1.1千米处的中后河北岸起，向北进入丘陵山区，经后乌日塔村东、大查素图村西，折向西北方向，经二份子乡黑沙图行政村庆和昌村南、小公村西南、讨号兔行政村西小井村西南，再过火烧羊圈行政村莫盖图村东，至二份子行政村三份子村西北2.3千米处进入包头市达尔罕茂明安联合旗石宝镇西沟子村境内。武川县境内的汉外长城北线墙体在金界壕墙体西侧与其并行分布长达40余千米，两者间距远则1200米，近则20～100米间，墙体走向及周边环境情况基本一致。因墙体分布在浅山丘陵与大青山北麓山间谷地中，墙体两侧或为耕地、或为冲沟，部分墙体被山水冲毁，墙体损毁较严重。

汉外长城北线与金界壕分行后，进入包头市达尔罕茂明安联合旗境内。该旗地处阴山北麓，地势南高北低，缓缓倾斜。北线长城墙体自石宝镇西沟子村东南2.1千米处向西北延伸，沿着塔尔浑河支流河谷地，穿过后哈业忽洞村、上苏吉村、东滩村东南，在黄花滩水库南进入百灵庙镇辖区，经电围栏村、西猪场村、农牧队村，伸入百灵庙镇所在的艾不盖河上游谷地。此段墙体主要行经在丘陵、河谷间，因耕田种地和道路建设等人为因素，墙体整体保存状况很差。汉外长城北线墙体继续向西北延伸，先后经过分布在低山陡坡中的东阿玛乌苏、西阿玛乌苏、小林场、查干哈绍、赛巴雅尔、好勒宝、黑敖包、红海、巴音敖包、西呼力苏等村庄后，再贯穿巴音花镇格吉格图、查汗楚鲁、乌兰宝力格、扎玛音呼都格、阿拉呼都格、呼和艾力更、苏吉高勒、满达图、呼鲁斯太、呼莫格等环境以高平原台地为特征的牧区嘎查、村和牧点，在呼莫格嘎查西南3.1千米处的开令河西岸，伸入巴彦淖尔市乌拉特中旗境内。汉外长城北线自东南向西北，在丘陵、河谷和平原间缓缓而行。

乌拉特中旗境内的汉外长城北线自巴音乌兰苏木巴音查干嘎查东南18.5千米处起，大体由东向西，经巴音查干嘎查南，在阿日呼都格嘎查西北穿一条季节性河流，折向西南，经新乌素嘎查东北、乌勒吉图嘎查东南，于额和布拉格嘎查东南11.3千米处穿X930县道，折向西北继续延伸，经呼勒斯嘎查北、巴音宝日嘎查北，在敦德乌素嘎查西南8.2千米处又折向西南方向，进入川井镇德尔斯嘎查东南，穿巴音杭盖嘎查、额和音查干嘎查北，再折向西北伸入乌拉特后旗境内。长城墙体主要穿行在丘陵高原间，整体保存较差。

乌拉特后旗境内的汉外长城北线自巴音前达门苏木巴音查干嘎查西北38.6千米处的一季节性河流西岸上接乌拉特中旗长城墙体，继续向西南延伸，先后经哈拉图嘎查、阿布日拉图嘎查西北，巴音哈梢嘎查、巴音满都呼嘎查西南，再经潮格温德尔镇巴音努如嘎查北，在巴音努如嘎查西北42.5千米处延伸进入蒙古国南戈壁省境内。长城墙体自东向西，穿行在低山丘陵、砂砾石戈壁高原以及沙丘戈壁地带。在乌拉特后旗境内，汉外长城北线与汉外长城南线的间距最近距离是2.75千米。

二 长城墙体与单体建筑保存现状

下面，对汉外长城北线以旗县为单位，从长城墙体与单体建筑保存现状方面，分别予以详细描述。

（一）呼和浩特市武川县

在调查中，将武川县境内汉外长城北线墙体共划分为27段，其中包括土墙15段、消失墙体12段。墙体总长41438米，其中土墙长26501米、消失段落长14937米。在总长26501米的土墙中，保存差部分长26142米、消失部分长359米。

下面，对这些墙体段落和单体建筑分作详细描述。

1. 阿路康卜长城1段（150125382101040001）

阿路康卜长城1段是本次调查发现的汉外长城北线的东起第一段墙体。该段长城起自西乌兰不浪镇圪妥行政村阿路康卜村西南1.1千米，止于阿路康卜村西南0.1千米。墙体由西南—东北走向转呈南北走向，下接阿路康卜长城2段。

墙体长1099米，为夯土筑墙，保存差。墙体位于耕地中，濒临消失，现呈略凸起于地表的土垄状，现存墙体底宽最宽7、残高最高0.5米。墙体东侧0.01～0.02千米处为阿路康卜界壕。

2. 阿路康卜长城2段（150125382301040002）

该段长城起自西乌兰不浪镇圪妥行政村阿路康卜村西南0.1千米，止于阿路康卜村北偏西0.6千米。墙体大致呈东南—西北走向，上接阿路康卜长城1段，下接阿路康卜长城3段。

本段墙体为消失段，起止点之间的直线距离长685米。墙体所在区域现被辟为耕地，地表不见相关遗迹。依据相邻上下段墙体情况，推断该段墙体原应为土墙。

3. 阿路康卜长城3段（150125382101040003）

该段长城起自西乌兰不浪镇圪妥行政村阿路康卜村北偏西0.6千米，止于阿路康卜村北偏西1.4千米。墙体呈南北走向，上接阿路康卜长城2段，下接阿路康卜长城4段。

墙体长783米，为夯土筑墙，保存差。墙体位于耕地中，濒临消失，现呈略凸起于地表的土垄状，底宽2、残高最高0.3米。墙体东侧0.12千米处为阿路康卜界壕。

4. 阿路康卜长城4段（150125382301040004）

该段长城起自西乌兰不浪镇圪妥行政村阿路康卜村北偏西1.4千米，止于阿路康卜村北偏西1.8千米。墙体大致呈东南—西北走向，上接阿路康卜长城3段，下接东前乌日塔长城。

本段墙体为消失段，起止点之间的直线距离长429米。墙体经行地段现为前乌塔河，河水滚动冲刷造成墙体灭失。依据相邻上下段墙体情况，推断该段墙体原应为土墙。

5. 东前乌日塔长城（150125382101040005）

该段长城起自西乌兰不浪镇圪妥行政村东前乌日塔村西南1.5千米，止于东前乌日塔村西北1.14千米。墙体作内外弯曲分布，大体呈南北走向，上接阿路康卜长城4段，下接后乌日塔长城1段。

墙体长1520米，为夯筑土墙，保存差。墙体沿前乌日塔河北岸上坡行，止于东西向土路处。墙体位于耕地的边缘处，局部遭冲沟冲刷破坏较严重。现存墙体呈低矮的土垄状，底宽5、残高最高0.4米。该段墙体分布在风电场区内，农田耕种危及墙体保存。墙体东侧0.235千米处为东前乌日塔界壕2段。

6. 后乌日塔长城1段（150125382101040006）

该段长城起自西乌兰不浪镇圪妥行政村后乌日塔村东南1.5千米，止于后乌日塔村东南0.9千米。墙体呈东南—西北走向，上接东前乌日塔长城，下接后乌日塔长城2段。

墙体长720米，为夯筑土墙，保存差。墙体沿后乌日塔河南岸坡地下坡行，止于支沟南岸，于地表现呈较高的土垄状，墙体底宽2～5、残高0.3～1米。墙体两侧为耕地，东侧有小冲沟，洪水北流汇入后乌日塔支沟。

7. 后乌日塔长城2段（150125382301040007）

该段长城起自西乌兰不浪镇圪妥行政村后乌日塔村东南0.9千米，止于后乌日塔村东北1.1千米。墙体大致呈南北走向，上接后乌日塔长城1段，下接后乌日塔长城3段。

本段墙体为消失段，起止点之间的直线距离长1700米。墙体消失在后乌日塔河及其南北部耕地中，下段墙体在耕地北部坡地上复现。依据相邻上下段墙体情况，推断该段墙体原应为土墙。

8. 后乌日塔长城3段（150125382101040008）

该段长城起自西乌兰不浪镇圪妥行政村后乌日塔村东北1.1千米，止于后乌日塔村北2.1千米。墙体略作外向直角折线形分布，大体由南北走向渐变为东南—西北走向，上接后乌日塔长城2段，下接大查素图长城1段。

墙体长1632米，为夯筑土墙，顶部有石块垒砌的痕迹，保存差。墙体先沿丘陵坡地北行，至大查素沟村东南支沟折向西行，穿过支沟渐变为西北行，止于村南梁土路西侧。现存墙体呈略凸起于地表的土垄状，底部最宽10、残高最高0.5米。墙体沿线小沟洪水冲刷及道路通行，导致墙体出现大小不等的四处断豁。

9. 大查素图长城1段（150125382301040009）

该段长城起自西乌兰不浪镇圪妥行政村后乌日塔村北2.1千米，止于大查素图村西南0.64千米。墙体大致呈东南—西北走向，上接后乌日塔长城3段，下接大查素图长城2段。

本段墙体为消失段，起止点之间的直线距离长409米。墙体地处大查素图村西南支沟及其东岔沟中，洪水冲刷造成墙体消失。依据相邻上下段墙体情况，推断该段墙体原应为土墙。

10. 大查素图长城2段（150125382101040010）

该段长城起自西乌兰不浪镇圪妥行政村大查素图村西南0.64千米，止于大查素图村西偏南0.68千米。墙体呈东偏南—西偏北走向，上接大查素图长城1段，下接大查素图长城3段。

墙体长166米，为夯筑土墙，保存差。墙体遗存于大查素图主河槽与西南支沟间梁顶上，现呈略凸起于地表的土垄状，底部最宽10、残高最高0.5米。该段墙体东坡下为耕地，西侧有沟岔，两岸亦被开垦。

11. 大查素图长城3段（150125382301040011）

该段长城起自西乌兰不浪镇圪妥行政村大查素图村西偏南0.68千米，止于大查素图村西北0.8千米。墙体大致呈东南—西北走向，上接大查素图长城2段，下接大查素图长城4段。

本段墙体为消失段，起止点之间的直线距离长334米。墙体地处大查素图河槽及其南北两岸坡地，洪水冲刷与耕地开垦耕种造成墙体消失。依据相邻上下段墙体情况，推断该段墙体原应为土墙。

12. 大查素图长城4段（150125382101040012）

该段长城起自西乌兰不浪镇圪妥行政村大查素图村西北0.8千米，止于大查素图村西北2.6千米。墙体呈东南—西北走向，上接大查素图长城3段，下接庆和昌长城1段。

墙体长1862米，为夯筑土墙，顶部有石块垒砌的痕迹，保存差。墙体在前母号村西南部沟谷两岸缓谷延伸，止于风电场南北向土路处。现存墙体位于风电场内，略凸起于地表，底宽0.5～6、残高最高0.5米。沿线有土路及沟谷径流导致墙体断豁，墙体东北侧0.125～0.3千米处为前母号界壕。

13. 庆和昌长城1段（150125382101130013）

该段长城起自二份子乡黑沙图行政村庆和昌村东南3.1千米，止于庆和昌村南0.5千米。墙体由东偏南—西偏北走向转为南北走向，上接大查素图长城4段，下接庆和昌长城2段。

墙体长3254米，为夯筑土墙，两侧有石块垒砌的痕迹，总体保存差（彩图七六三）。墙体沿后母号西南部窄谷地穿行，穿过沟谷后顺缓沟环绕，止于庆和昌村南河槽岸边。沿线沟谷地带被雨水冲毁消失。现存墙体呈高矮不等的土垄状，底宽1～7、残高0.1～1米。其中，保存差部分长3119米、消失部分长135米，分别占该段墙体总长的95.9%、4.1%。

14. 庆和昌长城2段（150125382301040014）

该段长城起自二份子乡黑沙图行政村庆和昌村南0.5千米，止于庆和昌村南0.27千米。墙体大致呈南北走向，上接庆和昌长城1段，下接庆和昌长城3段。

本段墙体为消失段，起止点之间的直线距离长302米。墙体遭季节性河流冲淘，两岸已开辟为耕地，地表不见相关遗迹。依据相邻上下段墙体情况，推断该段墙体原应为土墙。

15. 庆和昌长城3段（150125382101040015）

该段长城起自二份子乡黑沙图行政村庆和昌村南0.27千米，止于庆和昌村西北3.3千米。墙体呈东偏南—西偏北走向，上接庆和昌长城2段，下接小公长城1段。

墙体长3708米，为夯筑土墙，总体保存差。墙体从村中穿过，个别地段墙体被压在现代民居之下，村北河槽及庆和昌北海子地段墙体消失。现存墙体呈略凸起于地表的土垄状，底宽2～7、顶宽2、残高0.5～1米（彩图七六四）。其中，保存差部分长3484米、消失部分长224米，分别占该段墙体总长度的94%、6%。中小段墙体两侧均为条状耕地。墙体东北侧有小公村界壕3段墙体并行，在北海子处与界壕间距为0.07千米。

16. 小公长城1段（150125382301040016）

该段长城起自二份子乡黑沙图行政村小公村南1.3千米，止于小公村南偏西0.9千米。墙体大致呈东南—西北走向，上接庆和昌长城3段，下接小公长城2段。

本段墙体为消失段，起止点之间的直线距离长569米。墙体起点处为小公南河槽，河槽西岸为耕地，人为与自然因素导致墙体消失。依据相邻的上下段墙体情况，推断该段墙体原应为土墙。

17. 小公长城2段（150125382101040017）

该段长城起自二份子乡黑沙图行政村小公村南偏西0.9千米，止于小公村西南0.65千米。墙体大致呈南北走向，上接小公长城1段，下接小公长城3段。

墙体长264米，为夯筑土墙，保存差。墙体地处耕地中，现呈略凸起于地表的土垄状，底宽6～8、残高最高0.2米。该段墙体西侧紧邻土路，东部为南北向的小公河槽，河槽东岸有金界壕小公边堡。

18. 小公长城3段（150125382301040018）

该段长城起自二份子乡黑沙图行政村小公村西南0.65千米，止于小公村西0.6千米。墙体大致呈南偏东—北偏西走向，上接小公长城2段，下接小公长城4段。

本段墙体为消失段，起止点之间的直线距离长463米。墙体地处三合民东南部河槽及其南北两岸，洪水冲刷及北岸耕地开垦耕种导致墙体消失。南岸有部分土筑墙体残存，表明该段墙体原应为土墙。三合民前河槽与小公南河槽洪水于该段长城东部合流后东去，为塔布河。

19. 小公长城4段（150125382101040019）

该段长城起自二份子乡黑沙图行政村小公村西0.6千米，止于小公村西北3.8千米。墙体呈东南—西北走向，上接小公长城3段，下接西小井长城1段。

墙体长3570米，为夯筑土墙，保存差。墙体沿小公与三合民之间缓谷北偏西上行，翻过山坳进入西沟的小东支沟，止于南岸半坡。现存墙体呈略凸起于地表的土垄状，底宽4～8、残高最高0.5米。墙体两侧大部分为耕地，对该段长城保护影响较大。武川至固阳公路在起点北部穿过墙体，造成部分墙体消失。墙体止点处北部山丘上，有四条并列的南北向探矿沟。

20. 西小井长城1段（150125382101040020）

该段长城起自二份子乡讨号兔行政村西小井村南3.3千米，止于西小井村西偏南1.2千米。墙体呈南偏东—北偏西走向，上接小公长城4段，下接西小井长城2段。

墙体长3553米，为夯筑土墙，保存差。墙体选择丘陵谷地修筑，进入东大井沟之后西北行，随后转北行，止于西小井与讨号图村之间河槽南岸。现存墙体呈略凸起于地表的土垄状，底部最宽5、残高最高0.4米。墙体两侧沟谷亦被开垦，有农耕土路傍墙侧行，均对墙体保存构成影响。"东侧为西小井界壕"，亦沿沟谷地修筑，大体与之并行。

21. 西小井长城2段（150125382301040021）

该段长城起自二份子乡讨号兔行政村西小井村西偏南1.2千米，止于西小井村西1千米。墙体大致呈南北走向，上接西小井长城1段，下接西小井长城3段。

本段墙体为消失段，起止点之间的直线距离长448米。墙体经行地段现为河槽、河槽北岸公路及其南北坡耕地，自然与人为因素导致墙体消失。依据相邻上下段墙体情况，推断该段墙体原应为土墙。

22. 西小井长城3段（150125382101040022）

该段长城起自二份子乡讨号兔行政村西小井村西1千米，止于西小井村西北3.3千米。墙体作内外弯曲分布，由南偏东—北偏西走向转为南北走向，上接西小井长城2段，下接莫盖图长城1段。

墙体长3067米，为夯筑土墙，保存差。墙体始终选择谷地穿行，翻过山梁后转北行、西北行，再转北行，止于莫盖图东谷地中。现存墙体呈略凸起于地表的土垄状，底宽最宽3、残高0.1～0.5米。东侧有西小井界壕与墙体并行分布，局部墙体被叠压在界壕墙体之下。耕地与洪水冲刷造成墙体断豁。

23. 莫盖图长城1段（150125382301040023）

该段长城起自二份子乡火烧羊圈行政村莫盖图村东偏南0.7千米，止于莫盖图村东北0.4千米。墙体大致呈东南—西北走向，上接西小井长城3段，下接莫盖图长城2段。

本段墙体为消失段，起止点之间的直线距离长598米。墙体地处莫盖图村东北部的沟谷地中，谷底发育形成冲沟，洪水冲刷导致墙体消失。依据相邻上下段墙体情况，推断该段墙体原应为土墙。

24. 莫盖图长城2段（150125382101040024）

该段长城起自二份子乡火烧羊圈行政村莫盖图村东北0.4千米，止于莫盖图村北0.4千米。墙体呈东南—西北走向，上接莫盖图长城1段，下接莫盖图长城3段。

墙体长308米，为夯筑土墙，保存差。墙体于莫盖图村东北部沟谷河槽北岸复现，旋即消失在村北耕地中。现存墙体呈高矮不等的土垄状，底宽1～2、残高0.1～0.6米。

25. 莫盖图长城3段（150125382301040025）

该段长城起自二份子乡火烧羊圈行政村莫盖图村北0.4千米，止于莫盖图村北8.3千米。墙体作南北走向，上接莫盖图长城2段，下接三份子长城1段。

本段墙体为消失段，起止点之间的直线距离长7800米。墙体起点在莫盖图北水槽与公路交叉点东北侧，大体沿坡地北偏东行，这部分墙体当消失在公路之下；自火烧羊圈村西始，该段长城可能被界壕副墙利用或在界壕修筑时破坏，影踪难觅。在东营子西部的河槽北岸，有局部土筑墙体与界壕墙体并存；在三份子村南、S104省道旧路北侧，有土筑墙体痕迹北偏西向延伸，表明该段墙体为土墙。

26. 三份子长城1段（150125382101040026）

该段长城起自二份子乡二份子行政村三份子村北0.4千米，止于三份子村西北1.1千米。墙体呈南偏东—北偏西走向，上接莫盖图长城3段，下接三份子长城2段。

墙体长995米，为夯筑土墙，保存差。墙体位于三份子村西路北耕地中，现呈略凸起于地表的土垄状，现存墙体底宽3～6、残高最高0.3米。北梁至北吉图南北向土路穿过后小段墙体，造成墙体豁口。

27.三份子长城2段（150125382301040027）

该段长城起自二份子乡二份子行政村三份子村西北1.1千米，止于三份子村西北2.3千米。墙体原应作南偏东—北偏西走向，上接三份子长城1段，下接包头市达尔罕茂明安联合旗西沟子长城1段。

本段墙体为消失段，起止点之间的直线距离长1200米。墙体地处北梁北沟口内外，起点处耕地中隐约可见土筑墙体痕迹，进入沟口后沿东岸上行，其后穿过沟谷进入西支沟，在沟脑部位墙体复现。洪水冲刷及农田耕种是这段墙体消失的主要原因。汉外长城北线西北行，金界壕东北向延伸，二者自此分野。

（二）包头市达尔罕茂明安联合旗

在调查中，将达尔罕茂明安联合旗境内汉外长城北线墙体共划分为81个调查段，其中包括土墙47段、消失墙体34段。墙体总长136632米，其中土墙长83988米、消失段落长52644米。在总长83988米的土墙中，保存较差部分长7452米、保存差部分长74650米、消失部分长1886米。此外，沿线调查障城3座。下面，对这些墙体段落和单体建筑分作详细描述。

1.西沟子长城1段（150223382101040001）

该段长城起自石宝镇西沟子村东南2.1千米，止于西沟子村东南1.6千米。本段为达尔罕茂明安联合旗境内汉外长城北线的东起第一段墙体，呈东南—西北走向，上接武川县三份子长城2段，下接西沟子长城2段。

墙体长704米，为夯筑土墙，保存差。墙体分布在北梁北沟西支沟与后白银不浪南沟东支沟谷地中，现呈略凸起于地表的土垄状，两侧个别处可见石砌痕迹，石块一线排列，类似于护基石。现存墙体底宽2～6、残高0.1～0.6米。其中，山梁顶部的墙体保存较好，两侧支沟中的墙体受洪水冲刷及沟谷地开垦的影响，保存差，甚至出现豁口。

2.西沟子长城2段（150223382301040002）

该段长城起自石宝镇西沟子村东南1.6千米，止于西沟子村东南1.3千米。墙体大致呈南北走向，上接西沟子长城1段，下接西沟子长城3段。

本段墙体为消失段，起止点之间的直线距离长520米。墙体地处后白银不浪南沟谷地中，洪水冲刷与耕地开垦导致墙体消失，下段墙体在西支沟沟口遗存。该段墙体原应为土墙，与上下段墙体在谷地中呈“Z”形分布。

3.西沟子长城3段（150223382101040003）

该段长城起自石宝镇西沟子村东南1.3千米，止于西沟子村东南0.45千米。墙体呈东南—西北走向，上接西沟子长城2段，下接西沟子长城4段。

墙体长957米，为夯筑土墙，保存差。墙体分布在西沟子村东南山梁及其东南、西北两侧沟谷地中，现存墙体呈略凸起于地表的土垄状，底宽2～5、残高最高0.5米。墙体周围地表可见少量泥质灰陶片。墙体分布的沟谷均被开垦，耕种与洪水冲刷对该段墙体保护构成影响。

4.西沟子长城4段（150223382301040004）

该段长城起自石宝镇西沟子村东南0.45千米，止于西沟子村西北0.6千米。墙体大致呈东南—西北走向，上接西沟子长城3段，下接后哈业忽洞长城1段。

本段墙体为消失段，起止点之间的直线距离长1100米。墙体地处西沟子村中及其东南、西北部坡耕地中，村落建设与耕地开垦导致墙体消失。依据相邻上下段墙体情况，推断该段墙体原应为土墙。

5. 后哈业忽洞长城1段（150223382101040005）

该段长城起自石宝镇后哈业忽洞村东南1.53千米，止于后哈业忽洞村东南0.6千米。墙体作直线分布，呈东南—西北走向，上接西沟子长城4段，下接后哈业忽洞长城2段。

墙体长924米，为夯筑土墙，保存差。墙体分布于西沟子村与后哈业忽洞村中间地带的耕地中，遭破坏严重，隐约可见其轮廓，具体尺度已无法测量。东北侧有农耕土路并行。

6. 后哈业忽洞长城2段（150223382301040006）

该段长城起自石宝镇后哈业忽洞村东南0.6千米，止于后哈业忽洞村北1.3千米。墙体大致呈南北走向，上接后哈业忽洞长城1段，下接上苏吉长城。

本段墙体为消失段，起止点之间的直线距离长1900米。墙体地处村东南坡地及村北谷地中，有土路通往上苏吉村，两侧坡谷地均被开垦耕种。消失了的墙体压在土路之下，至前哈业忽洞西南部的土路东侧，墙体复现。从地形地貌的情形判断，该段墙体原应为土墙。

7. 上苏吉长城（150223382101040007）

该段长城起自石宝镇上苏吉村东南1.6千米，止于上苏吉村西北3.2千米。墙体呈东南—西北走向，上接后哈业忽洞长城2段，下接东滩长城。

墙体长4884米，为夯筑土墙，保存差。墙体前小段位于土路南侧的林地边缘地带，中小段部分墙体处在耕地中，后小段墙体南侧有土路并行，止于干楼铺东北部的“丁”字形路口处。现存墙体大部分地段呈略凸起于地表的土垄状，底宽2～6、残高最高0.5米。耕地中的墙体，仅略微隆起于地表，处在消失的边缘。

8. 东滩长城（150223382301040008）

该段长城起自石宝镇东滩村东南5.7千米，止于东滩村西北6.9千米。墙体大致呈东南—西北走向，上接上苏吉长城，下接电围栏长城1段。

本段墙体为消失段，起止点之间的直线距离长12700米。墙体沿宽缓的谷地修筑，大体经东河村西、东滩村西、下房子西北行，在砖窑东南部的芨芨湖西北岸墙体复现。东滩东南部的墙体，有白石头沟上游巴拉干河槽，河槽两岸尽为耕地；其东北部为川耕地，末端消失在芨芨湖中。依据相邻上下段墙体情况及沿线地形地貌状况，推断该段墙体原应为土墙。

9. 电围栏长城1段（150223382101040009）

该段长城起自百灵庙镇电围栏村东南0.8千米，止于电围栏村西北2.2千米。墙体呈南偏东—北偏西走向，上接东滩长城，下接电围栏长城2段。

墙体长3005米，为褐土夯打筑墙，总体保存差。墙体沿谷地北缓坡地延伸，止于洪水西北流的电围栏西河槽东北岸。中小段墙体两侧为农田，个别地段墙体被改造为引水渠。现存墙体呈略凸起于地表的土垄状，底宽2～6、残高0.1～0.8米。其中，保存差部分长2937米、消失部分长68米，分别占该段墙体总长的97.7%、2.3%。墙体周围采集少量泥质灰陶片。

10. 电围栏长城2段（150223382301040010）

该段长城起自百灵庙镇电围栏村西北2.2千米，止于塔日更敖包嘎查南1.73千米。墙体大致呈东南—西北走向，上接电围栏长城1段，下接西猪场长城。

本段墙体为消失段，起止点之间的直线距离长234米。电围栏西河槽洪水西北流，墙体消失在河槽中。洪水又西与烂迭巴支流合流，向北注入塔尔洪河。依据相邻上下段墙体情况，推断该段墙体原应为土墙。

11. 西猪场长城（150223382101040011）

该段长城起自百灵庙镇塔日更敖包嘎查南1.73千米，止于塔日更敖包嘎查西偏北3.46千米。墙体呈东南—西北走向，上接电围栏长城2段，下接农牧队长城1段。

墙体长4076米，为夯筑土墙，总体保存差。墙体自烂迭卜支沟与电围栏西河槽洪水合流处穿过沟谷，沿草原坡地西北直行，止于X063县道华亿加气站北入口对面。呼百（呼和浩特—百灵庙）公路从中穿过，造成墙体消失。现存墙体呈低矮的土垄状，墙体底宽4～6、残高0.3～0.6米。其中，保存差部分长3991米、消失部分长85米，分别占该段墙体总长的97.9%、2.1%。墙体周边采集有少量泥质灰陶片。

12. 农牧队长城1段（150223382101040012）

该段长城起自百灵庙镇农牧队村东南5.04千米，止于农牧队村东南2.54千米。墙体作直线分布，呈东南—西北走向，上接西猪场长城，下接农牧队长城2段。

墙体长2511米，以黑褐土夯筑，保存差。墙体被利用为砂石路路基，止于黄花滩西偏北部的砂石路与墙体分离处。公路的断豁处可见墙体痕迹。由于墙体被压在公路之下，具体尺度无法测量，公路底宽10～14、高0.5～1米。该公路已废弃不用，仍可作为长城段予以保护。

13. 农牧队长城2段（150223382101040013）

该段长城起自百灵庙镇农牧队村东南2.54千米，止于农牧队村东南1千米。墙体呈东南—西北走向，上接农牧队长城1段，下接农牧队长城3段。

墙体长1473米，为夯筑土墙，总体保存差。墙体沿丘陵坡地延伸，止于土路直角折弯处。现存墙体呈略凸起于地表的土垄状，底宽4～6、残高0.3～0.6米。一条东西向渠沟穿过墙体，造成墙体断豁。其中，保存差部分长1462米、消失部分长11米，分别占该段墙体总长的99.3%、0.7%。

14. 农牧队长城3段（150223382301040014）

该段长城起自百灵庙镇农牧队村东南1千米，止于农牧队村西北1.1千米。墙体大致呈东南—西北走向，上接农牧队长城2段，下接农牧队长城4段。

本段墙体为消失段，起止点之间的直线距离长2200米。墙体地处农牧队村中及其附近耕地中，村南墙体大体处在土路之下，村北墙体消失在耕地中，下段墙体在耕地中有残存。依据相邻上下段墙体情况，推断该段墙体原应为土墙。

15. 农牧队长城4段（150223382101040015）

该段长城起自百灵庙镇农牧队村西北1.1千米，止于农牧队村西北1.6千米。墙体呈东南—西北走向，上接农牧队长城3段，下接农牧队长城5段。

墙体长479米，为就地取土夯打筑墙，保存差。墙体地处耕地中，仅见略凸起于地表的轮廓，现存墙体底宽4～7、残高最高0.5米。农田持续耕种，将危及该段长城保护。墙体东邻艾不盖河槽。

16. 农牧队长城5段（150223382301040016）

该段长城起自百灵庙镇农牧队村西北1.6千米，止于农牧队村西北6.5千米。墙体大致呈东南—西北走向，上接农牧队长城4段，下接百灵庙长城1段。

本段墙体为消失段，起止点之间的直线距离长4800米。原墙体沿艾不盖河东岸延伸，止于西北二手车达茂分公司墙西。墙体前小段约三分之二消失在艾不盖河槽中，后小段消失在采砂场与城市建设之中，大体处在鹿鸣山庄小区东半部。

17. 百灵庙长城1段（150223382101040017）

该段长城起自百灵庙镇（文物管理所旧址大门）东南1.9千米，止于百灵庙镇东南1.5千米。墙体呈东南—西北走向，上接农牧队长城5段，下接百灵庙长城2段。

墙体长510米，为夯筑土墙，保存差。墙体遗存于百灵庙镇河东孤山东坡，止于山坡北端。墙体现呈略凸起于地表的土垄状，底宽4.5～7、残高0.1～0.6米。

18. 百灵庙长城2段（150223382301040018）

该段长城起自百灵庙镇（文物管理所旧址大门）东南1.5千米，止于百灵庙镇西北2.3千米。墙体大致呈东南—西北走向，上接百灵庙长城1段，下接东阿玛乌苏长城1段。

本段墙体为消失段，起止点之间的直线距离长3800米。长城墙体延伸至百灵庙镇东南部的河东孤山东坡北端消失，其后不知所终，其路径当先沿艾卜盖河东岸北行，绕过"S"状延伸的河床，而后转西行，于百灵庙镇北部穿越艾不盖河，墙体复现于达茂联合旗转播台北部的艾卜盖河西岸谷地上。河水冲刷与城镇建设导致墙体消失。依据地形地貌及相邻的上下段墙体情况，推断该段墙体原应为土墙。

墙体沿线调查障城1座，为丹山障城。

丹山障城（150223353101040003） 位于百灵庙镇艾不盖村西南0.6千米的山顶上，东北距百灵庙长城2段墙体2.7千米。

障城依山顶地形而筑，平面呈不规则形五边形，周长209米，面积为2801平方米（彩图七六五）。墙体为石块垒砌，基宽5、顶宽2、残高1～3米。城内地势西北高东南低，中部暴露有石砌房址局部。城门位于南墙中部，宽约7米，方向155°。方向障城东侧有一条采石道路，人为采石对障城有所破坏。障城东北0.2千米处的夹皮沟西部山顶上有一座瞭望台。台体为石块垒砌，塌落严重，仅余基础部分，平面呈方形，底部边长10、残高0.2米。

19. 东阿玛乌苏长城1段（150223382101040019）

该段长城起自百灵庙镇东阿玛乌苏村东南0.4千米，止于东阿玛乌苏村西1千米。墙体呈东偏南—西偏北走向，上接百灵庙长城2段，下接东阿玛乌苏长城2段。

墙体长1304米，为土墙，总体保存差。墙体位于东阿玛乌苏村中西南部及其西部的转播台院内与院外耕地中，止于阿玛勿苏河槽西岸。墙体局部遭耕地损坏，个别地段被房屋压在下面。现存墙体呈略凸起于地表的土垄状，底宽4.5～7、残高0.1～1米。其中，保存差部分长1130米、消失部分长174米，分别占该段墙体总长的86.7%、13.3%。阿玛乌苏河槽洪水东流，注入艾卜盖河。

20. 东阿玛乌苏长城2段（150223382301040020）

该段长城起自百灵庙镇东阿玛乌苏村西1千米，止于东阿玛乌苏村西偏北2.2千米。墙体大致呈东偏南—西偏北走向，上接东阿玛乌苏长城1段，下接西阿玛乌苏长城。

本段墙体为消失段，起止点之间的直线距离长1200米。墙体沿阿玛乌苏河槽北岸延伸，前小段墙体消失在河槽防洪堤下，后小段墙体因水土流失而消失。依据相邻上下段墙体情况，推断该段墙体原应为土墙。

21. 西阿玛乌苏长城（150223382101040021）

该段长城起自百灵庙镇西阿玛乌苏村东北1千米，止于西阿玛乌苏村西北2.98千米。墙体呈东南—西北走向，上接东阿玛乌苏长城2段，下接小林场长城1段。

墙体长3153米，为夯筑土墙，总体保存差。墙体沿阿玛乌苏河槽北岸延伸，穿过G210国道，止于阿玛乌苏北支沟与主河槽入口处东岸。现存墙体呈略凸起于地表的土垄状，底宽1.5～7、高0.1～0.5米。道路修筑以及沿线洪水冲刷导致部分墙体消失。其中，保存差部分长2973米、消失部分长180米，分别占该段墙体总长度的94.3%和5.7%。

22. 小林场长城1段（150223382301040022）

该段长城起自百灵庙镇小林场北1.95千米，止于小林场北偏西2.87千米。墙体大体呈东南—西北走向，上接西阿玛乌苏长城，下接小林场长城2段。

本段墙体为消失段，起止点之间的直线距离长1100米。墙体地处阿玛乌苏主河槽与北支沟洪水交汇点北侧，止于北支沟西岸，洪水滚动冲刷导致墙体消失。依据相邻上下段墙体情况，推断该段墙体原应为土墙。

23. 小林场长城2段（150223382101040023）

该段长城起自百灵庙镇小林场北偏西2.87千米，止于小林场村西北3.7千米。墙体呈东南—西北走向，上接小林场长城1段，下接查干哈绍长城1段。

墙体长1010米，为褐土夯打筑墙，保存差。墙体沿阿玛乌苏正沟河槽北岸延伸，止于庆达木河槽与主河槽交汇点西侧。现存墙体轮廓较清晰，略凸起于地表，底宽2～3、残高0.1～0.3米。庆达木河槽洪水冲断墙体，造成宽20米的墙体豁口。

24. 查干哈绍长城1段（150223382301040024）

该段长城起自百灵庙镇查干哈绍（庆达木）牧点东南2.3千米，止于查干哈绍牧点西0.9千米。墙体大致呈东南—西北走向，上接小林场长城2段，下接查干哈绍长城2段。

本段墙体为消失段，起止点之间的直线距离长3000米。墙体沿阿玛乌苏正沟河槽北岸延伸，止于牧点西部东北—西南向土路的西北侧。河槽洪水冲刷与坡地水土流失导致墙体消失。依据相邻上下段墙体情况，推断该段墙体原应为土墙。

25. 查干哈绍长城2段（150223382101040025）

该段长城起自百灵庙镇查干哈绍牧点西0.9千米，止于查干哈绍牧点西北1.4千米。墙体呈东南—西北走向，上接查干哈绍长城1段，下接查干哈绍长城3段。

墙体长568米，为夯筑土墙，保存差。墙体沿阿玛乌苏正沟河槽南岸修筑，止于北部“丫”形支沟与主河槽交汇点西侧。现存墙体呈略凸出于地表的土垄状，底宽1～2、残高0.1～0.3米。墙体南侧有土路并行，车道逐步南移变换，形成多条辙迹。

26. 查干哈绍长城3段（150223382301040026）

该段长城起自百灵庙镇查干哈绍（庆达木）牧点西北1.4千米，止于查干哈绍（庆达木）牧点西北1.6千米。墙体大致呈东南—西北走向，上接查干哈绍长城2段，下接查干哈绍长城4段。

本段墙体为消失段，起止点之间的直线距离长223米。阿玛乌苏正沟河槽弯曲冲刷，造成墙体消失。依据相邻上下段墙体情况，推断该段墙体原应为土墙。

27. 查干哈绍长城4段（150223382101040027）

该段长城起自百灵庙镇查干哈绍（庆达木）牧点西北1.6千米，止于查干哈绍（庆达木）牧点西北1.7千米。墙体呈东南—西北走向，上接查干哈绍长城3段，下接查干哈绍长城5段。

墙体长78米，为夯筑土墙，保存差。墙体遗存于阿玛乌苏正沟外弧形河槽的南岸凹窝处，呈略凸起于地表的土垄状，底宽3～5、残高0.1～0.3米。

28. 查干哈绍长城5段（150223382301040028）

该段长城起自百灵庙镇查干哈绍（庆达木）牧点西北1.7千米，止于查干哈绍（庆达木）牧点西北3千米。墙体大致呈东南—西北走向，上接查干哈绍长城4段，下接赛巴雅尔长城1段。

本段墙体为消失段，起止点之间的直线距离长1300米。墙体沿阿玛乌苏正沟谷地修筑，北部山上有五条长短不一的河槽洪水汇入，洪水弯曲冲刷造成墙体消失。依据相邻上下段墙体情况，推断该段墙体原应为土墙。

29. 赛巴雅尔长城1段（150223382101040029）

该段长城起自百灵庙镇赛巴雅尔牧点东1.9千米，止于赛巴雅尔牧点东北1.3千米。墙体呈东南—西北走向，上接查干哈绍长城5段，下接赛巴雅尔长城2段。

墙体长2075米，为夯筑土墙，总体保存差。墙体沿准套海牧点北部阿玛乌苏正沟上游谷地构筑，止于东北流的赛日音呼都格上游河槽东南岸。前小段北部山上有数条沟谷洪水南向下泄，洪水冲刷导致部分墙体消失，消失部分长110米。存留墙体长1965米，保存差，呈略凸起于地表的土垄状，底宽2～7、残高0.3～1米（彩图七六六）。其中，保存差部分、消失部分，分别占该段墙体总长的94.7%、5.3%。

30. 赛巴雅尔长城2段（150223382101040030）

该段长城起自百灵庙镇赛巴雅尔牧点东北1.3千米，止于赛巴雅尔牧点西北3.3千米。墙体呈东南—西北走向，上接赛巴雅尔长城1段，下接好勒宝长城。

墙体长2672米，为夯筑土墙，总体保存较差。墙体沿赛日音呼都格上游西支沟谷地上行，翻过山梁沿乌日图鄂日格河槽东沟谷下行，止于河槽东岸。赛日音呼都格河槽洪水冲刷导致起点处墙体消失。留存墙体呈略凸起于地表的土垄状，底宽2～7、残高0.3～1米。其中，保存较差部分长2602米、消失部分长70米，分别占该段墙体总长的97.4%、2.6%。

31. 好勒宝长城（150223382101040031）

该段长城起自百灵庙镇好勒宝牧点东南1.1千米，止于好勒宝牧点西偏北1.3千米。墙体呈东南—西北走向，上接赛巴雅尔长城1段，下接黑敖包长城1段。

墙体长2425米，为夯筑土墙，总体保存较差。墙体穿过乌日图鄂日格河槽，翻过山梁，再过西支沟，经好勒宝南部进入西沟谷，止于该沟沟脑地带。现存墙体呈高土垄状，底宽5～8、残高1～1.5米。其中，河槽中的墙体消失，西沟谷中下游墙体保存差，其余墙体保存较差。保存较差部分长2049米、保存差部分长166米、消失部分长210米，分别占该段墙体总长的84.5%、6.8%和8.7%。

32. 黑敖包长城1段（150223382101040032）

该段长城起自百灵庙镇黑敖包牧点东偏北1.1千米，止于黑敖包牧点西北2.5千米。墙体呈东南—西北走向，上接好勒宝长城，下接黑敖包长城2段。

墙体长3280米，为夯筑土墙，局部残存零星石块，总体保存差。墙体延伸到哈日敖包北部的德日花呼绍上游河槽，翻过山梁，再穿过西支沟，伸入西岔沟谷地，止于西山梁上。现存墙体呈略凸起于地表的土垄状，底宽3～10、残高0.1～1米（彩图七六七）。其中，河槽中的墙体消失，其余部分保存差。墙体保存差部分长3110米、消失部分长170米，分别占该段墙体总长94.8%、5.2%。

33. 黑敖包长城2段（150223382101040033）

该段长城起自百灵庙镇黑敖包牧点西北2.5千米，止于黑敖包牧点西北5.8千米。墙体呈东南—西北走向，上接黑敖包长城1段，下接红海长城1段。

墙体长3508米，为夯筑土墙，局部墙基有零星石块，总体保存差。墙体沿谷地作下坡行，止于浑浩日牧点所在河槽东岸。现存墙体呈略凸起于地表的土垄状，底宽1～7、残高0.1～1米。其中，中小段墙体沿线有小冲沟发育，冲断部分墙体。墙体保存差部分长3462米、消失部分长46米，分别占该段墙体总长的98.7%、1.3%。

34. 红海长城1段（0223382301040034）

该段长城起自百灵庙镇红海（浑浩日）牧点南偏西0.4千米，止于红海牧点西偏南0.3千米。墙体大致呈东南—西北走向，上接黑敖包长城2段，下接红海长城2段。

本段墙体为消失段，起止点之间的直线距离长324米。墙体所在区域现为红海西河槽，洪水冲刷导致墙体消失。依据相邻上下段墙体情况，推断该段墙体原应为土墙。

35.红海长城2段（150223382101040035）

该段长城起自百灵庙镇红海牧点西南0.3千米，止于红海牧点西北0.98千米。墙体呈东南—西北走向，上接红海长城1段，下接红海长城3段。

墙体长861米，为夯筑土墙，两侧有少量护基石块，保存差。墙体沿河槽西岸北偏西行，上坡后转西北行，止点东侧有南北向土路。墙体现呈低矮的土垄状，底宽2～5、残高0.5米。墙体两侧有废弃的牧点房。

36.红海长城3段（150223382301040036）

该段长城起自百灵庙镇红海牧点西北0.98千米，止于红海牧点西北1.33千米。墙体大致呈东南—西北走向，上接红海长城2段，下接红海长城4段。

本段墙体为消失段，起止点之间的直线距离长356米。墙体经过低洼地段，水土流失造成墙体消失。依据相邻上下段墙体情况，推断该段墙体原应为土墙。有南北向土路于该段长城末端穿过。

37.红海长城4段（150223382101040037）

该段长城起自百灵庙镇红海牧点西北1.33千米，止于红海牧点西北3.4千米。墙体作外向弧线形分布，由东南—西北走向转为东偏南—西偏北走向，上接红海长城3段，下接巴音敖包长城1段。

墙体长2072米，为夯筑土墙，保存差。墙体在孤山岭北麓环绕，止于X077县道东侧。墙体现呈明显凸起于地表的土垄状，底宽2～8、残高0.1～1米。墙体上多处有乡村土路穿过，南部山岭上有通讯信号塔。

38.巴音敖包长城1段（150223382301040038）

该段长城起自百灵庙镇买卖浩瑙都牧点东北0.66千米，止于买卖浩瑙都牧点北偏东0.44千米。墙体大致呈东南—西北走向，上接红海长城4段，下接巴音敖包长城2段。

本段墙体为消失段，起止点之间的直线距离长495米。墙体分布在陶来图音高勒上游河槽及其东岸坡地上，洪水冲刷与道路修筑导致墙体消失。依据相邻上下段墙体情况，推断该段墙体原应为土墙。

39.巴音敖包长城2段（150223382101040039）

该段长城起自百灵庙镇买卖浩瑙都牧点北偏东0.44千米，止于买卖浩瑙都牧点西北0.72千米。墙体呈东南—西北走向，上接巴音敖包长城1段，下接巴音敖包长城3段。

墙体长552米，为夯筑土墙，保存差。墙体起点在陶来图音高勒河槽西岸，止于包头至满都拉铁路东部坡地上。现存墙体呈低矮的土垄状，底宽5～8、残高0.1～0.5米。墙体南侧有土路并行。

40.巴音敖包长城3段（150223382301040040）

该段长城起自百灵庙镇巴音花嘎查东南1.11千米，止于巴音花嘎查南偏西0.09千米。墙体原应呈东南—西北走向，上接巴音敖包长城2段，下接巴音敖包长城4段。

本段墙体为消失段，起止点之间的直线距离长1100米。巴音花前河槽洪水冲刷，导致墙体消失。依据相邻上下段墙体情况，推断该段墙体原应为土墙。包满（包头—满都拉口岸）铁路高架桥从此段长城所在区域跨过。

41.巴音敖包长城4段（150223382101040041）

该段长城起自百灵庙镇巴音花嘎查南偏西0.09千米，止于巴音花嘎查西北2.6千米。墙体呈东南—

西北走向，上接巴音敖包长城3段，下接西呼力苏长城1段。

墙体长2586米，为夯筑土墙，局部两侧有石块，保存差。墙体沿巴音花西北谷地延伸，止于光伏电场西河槽西岸。现存墙体呈明显凸起于地表的土垄状，底宽5～8、残高0.2～1米。西河槽洪水冲刷，导致该段墙体末端长360米的墙体消失。其中，保存差部分长 2226米、消失部分长 360米，分别占该段墙体总长的86.1%、13.9%。一条土路先在墙体北侧，自中小段斜穿墙体转于南侧，对墙体保存影响较大。

42.西呼力苏长城1段（150223382101040042）

该段长城起自百灵庙镇西呼力苏牧点东南2.1千米，止于西呼力苏牧点西偏南0.55千米。墙体呈东南—西北走向，上接巴音敖包长城4段，下接西呼力苏长城2段。

墙体长2517米，为夯筑土墙，总体保存差。墙体穿过光伏电场西河槽的两条西支沟上游河槽，翻过低山岭，再经西呼力苏西南部穿过苏海图音高勒河槽，止于西岸南北向土路西侧。现存墙体呈明显起于地表的土垄状，底宽2～7、顶宽0.1～0.5米。其中，保存差部分长2437米、消失部分长80米，分别占该段墙体总长的96.8%、3.2%。墙体沿线有石圈墓分布。

43.西呼力苏长城2段（150223382301040043）

该段长城起自百灵庙镇西呼力苏牧点西偏南0.55千米，止于西呼力苏牧点西偏北0.87千米。墙体大致呈东南—西北走向，上接西呼力苏长城1段，下接西呼力苏长城3段。

本段墙体为消失段，起止点之间的直线距离长412米。墙体途经苏海图音高勒西支沟河槽，洪水冲刷造成墙体消失。依据相邻上下段墙体情况，推断该段墙体原应为土墙。

44.西呼力苏长城3段（150223382101040044）

该段长城起自百灵庙镇西呼力苏牧点西偏北0.87千米，止于西呼力苏牧点西北2.77千米。墙体作外向弧线形分布，由东南—西北走向转为东偏南—西偏北走向，上接西呼力苏长城2段，下接格吉格图长城1段。

墙体长1951米，为夯筑土墙，局部地段可见护坡石，保存差。墙体延伸于苏海力图音高勒河槽西部的另外三条支沟，止于芨芨湖西岸。现存墙体呈略凸起于地表的土垄状，底宽3～7、残高最高0.3米。后小段芨芨湖中的墙体损毁严重。有一条乡村土路穿过前小段墙体，还有小河槽洪水冲断墙体，均造成墙体豁口。止点北部有废弃的牧点房。

45.格吉格图长城1段（150223382101040045）

该段长城起自巴音花镇格吉格图牧点东南2.06千米，止于格吉格图牧点东偏北0.28千米。墙体略作“S”状分布，大体呈东南—西北走向，上接西呼力苏长城3段，下接格吉格图长城2段。

墙体长1844米，为夯筑土墙，顶部散布有碎石，总体保存差。墙体分布在阿达格音河槽两岸，止于格吉格图牧点所在河槽东岸。河槽中墙体因洪水冲刷消失，遗存的墙体呈明显凸起于地表的土垄状，底宽1～7、残高0.1～1米（彩图七六八）。其中，保存差部分长1799米、消失部分长45米，分别占该段墙体总长的97.6%、2.4%。墙体外侧有明显的壕沟痕迹，上口宽3～4、深0.3米左右。

46.格吉格图长城2段（150223382301040046）

该段长城起自巴音花镇格吉格图牧点东偏北0.28千米，止于格吉格图牧点西北1.5千米。墙体大致呈东南—西北走向，上接格吉格图长城1段，下接格吉格图长城3段。

本段墙体为消失段，起止点之间的直线距离长1700米。墙体经行地段为格吉格图牧点所在河槽及其西部支沟地带，止点在笔直的西岔沟沟脑处，水土流失与洪水冲刷导致墙体消失。依据相邻上下段墙体情况，推断该段墙体原应为土墙。格吉格图牧点所在河槽洪水北偏东流，与北流的阿达格音乌苏洪水合流，称伊克乌苏。

47.格吉格图长城3段（150223382101040047）

该段长城起自巴音花镇格吉格图牧点西北1.5千米，止于格吉格图牧点西北2.23千米。墙体略作内向直角折线形分布，由东西走向转为南偏东—北偏西走向，上接格吉格图长城2段，下接格吉格图长城4段。

墙体长820米，为夯筑土墙，保存差。墙体地处珠日和牧点所在河槽中游东岸，现呈略凸起于地表的土垄状，底宽3～7、残高最高达0.3米。前小段墙体沿线有两条小洪沟，均造成墙体断豁。

48.格吉格图长城4段（150223382301040048）

该段长城起自巴音花镇格吉格图牧点西北2.23千米，止于格吉格图牧点西北2.5千米。墙体大致呈东北—西南走向，上接格吉格图长城3段，下接格吉格图长城5段。

本段墙体为消失段，起止点之间的直线距离长392米。墙体分布在珠日和牧点所在河槽处，洪水冲刷导致墙体消失。依据相邻上下段墙体情况，推断该段墙体原应为土墙。

49.格吉格图长城5段（150223382101040049）

该段长城起自巴音花镇格吉格图牧点西北2.5千米，止于格吉格图牧点西偏北3.4千米。墙体作内向折弧形分布，由东北—西南走向过渡为东南—西北走向，上接格吉格图长城4段，下接查汗楚鲁长城1段。

墙体1039米，为夯筑土墙，保存差。墙体沿谷地环绕，翻过西山梁，止于乌德牧点东南部的赛恩乌苏东支沟东岸。现存墙体呈略凸起于地表的土垄状，底宽3～6、残高0.1～0.5米。墙体外侧有壕沟隐现，上口宽3.5～4.5米，几乎与地表持平。

50.查汗楚鲁长城1段（150223382301040050）

该段长城起自巴音花镇查汗楚鲁牧点东北1.8千米，止于查汗楚鲁牧点北1.8千米。墙体呈东南—西北走向，上接格吉格图长城5段，下接查汗楚鲁长城2段。

本段墙体为消失段，起止点之间的直线距离长2000米。墙体分布在赛恩乌苏河槽与其东支沟河槽之间，洪水冲刷与水土流失导致墙体消失。依据相邻上下段墙体情况，推断该段墙体原应为土墙。

51.查汗楚鲁长城2段（150223382101040051）

该段长城起自巴音花镇查汗楚鲁牧点北1.8千米，止于查汗楚鲁牧点北偏西2.2千米。墙体呈东南—西北走向，上接查汗楚鲁长城1段，下接查汗楚鲁长城3段。

墙体长540米，为夯筑土墙，保存差。墙体分布在赛恩乌苏河槽西岸第一条缓谷及其两岸，止于谷地西梁上。现存墙体呈低矮的土垄状，底宽3～6、残高0.1～0.5米。沿线有数条径流洪水小河槽分布，冲断墙体。

52.查汗楚鲁长城3段（150223382301040052）

该段长城起自巴音花镇查汗楚鲁牧点北偏西2.2千米，止于查汗楚鲁牧点北偏西2.3千米。墙体呈东南—西北走向，上接查汗楚鲁长城2段，下接查汗楚鲁长城4段。

本段墙体为消失段，起止点之间的直线距离长299米。墙体延伸于缓谷中，洪水浸淫导致墙体消失。依据相邻上下段墙体情况，推断该段墙体原应为土墙。

53.查汗楚鲁长城4段（150223382101040053）

该段长城起自巴音花镇查汗楚鲁牧点北偏西2.3千米，止于查汗楚鲁牧点西北3.7千米。墙体作内外弯曲分布，大体呈东南—西北走向，上接查汗楚鲁长城3段，下接乌兰宝力格长城1段。

墙体长1603米，为夯筑土墙，局部墙体上有护坡石，总体保存差。墙体总体上分布在赛恩乌苏与乌兰宝力格东支沟之间丘陵坡地上，自然损毁严重，个别地段有豁口。现存墙体呈略凸起于地表的土垄状，底宽3～7、残高0.1～0.5米（彩图七六九）。其中，保存差部分长1553米、消失部分长50米，分别占该段墙体总长的96.9%、3.1%。

54. 乌兰宝力格长城1段（150223382301040054）

该段长城起自巴音花镇乌兰宝力格嘎查东南3.1千米，止于乌兰宝力格嘎查东南2.4千米。墙体呈东南—西北走向，上接查汗楚鲁长城4段，下接乌兰宝力格长城2段。

本段墙体为消失段，起止点之间的直线距离长756米。墙体地处乌兰宝力格东支沟河槽及其两岸坡地，洪水冲刷导致墙体消失。依据相邻上下段墙体情况，推断该段墙体原应为土墙。

55. 乌兰宝力格长城2段（150223382101040055）

该段长城起自巴音花镇乌兰宝力格嘎查东南2.4千米，止于乌兰宝力格嘎查东偏南2.1千米。墙体呈东南—西北走向，上接乌兰宝力格长城1段，下接乌兰宝力格长城3段。

墙体长367米，为夯筑土墙，部分地段底部有护坡石，保存差。墙体分布在乌兰宝力格东支沟西岸丘陵坡地上，止于乌兰宝力格主河槽东岔沟沟脑部位。现存墙体呈低矮的土垄状，底宽5～7、残高0.2～0.5米。沿线局部径流洪水造成墙体断豁。

56. 乌兰宝力格长城3段（150223382301040056）

该段长城起自巴音花镇乌兰宝力格嘎查东偏南2.1千米，止于乌兰宝力格嘎查东北1.3千米。墙体大致呈东南—西北走向，上接乌兰宝力格长城2段，下接乌兰宝力格长城4段。

本段墙体为消失段，起止点之间的直线距离长1100米。墙体位于乌兰宝力格主河槽东岔沟，沟谷形成的径流洪水冲刷导致墙体消失。河槽岸边的局部地带，有土筑墙体遗存，可辨明该段墙体的分布与走向。

57. 乌兰宝力格长城4段（150223382101040057）

该段长城起自巴音花镇乌兰宝力格嘎查东北1.3千米，止于乌兰宝力格嘎查东北1.26千米。墙体呈东南—西北走向，上接乌兰宝力格长城3段，下接乌兰宝力格长城5段。

墙体长158米，为夯筑土墙，保存差。墙体分布在乌兰宝力格主河槽东岸，地表隐约可见墙体痕迹，局部墙体底部边缘有护基石。现存墙体底宽2～4、残高0.2米。

58. 乌兰宝力格长城5段（150223382301040058）

该段长城起自巴音花镇乌兰宝力格嘎查东北1.26千米，止于乌兰宝力格嘎查北偏东0.85千米。墙体大致呈东南—西北走向，上接乌兰宝力格长城4段，下接乌兰宝力格长城6段。

本段墙体为消失段，起止点之间的直线距离长772米。墙体分布在乌兰宝力格河槽及其两岸坡地上，水土流失与洪水冲刷导致墙体消失。依据相邻上下段墙体情况，推断该段墙体原应为土墙。

59. 乌兰宝力格长城6段（150223382101040059）

该段长城起自巴音花镇乌兰宝力格嘎查北偏东0.85千米，止于乌兰宝力格嘎查北偏西0.99千米。墙体呈东南—西北走向，上接乌兰宝力格长城5段，下接乌兰宝力格长城7段。

墙体长729米，为夯筑土墙，总体保存差。墙体沿河槽西岸谷地与坡地延伸，止于乌兰宝力格北出土路西侧窄谷中。现存墙体呈略凸起于地表的土垄状，底宽2～8、残高0.1～0.3米。土路南北向穿过墙体，自东向西变换辙道，造成墙体局部消失。

60. 乌兰宝力格长城7段（150223382301040060）

该段长城起自巴音花镇乌兰宝力格嘎查北偏西0.99千米，止于乌兰宝力格嘎查北偏西1.34千米。墙体大致呈东南—西北走向，上接乌兰宝力格长城6段，下接乌兰宝力格长城8段。

本段墙体为消失段，起止点之间的直线距离长442米。墙体地处鄂黑音乌苏沟沟脑地带的两条缓谷之间，雨水浸淫与洪水径流造成墙体消失。缓谷间坡地上有土筑墙体残存，几乎与地表持平，划归消失段。

61. 乌兰宝力格长城8段（150223382101040061）

该段长城起自巴音花镇乌兰宝力格嘎查北偏西1.34千米，止于乌兰宝力格嘎查西北2.1千米。墙体呈东南—西北走向，上接乌兰呼都格长城7段，下接扎玛音呼都格长城1段。

墙体长785米，为夯筑土墙，保存差。墙体位于鄂黑音乌苏西支沟沟脑地带，现呈略凸起于地表的土垄状，底宽2～8、残高最高0.5米。沿线有六条径流洪水沟，造成墙体豁口。

62.扎玛音呼都格长城1段（150223382301040062）

该段长城起自巴音花镇扎玛音呼都格牧点东南0.7千米，止于扎玛音呼都格牧点北0.2千米。墙体大致呈东南—西北走向，上接乌兰呼都格长城8段，下接扎玛音呼都格长城2段。

本段墙体为消失段，起止点之间的直线距离长856米。墙体分布在扎玛音呼都格牧点谷地中，谷底河槽洪水冲刷及两岸坡地水土流失导致墙体消失。依据相邻上下段墙体情况，推断该段墙体原应为土墙。

63.扎玛音呼都格长城2段（150223382101040063）

该段长城起自巴音花镇扎玛音呼都格牧点北0.2千米，止于扎玛音呼都格牧点西北1.5千米。墙体呈东南—西北走向，上接扎玛音呼都格长城1段，下接扎玛音呼都格长城3段。

墙体长1365米，为夯筑土墙，保存差。墙体穿过谷地与其间山梁，止于鄂日格音乌苏河槽东岸山梁上。现存墙体呈略凸起于地表的土垄状，底宽1～8、残高0.1～0.6米。有土路垂直穿过墙体，土路西北部的浅谷径流洪水造成墙体豁口。

墙体沿线调查障城1座，为苏木图障城。

苏木图障城（150223353101040001）　位于巴音花镇扎玛音呼都格牧点西南2.4千米的山尖上，东北距扎玛音呼都格长城2段墙体1.4千米。

障城平面呈不规则五边形，周长为154米。障城墙体为黄土夯筑而成，保存较差，其中南墙残高2～3米，可见明显的夯层，厚9～15厘米；东墙残高1～2、北墙残高1～3、西墙残高0.2～0.4米。东南墙开门，宽约7.5米，方向130°。障城西南0.64千米的山顶上，有一座石块垒砌的瞭望台，平面呈方形，底部边长18、顶部边长8、残高4米。

64.扎玛音呼都格长城3段（150223382301040064）

该段长城起自巴音花镇扎玛音呼都格牧点西北1.5千米，止于扎玛音呼都格牧点西北2.8千米。墙体大致呈东南—西北走向，上接扎玛音呼都格长城2段，下接阿拉呼都格长城1段。

本段墙体为消失段，起止点之间的直线距离长1300米。墙体地处乌兰呼洞牧点所在河槽南部两岸及其西部的两条支沟沟脑部位，止于圆孤山东北侧并列小洪沟处。水土流失与洪水冲刷是墙体消失的主要原因。两条支沟之间坡地上有土筑墙体遗存，地表仅略微隆起，划入消失段。

65.阿拉呼都格长城1段（150223382101040065）

该段长城起自巴音花镇阿拉（日）呼都格东北1.6千米，止于阿拉（日）呼都格北偏西1.5千米。墙体呈东南—西北走向，上接扎玛音呼都格长城3段，下接阿拉呼都格长城2段。

墙体长2519米，为夯筑土墙，顶部偶见有碎石，总体保存差。墙体分布在阿日呼都格牧点所在河槽及其两岸的丘陵坡地上，止于阿日呼都格牧点西河槽东岸。现存墙体呈略凸起于地表的土垄状，底宽3～8、顶宽1～3、残高0.2～1米。其中，保存差部分长2402米、消失部分长117米，分别占该段墙体总长的95.4%、4.6%。

66.阿拉呼都格长城2段（150223382301040066）

该段长城起自巴音花镇阿拉（日）呼都格北偏西1.5千米，止于阿拉（日）呼都格西北2.8千米。墙体大致呈东南—西北走向，上接阿拉呼都格长城1段，下接呼和艾力更长城1段。

本段墙体为消失段，起止点之间的直线距离长1400米。墙体分布在阿拉（日）呼都格牧点西河槽与其西部土岭东半坡，前小段墙体消失在河槽中，后小段墙体消失于西岸坡地上；坡地上局部见有土筑墙体遗存，几乎与地表持平。

67.呼和艾力更长城1段（150223382101040067）

该段长城起自巴音花镇呼和艾力更（鄂日格）东北1.5千米，止于呼和艾力更北偏东1.2千米。墙作内向折线形分布，由东西走向转呈东偏南—西偏北走向，上接阿拉呼都格长城2段，下接呼和艾力更长城2段。

墙体长636米，为黄褐土筑墙，部分地段有护基石，总体保存差。墙体翻过土岭，穿过阿拉（日）呼都格西河槽西支沟，止于呼和艾力更（鄂日格）河槽东岸。现存墙体呈略凸起于地表的土垄状，底宽1~5、残高0.3米。阿拉（日）呼都格西河槽西支沟洪水冲刷，造成该段墙体豁口。

68.呼和艾力更长城2段（150223382301040068）

该段长城起自巴音花镇呼和艾力更北偏东1.2千米，止于呼和艾力更北1.2千米。墙体大致呈东偏南—西偏北走向，上接呼和艾力更长城1段，下接呼和艾力更长城3段。

本段墙体为消失段，起止点之间的直线距离长501米。墙体位于呼和艾力更（鄂日格）牧点北部河槽处，洪水冲刷造成墙体消失。依据相邻上下段墙体情况判断，该段墙体原应为夯筑土墙。

69.呼和艾力更长城3段（150223382101040069）

该段长城起自巴音花镇呼和艾力更北1.2千米，止于呼和艾力更北偏西1.6千米。墙体呈东南—西北走向，上接呼和艾力更长城2段，下接呼和艾力更长城4段。

墙体长743米，为夯筑土墙，顶部偶见有碎石，保存差。墙体分布在呼和艾力更牧点所在河槽与其西河槽之间，穿越低缓的谷地与丘陵坡地，现呈略凸起于地表的土垄状，底宽1~5、残高0.1~0.3米。牧点所在河槽的两条西南支沟洪水冲刷造成墙体断豁。

70.呼和艾力更长城4段（150223382301040070）

该段长城起自巴音花镇呼和艾力更北偏西1.6千米，止于呼和艾力更西北2.2千米。墙体大体呈东南—西北走向，上接呼和艾力更长城3段，下接呼和艾力更长城5段。

本段墙体为消失段，起止点之间的直线距离长739米。墙体地处呼和艾力更（鄂日格）西河槽及其西岸坡地上，洪水冲刷与水土流失导致墙体消失。在西坡地上，仍有部分低矮的土筑墙体遗存。

71.呼和艾力更长城5段（150223382101040071）

该段长城起自巴音花镇呼和艾力更西北2.2千米，止于呼和艾力更西北2.8千米。墙体大体呈东西走向，上接呼和艾力更长城4段，下接呼和艾力更长城6段。

墙体长739米，为黄褐土夯打筑墙，保存差。墙体沿缓坡地延伸，止点在阿日乌苏河槽东岸。现存墙体呈略凸起于地表的土垄状，底宽1~7、残高0.2米。

72.呼和艾力更长城6段（150223382301040072）

该段长城起自巴音花镇呼和艾力更西北2.8千米，止于呼和艾力更西北3千米。墙体大致呈东南—西北走向，上接呼和艾力更长城5段，下接苏吉高勒长城1段。

本段墙体为消失段，起止点之间的直线距离长223米。墙体地处阿日乌苏河槽地段，洪水冲刷造成墙体消失。依据相邻上下段墙体情况，推断该段墙体原应为土墙。

73.苏吉高勒长城1段（150223382101040073）

该段长城起自巴音花镇苏吉高勒东偏南2.95千米，止于苏吉高勒北0.9千米。墙体略有内向弯曲，大体呈东南—西北走向，上接呼和艾力更长城6段，下接苏吉高勒长城2段。

墙体长3419米，为黄褐土夯打筑墙，总体保存差。墙体沿平缓的丘陵草原构筑，止于苏吉高勒东岸小支沟处。现存墙体呈略凸起于地表的土垄状，底宽6～7、残高0.5～1.2米。其中，中小段墙体保存较差，长682米；沿线径流洪水冲刷与雨水浸淫，造成110米墙体消失；其余部分墙体保存差，长2627米，分别占该段墙体总长的20%、76.8%和3.2%。

该段墙体止点西南0.28千米处，复查发现苏吉高勒城址。城址平面呈圆形，直径130米。城墙土筑，现呈低矮的土垄状，底宽7～8、残高0.8米左右。中间有圆形小土丘，城外原应有壕，现仅略凹于地表。该城址建筑在苏吉高勒河槽东岸，性质不明。

74.苏吉高勒长城2段（150223382301040074）

该段长城起自巴音花镇苏吉高勒北0.9千米，止于苏吉高勒西北3千米。墙体大致呈东南—西北走向，上接苏吉高勒长城1段，下接满达图长城1段。

本段墙体为消失段，起止点之间的直线距离长2200米。墙体地处苏吉高勒河槽下游与主河槽包尔鄂日格河槽交汇地带，苏吉高勒河槽洪水顺墙体所在谷地冲刷，并与主河槽洪水交汇，导致墙体消失。依据相邻上下段墙体情况与地形地貌状况，推断该段墙体原应为土墙。

75.满达图长城1段（150223382101040075）

该段长城起自巴音花镇满达图南1.1千米，止于满达图西2.9千米。墙体呈东南—西北走向，上接苏吉高勒长城2段，下接满达图长城2段。

墙体长3159米，为黄褐土夯打筑墙，保存差。墙体沿满达图牧点西南部低缓的谷地丘陵延伸，止于墙体弧弯处。现存墙体于地表大部分呈明显的土垄状，底宽3～7、残高0.1～0.4米。牧点西南及西部的谷底河槽洪水冲刷，造成墙体断豁。

76.满达图长城2段（150223382101040076）

该段长城起自巴音花镇满达图西2.9千米，止于白音敖包嘎查东3.02千米。墙体呈东南—西北走向，上接满达图长城1段，下接呼鲁斯太长城1段。

墙体长3523米，为黄褐土夯打筑墙，总体保存较差。墙体沿低缓的白音敖包东南部丘陵草原直行，止于白音敖包东出土路0.3千米处。现存墙体呈略凸起于地表的土垄状，底宽5～8、残高0.2～1.5米（彩图七七〇）。其中，保存较差的前小段墙体长2119米、保存差的后小段墙体长1404米，分别占该段墙体总长的60.1%、39.9%。该段墙体中部水土流失与洪水浸淫造成墙体三处断豁。

77.呼鲁斯太长城1段（150223382101040077）

该段长城起自巴音花镇白音敖包嘎查东3.02千米，止于白音敖包嘎查北偏东1.95千米。墙体呈东南—西北走向，上接满达图长城2段，下接呼鲁斯太长城2段。

墙体长2894米，为黄褐土夯打筑墙，保存差。墙体沿白音敖包嘎查所在河槽东岸低缓的丘陵草原延伸，止点在南北向土路处。现存墙体呈明显凸起于地表的土垄状，底宽5～8、残高0.2～0.8米。白音敖包嘎查东出及自此路北向分行的土路穿过前小段墙体，造成墙体豁口。

78.呼鲁斯太长城2段（150223382101040078）

该段长城起自巴音花镇呼鲁斯太东北2.1千米，止于呼鲁斯太西北2.9千米。墙体呈东南—西北走向，上接呼鲁斯太长城1段，下接呼莫格长城1段。

墙体长1759米，为黄褐土夯打筑墙，保存差。墙体仍向西北方向直线延伸，止于包头市环形旅游公路西侧。现存墙体呈略凸起于地表的土垄状，底宽3～7、残高0.1～0.5米。起点处土路与止点处柏油路，均造成墙体豁口。

79.呼莫格长城1段（150223382101040079）

该段长城起自巴音花镇嘎顺牧点东北1.86千米，止于呼莫格牧点东南1.82千米。墙体呈东南—西北走向，上接呼鲁斯太长城2段，下接呼莫格长城2段。

墙体长2432米，为黄褐土夯打筑墙，保存差。墙体仍沿旷野草原直线延伸，直抵开令河东岸。现存墙体呈略凸起于地表的土垄状，底宽1～7、残高0.1～0.3米（彩图七七一）。后小段墙体接近河槽，沙化严重，地表隆起较低矮。

80.呼莫格长城2段（150223382301040080）

该段长城起自巴音花镇呼莫格牧点东南1.82千米，止于呼莫格牧点南偏西1.08千米。墙体呈东南—西北走向，上接呼莫格长城1段，下接呼莫格长城3段。

本段墙体为消失段，起止点之间的直线距离长1200米。墙体经行地段现为开令河河槽，东岸滩地被开垦，自然与人文因素导致墙体消失。依据相邻上下段墙体情况，推断该段墙体原应为土墙。

81.呼莫格长城3段（150223382101040081）

该段长城起自巴音花镇呼莫格牧点南偏西1.08千米，止于呼莫格牧点西偏南3.1千米。墙体呈东偏南—西偏北走向，上接呼莫格长城2段，下接巴彦淖尔市乌拉特中旗巴音查干长城1段。

墙体长2780米，为黄褐土夯打筑墙，保存差。墙体沿开令河西岸缓坡地上行至二级台地，止于南北向网围栏处。现存墙体呈略凸起于地表的土垄状，底宽3～7、残高0.1～1米。河槽西岸的前小段墙体有洪水流冲断墙体，上半部墙体两侧形成径流小冲沟，危及该段长城保护；二级台地上的墙体地表隆起较明显。

墙体沿线调查障城1座，为呼莫格障城。

呼莫格障城（150223353101040002） 又名白音敖包障城。位于巴音花镇呼莫格西偏南2.2千米的开令河西岸草原上，北距呼莫格长城3段墙体0.93千米。

障城平面略呈方形，边长130米，方向166°。城墙为黄褐土夯打筑成，整体保存一般，现存城墙底宽约20、顶宽约6、残高3～4米（彩图七七二）。东北角有一处约10米宽的豁口。城门设于南墙中部，宽10米，方向165°。城门外侧有半圆形瓮城，瓮城门朝东，宽约5米。该障城地处河流西岸，遇到大洪水流时古城西侧亦成为河道，对障城保护带来一定的影响。障城东墙和北墙外侧0.04千米处亦见有隆起的墙体，表明该城原应有外城，为“回”字形双重城墙。其余外城墙消失于洪水冲刷。

（三）巴彦淖尔市乌拉特中旗

在调查中，将乌拉特中旗境内汉外长城北线墙体共划分为137段，其中包括土墙82段、石墙1段、消失墙体54段。墙体总长186319米，其中土墙长131392米、石墙长73米、消失段落长54854米。在总长131392米的土墙中，保存较差部分长9188米、保存差部分长117590米、消失部分长4614米。石墙长73米，保存程度为较差。此外，沿线调查障城3座。下面，对这些墙体段落和单体建筑分作详细描述。

1.巴音查干长城1段（150824382101130001）

该段长城起自巴音乌兰苏木巴音查干嘎查（桑根达来嘎查）阿布日拉音哈雅牧点东偏南4.34千米，止于阿布日拉音哈雅牧点东南2千米。本段墙体为乌拉特中旗境内汉外长城北线的东起第一段墙体，大体呈东西走向，上接包头市达尔罕茂明安联合旗呼莫格长城3段，下接巴音查干长城2段。

墙体长2568米，为黄褐土夯打筑墙，总体保存差。墙体沿平缓的高台草原延伸，止于南北向土路东0.27千米处。现存墙体呈略凸起于地表的土垄状，底宽4.5～6、顶宽1.5～4.5、残高0.3～0.6米。其中，前小段有漫水道造成部分墙体消失，保存差部分长2550米、消失部分长18米，分别占该段墙体总长的99.3%、0.7%。

2. 巴音查干长城2段（150824382101130002）

该段长城起自巴音乌兰苏木巴音查干嘎查阿布日拉音哈雅牧点东南2千米，止于阿布日拉音哈雅牧点南偏东1.4千米。墙体呈东西走向，上接巴音查干长城1段，下接巴音查干长城3段。

墙体长796米，为黄褐土夯打筑墙，总体保存差。墙体分布在高台草原西缘，局部被同向并行的水道和横向穿越的土路破坏。现存墙体呈凸起于地表的土垄状，底宽4.5～6、顶宽4～4.5、残高0.1～0.5米。

3. 巴音查干长城3段（150824382301130003）

该段长城起自巴音乌兰苏木巴音查干嘎查阿布日拉音哈雅牧点南偏东1. 4千米，止于阿布日拉音哈雅牧点南偏西1.33千米。墙体呈东西走向，上接巴音查干长城2段. 下接巴音查干长城4段。

墙体长997米，为黄褐土夯打筑墙，总体保存差。墙体分布在阿布日拉音哈雅牧点南河槽及其两岸岔谷中，洪水冲刷导致大部分墙体消失。现存墙体呈略凸起于地表的土垄状，底宽3.5～5、残高0.1～0.5米。其中，保存差部分长464米、消失部分长533米，分别占该段墙体总长的46.5%、53.5%。

4. 巴音查干长城4段（150824382101130004）

该段长城起自巴音乌兰苏木巴音查干嘎查阿布日拉音哈雅牧点南偏西1.33千米，止于阿布日拉音哈雅牧点西南1.32千米。墙体呈东西走向，上接巴音查干长城3段，下接巴音查干长城5段。

墙体长101米，为黄褐土夯打筑墙，保存差。墙体位于阿布日拉音哈雅南河槽与西支沟间的梁背上，呈略凸起于地表的土垄状，底宽4.5～5、顶宽4～4.5、残高0.2～0.5米。

5. 巴音查干长城5段（150824382301130005）

该段长城起自巴音乌兰苏木巴音查干嘎查阿布日拉音哈雅牧点西南1.32千米，止于阿布日拉音哈雅牧点西南1.68千米。墙体大致呈东西走向，上接巴音查干长城4段，下接巴音查干长城6段。

本段墙体为消失段，起止点之间的直线距离长556米。墙体地处阿布日拉音哈雅南河槽西支沟沟脑部位，水土流失与洪水冲刷导致墙体消失。依据相邻上下段墙体情况，推断该段墙体原应为土墙。

6. 巴音查干长城6段（150824382101130006）

该段长城起自巴音乌兰苏木巴音查干嘎查阿布日拉音哈雅牧点西南1.68千米，止于阿布日拉音哈雅牧点西南2.03千米。墙体呈东西走向，上接巴音查干长城5段，下接巴音查干长城7段。

墙体长425米，为黄褐土筑墙，保存差。墙体分布在阿布日拉音哈雅南河槽西支沟与额门宝日特格南河槽沟脑部位之间的山梁谷地中，现存墙体呈略凸起于地表的土垄状，底宽4～5、顶宽3.5～4、残高0.2～0.3米。

7. 巴音查干长城7段（150824382301130007）

该段长城起自巴音乌兰苏木巴音查干嘎查阿布日拉音哈雅牧点西南2.03千米，止于阿布日拉音哈雅牧点西南2.25千米。墙体大致呈东西走向，上接巴音查干长城6段，下接巴音查干长城8段。

本段墙体为消失段，起止点之间的直线距离长494米。墙体地处额门宝日特格南河槽沟脑地带谷地中，洪水冲刷导致墙体消失。依据相邻上下段墙体情况，推断该段墙体原应为土墙。

8. 巴音查干长城8段（150824382101130008）

该段长城起自巴音乌兰苏木巴音查干嘎查阿布日拉音哈雅牧点西南2.25千米，止于阿布日拉音哈雅牧点西南4.66千米。墙体呈东西走向，上接巴音查干长城7段，下接巴音查干长城9段。

墙体长2600米，为黄褐土夯打筑墙，总体保存差。墙体沿额门宝日特格南河槽西岔沟谷地延伸，止于塔拉呼都格河槽东岸。南北向乡村土路和网围栏穿越墙体，北侧有被雨水冲刷形成的浅沟。现存墙体呈略凸起于地表的土垄状，底宽4.5～5.8、顶宽3.5～4.5、残高0.1～0.4米。

9.巴音查干长城9段（150824382301130009）

该段长城起自巴音乌兰苏木巴音查干嘎查阿布日拉音哈雅牧点西南4.66千米，止于阿布日拉音哈雅牧点西南4.8千米。墙体大致呈东西走向，上接巴音查干长城8段，下接巴音查干长城10段。

本段墙体为消失段，起止点之间的直线距离长164米。墙体现处在塔拉呼都格上游河槽中，洪水冲刷造成墙体消失。依据相邻上下段墙体情况，推断该段墙体原应为土墙。

10.巴音查干长城10段（150824382101130010）

该段长城起自巴音乌兰苏木巴音查干嘎查乌力吉呼都格牧点东5.7千米，止于乌力吉呼都格牧点东5.36千米。墙体呈东西走向，上接巴音查干长城9段，下接巴音查干长城11段。

墙体长351米，为黄褐土筑墙，总体保存差。墙体分布在塔拉呼都格河槽与其西支沟之间的三角洲上，现存墙体呈略凸起于地表的土垄状，底宽3.5～5、顶宽3～3.5、残高0.2～0.4米。

11.巴音查干长城11段（150824382301130011）

该段长城起自巴音乌兰苏木巴音查干嘎查乌力吉呼都格牧点东5.36千米，止于乌力吉呼都格牧点东5.23千米。墙体大致呈东西走向，上接巴音查干长城10段，下接巴音查干长城12段。

本段墙体为消失段，起止点之间的直线距离长133米。墙体地处较短的塔拉呼都格西支沟河槽中，洪水冲刷导致墙体消失。依据相邻上下段墙体情况，推断该段墙体原应为土墙。

12.巴音查干长城12段（150824382101130012）

该段长城起自巴音乌兰苏木巴音查干嘎查乌力吉呼都格牧点东5.23千米，止于乌力吉呼都格牧点东2.77千米。墙体作内外弯曲分布，大体呈东西走向，上接巴音查干长城11段，下接巴音查干长城13段。

墙体长2565米，为黄褐土夯打筑墙，总体保存差。墙体沿塔拉呼都格河槽西岸谷地延伸，止于漫水道西岸。现存墙体呈略凸起于地表的土垄状，底宽4～5、顶宽3.5～4、残高0.1～0.5米。其中，保存差部分长2444米、消失部分长121米，分别占该段墙体总长的95.3%、4.7%。有土路南北向穿过该段墙体，其西侧有并列的两条漫水道，洪水北流注入塔拉呼都格河槽，均造成墙体豁口。

13.巴音查干长城13段（150824382101130013）

该段长城起自巴音乌兰苏木巴音查干嘎查乌力吉呼都格牧点东2.77千米，止于乌力吉呼都格牧点东北2.08千米。墙体呈东西走向，上接巴音查干长城12段，下接巴音查干长城14段。

墙体长725米，为黄褐土夯打筑墙，保存差。墙体分布在塔拉呼都格河槽漫水道与乌力吉呼都格牧点东河槽之间的缓梁上，现存墙体呈略凸起于地表的土垄状，底宽4.5～5.5、顶宽4～4.5、残高0.1～0.2米。

14.巴音查干长城14段（150824382301130014）

该段长城起自巴音乌兰苏木巴音查干嘎查乌力吉呼都格牧点东北2.08千米，止于乌力吉呼都格牧点北偏东1.16千米。墙体大致呈东南—西北走向，上接巴音查干长城13段，下接巴音查干长城15段。

本段墙体为消失段，起止点之间的直线距离长1700米。原墙体构筑在乌力吉呼都格牧点东谷地中，植被退化谷地现已形成河槽，洪水冲刷造成墙体消失。依据相邻上下段墙体情况，推断该段墙体原应为土墙。

15. 巴音查干长城15段（150824382101130015）

该段长城起自巴音乌兰苏木巴音查干嘎查乌力吉呼都格牧点北偏东1.16千米，止于乌力吉呼都格牧点北1.05千米。墙体呈东西向，上接巴音查干长城14段，下接巴音查干长城16段。

墙体长467米，为黄褐土筑墙，总体保存差。墙体分布在乌力吉呼都格牧点所在河槽与其东河槽之间的三角洲上。现存墙体呈略凸起于地表的土垄状，底宽3.5～5、残高0.1～0.2米。其中，前小段漫水道地段墙体消失，后小段墙体保存差。保存差部分长445米、消失部分长22米，分别占该段墙体总长的95%、5%。

16. 巴音查干长城16段（150824382301130016）

该段长城起自巴音乌兰苏木巴音查干嘎查乌力吉呼都格牧点北1.05千米，止于乌力吉呼都格牧点北1.07千米。墙体大致呈东西走向，上接巴音查干长城15段，下接巴音查干长城17段。

本段墙体为消失段，起止点之间的直线距离长198米。乌力吉呼都格牧点所在河槽洪水冲刷，造成墙体消失。依据相邻上下段墙体情况，推断该段墙体原应为土墙。

17. 巴音查干长城17段（150824382101130017）

该段长城起自巴音乌兰苏木巴音查干嘎查乌力吉呼都格牧点北1.07千米，止于乌力吉呼都格牧点北偏西1.32千米。墙体呈东西走向，上接巴音查干长城16段，下接巴音查干长城18段。

墙体长558米，为黄褐土夯打筑墙，总体保存差。墙体地处乌力吉呼都格牧点所在河槽西岸，现呈略凸起于地表的土垄状，底宽3.5～5、残高0.1～0.2米。墙体前小段有南北向土路穿过，濒临河槽的墙体有消失。其中，保存差部分长519米、消失部分长39米，分别占该段墙体总长的93%、7%。

18. 巴音查干长城18段（150824382301130018）

该段长城起自巴音乌兰苏木巴音查干嘎查乌力吉呼都格牧点北偏西1.32千米，止于乌力吉呼都格牧点西北1.47千米。墙体大致呈东西走向，上接巴音查干长城17段，下接巴音查干长城19段。

本段墙体为消失段，起止点之间的直线距离长224米。墙体地处乌力吉呼都格牧点所在河槽西部低洼地带，水土流失造成墙体消失。依据相邻上下段墙体情况，推断该段墙体原应为土墙。

19. 巴音查干长城19段（150824382101130019）

该段长城起自巴音乌兰苏木巴音查干嘎查乌力吉呼都格牧点西北1.47千米，止于乌力吉呼都格牧点西北2.6千米。墙体呈东西走向，上接巴音查干长城18段，下接巴音查干长城20段。

墙体长1243米，为黄褐土夯打筑墙，总体保存差。墙体穿过乌力吉呼都格牧点所在河槽西部的谷地与缓梁，谷地中水土流失造成墙体消失。现存墙体呈略凸起于地表的土垄状，底宽3.5～5、残高0.2～0.3米。其中，保存差部分长1142米、消失部分长101米，分别占该段墙体总长的91.8%、8.2%。

20. 巴音查干长城20段（150824382301130020）

该段长城起自巴音乌兰苏木巴音查干嘎查乌力吉呼都格牧点西北2.6千米，止于乌力吉呼都格牧点西北2.91千米。墙体大致呈东西走向，上接巴音查干长城19段，下接巴音查干长城21段。

本段墙体为消失段，起止点之间的直线距离长360米。墙体地处乌力吉呼都格牧点所在河槽的西支沟谷地中，水土流失造成墙体消失。依据相邻上下段墙体情况，推断该段墙体原应为土墙。

21. 巴音查干长城21段（150824382301130021）

该段长城起自巴音乌兰苏木巴音查干嘎查乌力吉呼都格牧点西北2.91千米，止于乌力吉呼都格牧点西北4.32千米。墙体呈东南—西北走向，上接巴音查干长城20段，下接阿日呼都格长城1段。

墙体长1400米，为黄褐土夯打筑墙，总体保存差。墙体地处乌力吉呼都格牧点所在河槽西支沟西岸与吉日嘎朗图河东岸坡地之间，中小段部分墙体因水土流失而消失。现存墙体呈略凸起于地表的土垄状，底宽3～4.5、残高0.2～0.3米。其中，保存差部分长1328米、消失部分长72米，分别占该段墙体总长的94.9%、5.1%。

22.阿日呼都格长城1段（150824382301130022）

该段长城起自巴音乌兰苏木阿日呼都格嘎查吉日嘎朗图牧点东南2.6千米，止于吉日嘎朗图牧点南2.12千米。墙体大致呈东西走向，上接巴音查干长城21段，下接阿日呼都格长城2段。

本段墙体为消失段，起止点之间的直线距离长1200米。墙体地处吉日嘎朗图河及其两岸，洪水冲刷导致墙体消失。依据相邻上下段墙体情况，推断该段墙体原应为土墙。消失段北部有吉日嘎朗图水库。

23.阿日呼都格长城2段（150824382101130023）

该段长城起自巴音乌兰苏木阿日呼都格嘎查吉日嘎朗图牧点东南2.12千米，止于吉日嘎朗图牧点西南2.43千米。墙体呈东西走向，上接阿日呼都格长城1段，下接阿日呼都格长城3段。

墙体长1501米，为黄褐土夯打筑墙，总体保存差。墙体沿吉日嘎朗图河西岸延伸，止于崩浑淖日东南岸；中小段部分墙体因水土流失而消失。现存墙体呈略凸起于地表的土垄状，底宽3.5～5、残高0.2～0.3米。其中，保存差部分长1394米、消失部分长107米，分别占该段墙体总长的92.9%、7.1%。

墙体沿线调查障城1座，为阿日呼都格1号障城。

阿日呼都格1号障城（150824353102130001） 位于巴音乌兰苏木阿日呼都格嘎查吉日嘎朗图牧点南2.9千米的吉日嘎朗图河西岸，北距阿日呼都格长城2段墙体0.84千米，西距阿日呼都格2号障城6.7千米。该障城又称吉日嘎朗图障址，当地牧民将该城址称作"呼日图呼如"。

障城由内、外城组成。外城平面呈长方形，南北长240、东西宽200米；城墙低矮，地表可见低矮的土垄状，残高约0.5米；南墙中部设门，宽15米。内城位于外城正中，平面呈方形，边长50米。墙体为黄褐土夯筑，保存较差，均坍塌成土垄状，底宽13～15、顶宽0.8～1.5、残高2～5米（彩图七七三）。城墙四角有较高的角台残迹。东墙开门，宽6米，方向96°。城内采集有陶片等遗物。障城东临河，外城东墙大部分毁于河水冲刷；西侧有土路南北行，西北有水泡子，蒙古语名崩浑淖日。

24.阿日呼都格长城3段（150824382301130024）

该段长城起自巴音乌兰苏木阿日呼都格嘎查吉日嘎朗图牧点西南2.43千米，止于吉日嘎朗图牧点西南2.76千米。墙体大致呈东西走向，上接阿日呼都格长城2段，下接阿日呼都格长城4段。

本段墙体为消失段，起止点之间的直线距离长579米。墙体地处崩浑淖日南岸，湖水涨水时的浸泡造成墙体消失；局部地表见有土筑墙体痕迹，濒于消失，划归消失段。

25.阿日呼都格长城4段（150824382101130025）

该段长城起自巴音乌兰苏木阿日呼都格嘎查吉日嘎朗图牧点西南2.76千米，止于吉日嘎朗图牧点西南3.04千米。墙体呈东西走向，上接阿日呼都格长城3段，下接阿日呼都格长城5段。

墙体长366米，为夯筑土墙，总体保存差。墙体地处崩浑淖日西南主河道东岸，局部因水土流失而消失。现存墙体呈略凸起于地表的土垄状，底宽3.5～4.5、残高0.3～0.4米。其中，保存差部分长327米、消失部分长39米，分别占该段墙体总长的93.4%、10.7%。

26.阿日呼都格长城5段（150824382301130026）

该段长城起自巴音乌兰苏木阿日呼都格嘎查吉日嘎朗图牧点西南3.04千米，止于吉日嘎朗图牧点西南3.93千米。墙体大致呈东偏北—西偏南走向，上接阿日呼都格长城4段，下接阿日呼都格长城6段。

本段墙体为消失段，起止点之间的直线距离长956米。墙体外侧现为直河槽，洪水东北流注入崩浑淖日，洪水冲刷几乎导致全部墙体消失，仅局部残存土筑墙体痕迹。

27. 阿日呼都格长城6段（150824382101130027）

该段长城起自巴音乌兰苏木阿日呼都格嘎查布龙牧点东北5.07千米，止于布龙牧点东北2.55千米。墙体呈东偏北—西偏南走向，上接阿日呼都格长城5段，下接阿日呼都格长城7段。

墙体长2500米，为夯筑土墙，总体保存较差。墙体沿崩浑淖日西南部草原直线延伸，前小段地处崩浑淖日河槽沟脑地带，洪水冲刷造成部分墙体消失。现存墙体呈略凸起于地表的土垄状，底宽3～4、残高0.3～0.5米。其中，保存较差部分长2460米、消失部分长40米，分别占该段墙体总长的98.4%、1.6%。一条东南—西北向土路穿过中小段墙体，造成墙体豁口。

28. 阿日呼都格长城7段（150824382101130028）

该段长城起自巴音乌兰苏木阿日呼都格嘎查布龙牧点东北2.55千米，止于布龙牧点东北1.27千米。墙体呈东偏北—西偏南走向，上接阿日呼都格长城6段，下接阿日呼都格长城8段。

墙体长1325米，为夯筑土墙，总体保存差。墙体沿平坦的草原延伸，止于布龙障城北部。现存墙体呈略凸起于地表的土垄状，底宽3～4.5、残高0.3～0.5米。其中，前小段墙体保存较差，中、后小段墙体保存差，且有部分墙体消失。保存较差部分长400米、保存差部分长881米、消失部分长44米，分别占该段墙体总长的30.2%、66.5%和3.3%。

29. 阿日呼都格长城8段（150824382301130029）

该段长城起自巴音乌兰苏木阿日呼都格嘎查布龙牧点东北1.27千米，止于布龙牧点东北1.09千米。墙体大致呈东偏北—西偏南走向，上接阿日呼都格长城7段，下接阿日呼都格长城9段。

本段墙体为消失段，起止点之间的直线距离长188米。墙体地处布龙障城北部的地势低洼地带，水土流失造成墙体消失。依据相邻上下段墙体情况，推断该段墙体原应为土墙。有土路在消失段处环绕，自起点地带穿过，于止点东侧返回。

30. 阿日呼都格长城9段（150824382101130030）

该段长城起自巴音乌兰苏木阿日呼都格嘎查布龙牧点东北1.09千米，止于布龙牧点东北0.9千米。墙体呈东偏北—西偏南走向，上接阿日呼都格长城8段，下接阿日呼都格长城10段。

墙体长196米，为夯筑土墙，保存差。墙体遗存于布龙障城北偏西部，止于干涸水泡子东岸。现存墙体呈略凸起于地表的土垄状，底宽4～4.5、顶宽3.5～4、残高0.4～0.5米。

墙体南侧调查障城1座，为阿日呼都格2号障城。

阿日呼都格2号障城（150824353102130002） 又名布龙障城。位于巴音乌兰苏木阿日呼都格嘎查布龙牧点东北0.82千米，北距阿日呼都格长城9段墙体0.4千米。

障城平面呈方形，边长130米。墙体为夯筑土墙，剖面呈梯形，底宽9～14、顶宽1～1.7、残高1.5～3米。城墙四角有角台残迹。东墙中部开门，宽10米，方向79°。城内平坦，不见任何遗迹现象（彩图七七四）。城外绕一周壕沟痕迹。城内及墙体上采集有陶片、铁片等遗物。障城西临河水北流河槽，西北角及南部均有牧户。

31. 阿日呼都格长城10段（150824382301130031）

该段长城起自巴音乌兰苏木阿日呼都格嘎查布龙牧点东北0.9千米，止于布龙牧点西北0.6千米。墙体大致呈东偏北—西偏南走向，上接阿日呼都格长城9段，下接阿日呼都格长城11段。

本段墙体为消失段，起止点之间的直线距离长1100米。墙体地处地势低洼地带，沿线现有两个小水泡子生成，其中西泡有水，东泡干涸。依据相邻上下段墙体情况，推断该段墙体原应为土墙。

32. 阿日呼都格长城11段（150824382101130032）

该段长城起自巴音乌兰苏木阿日呼都格嘎查布龙牧点西北0.6千米，止于布龙牧点西北1.37千米。

墙体呈东西走向，上接阿日呼都格长城10段，下接新乌素长城1段。

墙体长889米，为夯筑土墙，总体保存差。墙体分布在布龙西水泡与新乌素音阿德格河槽之间，有漫水道造成中小段墙体消失。现存墙体呈略凸起于地表的土垄状，底宽3.5～4.5、残高0.3～0.4米。其中，保存差部分长848米、消失部分长41米，分别占该段墙体总长的95.4%、4.6%。

33.新乌素长城1段（150824382301130033）

该段长城起自巴音乌兰苏木新乌素嘎查扎巴萨尔牧点东4.24千米，止于扎巴萨尔牧点东偏南1.78千米。墙体大致呈东偏北—西偏南走向，上接阿日呼都格长城11段，下接新乌素长城2段。

本段墙体为消失段，起止点之间的直线距离长2600米。墙体地处新乌素音阿德格河槽及其西支沟谷地中，沿线植被退化形成河槽，洪水冲刷导致墙体消失。依据相邻上下段墙体情况，推断该段墙体原应为土墙。

34.新乌素长城2段（150824382101130034）

该段长城起自巴音乌兰苏木新乌素嘎查扎巴萨尔牧点东南1.78千米，止于扎巴萨尔牧点东南1.11千米。墙体呈东偏南—西偏北走向，上接新乌素长城1段，下接新乌素长城3段。

墙体长668米，为夯筑土墙，总体保存差。墙体遗存于新乌素音阿德格河槽西支沟与扎巴萨尔河槽东支沟之间的缓梁上，起止点支沟沟谷溯源侵蚀，导致该段长城两端墙体保存差。现存墙体呈略凸起于地表的土垄状，底宽4～4.5、顶宽3.5～4、残高0.2～0.4米。南北向土路穿过前小段墙体，造成墙体豁口。

35.新乌素长城3段（150824382301130035）

该段长城起自巴音乌兰苏木新乌素嘎查扎巴萨尔牧点东南1.11千米，止于扎巴萨尔牧点西南1千米。墙体大致呈东西走向，上接新乌素长城2段，下接新乌素长城4段。

本段墙体为消失段，起止点之间的直线距离长2000米。墙体地处扎巴萨尔主河槽及其东西支沟谷地中，洪水冲刷造成墙体消失。依据相邻上下段墙体情况，推断该段墙体原应为土墙。

36.新乌素长城4段（150824382101130036）

该段长城起自巴音乌兰苏木新乌素嘎查扎巴萨尔牧点西南1千米，止于扎巴萨尔牧点西南1.25千米。墙体呈东北—西南走向，上接新乌素长城3段，下接新乌素长城5段。

墙体长267米，为夯筑土墙，保存差。墙体分布在扎巴萨尔河槽西支沟与套高图河槽东支沟沟脑之间，呈略凸起于地表的土垄状，底宽4～4.5、顶宽3.5～4、残高0.2～0.3米。一条南北向土路自起点处缓梁上穿过墙体，造成墙体断豁。

37.新乌素长城5段（150824382301130037）

该段长城起自巴音乌兰苏木新乌素嘎查扎巴萨尔牧点西南1.25千米，止于扎巴萨尔牧点西南2千米。墙体大致呈东北—西南走向，上接新乌素长城4段，下接乌格吉图长城1段。

本段墙体为消失段，起止点之间的直线距离长761米。墙体分布在套高图河槽及其两岸支沟中，洪水冲刷导致墙体消失。依据相邻上下段墙体情况，推断该段墙体原应为土墙。

38.乌勒吉图长城1段（150824382101130038）

该段长城起自巴音乌兰苏木乌勒吉图嘎查查干敖包牧点东北3.55千米，止于查干敖包牧点东北2.56千米。墙体呈东北—西南走向，上接新乌素长城5段，下接乌勒吉图长城2段。

墙体长1000米，为夯筑土墙，总体保存差。墙体分布在套高图河槽西岸与乌勒吉图河东岸之间的缓梁上，一条南北向土路穿过墙体，北侧有浅沟与墙体并行。现存墙体呈略凸起于地表的土垄状，底宽4～4.5、顶宽3～4、残高0.2～0.3米。

39. 乌勒吉图长城2段（150824382301130039）

该段长城起自巴音乌兰苏木乌勒吉图嘎查查干敖包牧点东北2.56千米，止于查干敖包牧点东北2.25千米。墙体大致呈东北—西南走向，上接乌勒吉图长城1段，下接乌勒吉图长城3段。

本段墙体为消失段，起止点之间的直线距离长307米。墙体地处乌勒吉图河东部支沟河槽及其西岸支沟中，洪水冲刷造成墙体消失。依据相邻上下段墙体情况，推断该段墙体原应为土墙。

40. 乌勒吉图长城3段（150824382101130040）

该段长城起自巴音乌兰苏木乌勒吉图嘎查查干敖包牧点东偏北2.25千米，止于查干敖包牧点东北0.9千米。墙体大体呈东西走向，上接乌勒吉图长城2段，下接乌勒吉图长城4段。

墙体长1415米，为夯筑土墙，总体保存差。墙体分布在乌勒吉图河东部支沟河槽与查干敖包河槽东支沟沟脑之间的缓梁上，两端墙体因洪水冲刷而消失。南北两侧有断续水沟与墙体并行。现存墙体呈略凸起于地表的土垄状，底宽3.5～4.5、残高0.2～0.4米。其中，保存差部分长1350米、消失部分长65米，分别占该段墙体总长的95.4%、4.6%。

41. 乌勒吉图长城4段（150824382301130041）

该段长城起自巴音乌兰苏木乌勒吉图嘎查查干敖包牧点东北0.9千米，止于查干敖包牧点北偏东0.49千米。墙体大致呈东西走向，上接乌勒吉图长城3段，下接乌勒吉图长城5段。

本段墙体为消失段，起止点之间的直线距离长660米。墙体地处查干敖包河槽东支沟谷地中，洪水冲刷导致墙体消失。依据相邻上下段墙体情况，推断该段墙体原应为土墙。

42. 乌勒吉图长城5段（150824382101130042）

该段长城起自巴音乌兰苏木乌勒吉图嘎查查干敖包牧点北偏东0.49千米，止于查干敖包牧点西偏北1.2千米。墙体呈东西走向，上接乌勒吉图长城4段，下接乌勒吉图长城6段。

墙体长1263米，为夯筑土墙，总体保存差。墙体分布在查干敖包河槽东岸与巴音呼热河槽东岸之间的草原上，局部被同向并行的水冲沟和横向穿越的土路破坏。现存墙体呈略凸起于地表的土垄状，底宽3～4.5、残高0.3～0.5米。其中，保存差部分长1196米、消失部分长67米，分别占该段墙体总长的94.7%、5.3%。

43. 乌勒吉图长城6段（150824382301130043）

该段长城起自巴音乌兰苏木乌勒吉图嘎查查干敖包牧点西偏北1.2千米，止于查干敖包牧点西偏北1.66千米。墙体大致呈东西走向，上接乌勒吉图长城5段，下接乌勒吉图长城7段。

本段墙体为消失段，起止点之间的直线距离长487米。墙体地处乌力吉图河主河槽及其西支沟谷地中，止于支沟正沟与西南岔沟洪水交汇处。依据相邻上下段墙体情况，推断该段墙体原应为土墙。该段墙体北侧有牧户一家，东部隔河的上段墙体两侧为此牧户开垦的耕地。

44. 乌勒吉图长城7段（150824382101130044）

该段长城起自巴音乌兰苏木乌勒吉图嘎查查干敖包牧点西偏北1.66千米，止于查干敖包牧点西偏北2.9千米。墙体呈东西走向，上接乌勒吉图长城6段，下接乌勒吉图长城8段。

墙体长1269米，为夯筑土墙，总体保存差。墙体沿支沟正沟谷地河槽南岸西行，部分墙体因洪水冲刷而消失。现存墙体呈略凸起于地表的土垄状，底宽3.5～4.5、残高0.2～0.4米。其中，保存差部分长1207米、消失部分长62米，分别占该段墙体总长的95.1%、4.9%。

45. 乌勒吉图长城8段（150824382301130045）

该段长城起自巴音乌兰苏木乌勒吉图嘎查查干敖包牧点西偏北2.9千米，止于查干敖包牧点西偏北3.9千米。墙体大致呈东西走向，上接乌勒吉图长城7段，下接额和右拉格长城1段。

本段墙体为消失段，起止点之间的直线距离长975米。墙体地处沙布格乌素河槽及其东岸谷地中，洪水冲刷导致墙体消失。依据相邻上下段墙体情况，推断该段墙体原应为土墙。

46.额和布拉格长城1段（150824382301130046）

该段长城起自巴音乌兰苏木额和布拉格嘎查赛音呼都格牧点东北1.5千米，止于赛音呼都格牧点北偏西2.18千米。墙体由东西走向转呈东南—西北走向，上接乌勒吉图长城8段，下接额和布拉格长城2段。

本段墙体为消失段，起止点之间的直线距离长2400米。墙体在沙布格河槽西岸复现，有百余米低矮的土筑墙体遗存；西行进入赛音呼都格北牧点北沟谷中，沟谷河槽南侧仍见有土墙体残存；穿过X930县道公路转西北行，进入棍呼都格河槽东支沟沟脑谷地，公路两侧均见有墙体残存。现地表遗存墙体仅可大体分辨长城分布与走向，总体上处于消失状态。

47.额和布拉格长城2段（150824382101130047）

该段长城起自巴音乌兰苏木额和布拉格嘎查赛音呼都格牧点北偏西2.18千米，止于赛音呼都格牧点西北2.7千米。墙体呈东南—西北走向，上接额和布拉格长城1段，下接额和布拉格长城3段。

墙体长638米，为夯筑土墙，保存差。墙体遗存于棍呼都格河槽东支沟西岸坡地上，有岔沟洪水北流，冲断墙体汇入支沟河槽。现存墙体呈略凸起于地表的土垄状，底宽2.5～3.5、残高0.2～0.4米。其中，保存差部分长592米、消失部分长46米，分别占该段墙体总长的92.8%、7.2%。墙体北侧为棍呼都格河槽东支沟河床。

48.额和布拉格长城3段（150824382301130048）

该段长城起自巴音乌兰苏木额和布拉格嘎查赛音呼都格牧点西北2.7千米，止于赛音呼都格牧点西北4.26千米。墙体大致呈东西走向，上接额和布拉格长城2段，下接额和布拉格长城4段。

本段墙体为消失段。起止点之间的直线距离长1800米。墙体地处棍呼都格河槽与其东支沟河槽之间的坡谷地中，洪水冲刷导致大部分墙体消失。起点处的岔沟之间坡地上以及近止点处的棍呼都格河槽东岸均有土筑墙体残存。

49.额和布拉格长城4段（150824382101130049）

该段长城起自巴音乌兰苏木额和布拉格嘎查赛音呼都格牧点西北4.26千米，止于赛音呼都格牧点西北4.58千米。墙体呈东西走向，上接额和布拉格长城3段，下接额和布拉格长城5段。

墙体长355米，为夯筑土墙，保存差。墙体遗存于棍呼都格河槽西岸坡地上，呈略凸起于地表的土垄状，底宽2.5～3.5、残高0.2～0.3米。有小洪沟穿过中小段墙体，北流汇入棍呼都格河槽。南部有土路并行。

50.额和布拉格长城5段（150824382301130050）

该段长城起自巴音乌兰苏木额和布拉格嘎查赛音呼都格牧点西北4.58千米，止于赛音呼都格牧点西北4.8千米。墙体大致呈东北—西南走向，上接额和布拉格长城4段，下接额和布拉格长城6段。

本段墙体为消失段，起止点之间的直线距离长423米。墙体地处东西向土路两侧的凹谷中，水土流失导致墙体消失。依据相邻上下段墙体情况，推断该段墙体原应为土墙。

51.额和布拉格长城6段（150824382101130051）

该段长城起自巴音乌兰苏木额和布拉格嘎查赛音呼都格牧点西北4.8千米，止于赛音呼都格牧点西北5.11千米。墙体呈东北—西南走向，上接额和布拉格长城5段，下接额和布拉格长城7段。

墙体长308米，为夯筑土墙，保存差。墙体分布在地势较高的坡顶上，南侧有土路并行。现存墙体呈略凸起于地表的土垄状，底宽2.5～3.5、残高0.3～0.4米。

52.额和布拉格长城7段（150824382301130052）

该段长城起自巴音乌兰苏木额和布拉格嘎查赛音呼都格牧点西北5.11千米，止于赛音呼都格牧点西北5.31千米。墙体大致呈东北—西南走向，上接额和布拉格长城6段，下接额和布拉格长城8段。

本段墙体为消失段，起止点之间的直线距离长253米。墙体地处巴润萨拉河槽东支沟沟脑地带，前小段墙体消失在土路之下，后小段墙体因水土流失而消失。依据相邻上下段墙体情况，推断该段墙体原应为土墙。

53.额和布拉格长城8段（150824382101130053）

该段长城起自巴音乌兰苏木额和布拉格嘎查额和布拉格牧点东南4.3千米，止于额和布拉格牧点东2千米。墙体由东西走向转呈东南—西北走向，上接额和布拉格长城7段，下接额和布拉格长城9段。

墙体长2593米，为夯筑土墙，总体保存差。墙体分布在巴润萨拉河槽西岸与台郭勒河东部高台地上，个别地段被雨水冲断，局部被当做道路使用。现存墙体呈低矮的土垄状，底宽2.5～4.5、残高0.3～0.6米。其中，保存较差部分长606米、保存差部分长1987米，分别占该段墙体总长的23.4%、76.6%。

54.额和布拉格长城9段（150824382101130054）

该段长城起自巴音乌兰苏木额和布拉格嘎查额和布拉格牧点东2千米，止于额和布拉格牧点东北1.13千米。墙体呈东南—西北向，上接额和布拉格长城8段，下接额和布拉格长城10段。

墙体长1300米，为夯筑土墙，保存差。墙体分布在额和布拉格牧点东北部平缓的草原上，现被当作土路通行，呈略凸起于地表的土垄状，底宽2.5～4、残高0.3～0.4米。

55.额和布拉格长城10段（150824382301130055）

该段长城起自巴音乌兰苏木额和布拉格嘎查额和布拉格牧点东北1.13千米，止于额和布拉格牧点东北1.1千米。墙体大致呈东南—西北走向，上接额和布拉格长城9段，下接额和布拉格长城11段。

本段墙体为消失段，起止点之间的直线距离长247米。该段墙体被利用为土路，车辆通行导致墙体消失。依据相邻上下段墙体情况，推断该段墙体原应为土墙。

56.额和布拉格长城11段（150824382101130056）

该段长城起自巴音乌兰苏木额和布拉格嘎查额和布拉格牧点东北1.1千米，止于额和布拉格嘎查南0.88千米。墙体呈东南—西北向，上接额和布拉格长城10段，下接额和布拉格长城12段。

墙体长2840米，为夯筑土墙，总体保存差。墙体沿台郭勒河东岸草原延伸，止于耕地东缘；局部墙体现被当做道路使用，部分地段遭冲沟冲毁。现存墙体呈略凸起于地表的土垄状，底宽2.5～4、残高0.2～1米。其中，保存较差部分长991米、保存差部分长1811米、消失部分长38米，分别占该段墙体总长的34.9%、63.8%和1.3%。

57.额和布拉格长城12段（150824382301130057）

该段长城起自巴音乌兰苏木额和布拉格嘎查南0.88千米，止于额和布拉格嘎查南偏西0.86千米。墙体大致呈东西走向，上接额和布拉格长城11段，下接额和布拉格长城13段。

本段墙体为消失段，起止点之间的直线距离长151米。墙体地处台郭勒河东岸，现被辟为耕地，地表不见墙体痕迹。依据相邻上下段墙体情况，推断该段墙体原应为土墙。

58.额和布拉格长城13段（150824382101130058）

该段长城起自巴音乌兰苏木额和布拉格嘎查南偏西0.86千米，止于额和布拉格嘎查南偏西0.92千米。墙体呈东南—西北向，上接额和布拉格长城12段，下接额和布拉格长城14段。

墙体长332米，为夯土筑墙，总体保存差。墙体遗存于耕地间，止于台郭勒河东岸。墙体现被利用为道路，有一道网围栏穿过墙体，两侧是农田。现存墙体呈土垄状，底宽2.5～3、顶宽2～2.5、残高0.2～0.3米。

59.额和布拉格长城14段（150824382301130059）

该段长城起自巴音乌兰苏木额和布拉格嘎查南偏西0.92千米，止于额和布拉格嘎查西南1.1千米。墙体大致呈东南—西北走向，上接额和布拉格长城13段，下接额和布拉格长城15段。

本段墙体为消失段，起止点之间的直线距离长368米。墙体经行地段现为台郭勒河槽，洪水冲刷导致墙体消失。依据相邻上下段墙体情况，推断该段墙体原应为土墙。

60.额和布拉格长城15段（150824382101130060）

该段长城起自巴音乌兰苏木额和布拉格嘎查西南1.1千米，止于额和布拉格嘎查西2.3千米。墙体呈东南—西北走向，上接额和布拉格长城14段，下接呼勒斯长城1段。

墙体长1561米，为夯筑土墙，总体保存差。墙体沿平缓的草原延伸，现为车辆通行的土路，局部遭冲沟冲毁。现存墙体呈略凸起于地表的土垄状，底宽2.5～4、残高0.1～0.2米。其中，保存差部分长1516米、消失部分长45米，分别占该段墙体总长的97.1%、2.9%。

61.呼勒斯长城1段（150824382101130061）

该段长城起自巴音乌兰苏木呼勒斯嘎查准呼布尔牧点东南3.36千米，止于准呼布尔牧点东南3千米。墙体呈东南—西北走向，上接额和布拉格长城15段，下接呼勒斯长城2段。

墙体长368米，为夯筑土墙，保存差。墙体现被利用为土路，轮廓较模糊。现存墙体呈略凸起于地表的土垄状，底宽2～3.5、残高0.2～0.3米。

62.呼勒斯长城2段（150824382301130062）

该段长城起自巴音乌兰苏木呼勒斯嘎查准呼布尔牧点东南3千米，止于准呼布尔牧点西北5.44千米。墙体大体由东南—西北走向转为东西走向，上接呼勒斯长城1段，下接呼勒斯长城3段。

本段墙体为消失段，起止点之间的直线距离长8330米。墙体大体经准呼布尔牧点东部西北行，在牧点西北部的河槽北岸转西行，地表见有略微隆起的土筑墙体，划归消失段。淖尔音阿木至霍勒音包尔陶勒盖的南北向土路自消失段后半部穿过。

63.呼勒斯长城3段（150824382101130063）

该段长城起自巴音乌兰苏木呼勒斯嘎查准呼布尔牧点西北5.44千米，止于准呼布尔牧点西北5.83千米。墙体呈东西走向，上接呼勒斯长城2段，下接呼勒斯长城4段。

墙体长402米，为砂土堆筑土墙，总体保存差。墙体分布在霍勒音包尔陶勒盖西北部的河槽北岸，中小段墙体因水土流失而消失。现存墙体呈略凸起于地表的土垄状，底宽2～3.5、残高0.2～0.3米。其中，保存差部分长351米、消失部分长51米，分别占该段墙体总长的87.3%、12.7%。

64.呼勒斯长城4段（150824382301130064）

该段长城起自巴音乌兰苏木呼勒斯嘎查准呼布尔牧点西北5.83千米，止于准呼布尔牧点西北9.13千米。墙体大致呈东西走向，上接呼勒斯长城3段，下接巴音宝日长城1段。

本段墙体为消失段，起止点之间的直线距离长3300米。墙体地处巴音宝日（包尔）河槽河源地带，正河槽东有霍勒音包尔陶勒盖北支沟河槽，洪水弯曲冲刷造成墙体消失；以西为低洼滩地，芨芨草密布，地表不见墙体痕迹。依据相邻上下段墙体情况，推断该段墙体原应为土墙。

65.巴音宝日长城1段（150824382101130065）

该段长城起自巴音乌兰苏木巴音宝日嘎查呼拉嘎尔东南6.1千米，止于呼拉嘎尔东南5.31千米。墙体呈东偏南—西偏北走向，上接呼勒斯长城4段，下接巴音宝日长城2段。

墙体长823米，为夯筑土墙，保存差。墙体复现于巴音包尔河槽西部草原上，外侧有并行的土路。现存墙体呈略凸起于地表的土垄状，底宽2～3.5、残高0.3～0.4米。该段墙体北侧200余米有牧户一家。

66.巴音宝日长城2段（150824382301130066）

该段长城起自巴音乌兰苏木巴音宝日嘎查呼拉嘎尔东南5.31千米，止于呼拉嘎尔东南5.12千米。墙体大致呈东南—西北走向，上接巴音宝日长城1段，下接巴音宝日长城3段。

本段墙体为消失段，起止点之间的直线距离长201米。墙体地处草原低洼地带，水土流失导致墙体消失。依据相邻上下段墙体情况，推断该段墙体原应为土墙。

67.巴音宝日长城3段（150824382101130067）

该段长城起自巴音乌兰苏木巴音宝日嘎查呼拉嘎尔东南5.12千米，止于呼拉嘎尔东南3.18千米。墙体呈东南—西北走向，上接巴音宝日长城2段，下接巴音宝日长城4段。

墙体长2009米，为夯筑土墙，总体保存差。墙体沿平缓草原直线延伸，中小段墙体因水土流失而出现数处豁口，后小段部分墙体上有车辆通行，造成墙体消失。现存墙体呈低矮的土垄状，底宽2～3.5、残高0.2～0.4米。其中，保存差部分长1892米、消失部分长117米，分别占该段墙体总长的94.2%、5.8%。

68.巴音宝日长城4段（150824382301130068）

该段长城起自巴音乌兰苏木巴音宝日嘎查呼拉嘎尔东南3.18千米，止于呼拉嘎尔东南2.98千米。墙体大致呈东南—西北走向，上接巴音宝日长城3段，下接巴音宝日长城5段。

本段墙体为消失段，起止点之间的直线距离长219米。墙体地处低洼地带，自然的水土流失及车辆通行造成墙体消失。依据相邻上下段墙体情况，推断该段墙体原应为土墙。

69.巴音宝日长城5段（150824382101130069）

该段长城起自巴音乌兰苏木巴音宝日嘎查呼拉嘎尔东南2.98千米，止于呼拉嘎尔南偏西0.93千米。墙体呈东南—西北走向，上接巴音宝日长城4段，下接巴音宝日长城6段。

墙体长2796米，为夯筑土墙，总体保存差。墙体分布在呼拉嘎尔东南部的额和格音高勒河源地带，漫水道侵蚀造成部分墙体消失。现存墙体呈略凸起于地表的土垄状，底宽2.5～4、残高0.2～0.4米。其中，保存差部分长2710米、消失部分长86米，分别占该段墙体总长的96.9%、3.1%。呼拉嘎尔通往阿日松都勒牧点土路穿过中小段墙体，造成墙体豁口。

70.巴音宝日长城6段（150824382101130070）

该段长城起自巴音乌兰苏木巴音宝日嘎查呼拉嘎尔南偏西0.93千米，止于呼拉嘎尔西2.78千米。墙体呈东南—西北走向，上接巴音宝日长城5段，下接巴音宝日长城7段。

墙体长2500米，为夯筑土墙，总体保存差。墙体沿平缓的草原延伸，止于“丁”字形土路交叉口西侧。现存墙体较低矮，局部地段被利用为土路通行，呈略凸起于地表的土垄状，底宽2～3.5、残高0.2～0.5米。

71.巴音宝日长城7段（150824382101130071）

该段长城起自巴音乌兰苏木巴音宝日嘎查呼拉嘎尔西2.78千米，止于包日呼硕东北1.79千米。墙体呈东南—西北走向，上接巴音宝日长城6段，下接巴音宝日长城8段。

墙体长2509米，为夯筑土墙，总体保存差。墙体沿平缓的草原延伸，有部分墙体消失于公路及其东侧漫水道中；止于X931县道公路与土路“十”字交叉口西侧。现存墙体呈略凸起于地表的土垄状，底宽2～3.5、残高0.2～0.3米；外侧有壕，宽3～5、深约0.4米（彩图七七五）。其中，保存差部分长2437米、消失部分长72米，分别占该段墙体总长的97.1%、2.9%。

72. 巴音宝日长城8段（150824382301130072）

该段长城起自巴音乌兰苏木巴音宝日嘎查包日呼硕东北1.79千米，止于包日呼硕东北1.71千米。墙体大致呈东南—西北走向，上接巴音宝日长城7段，下接巴音宝日长城9段。

本段墙体为消失段，起止点之间的直线距离长117米。墙体地处X931县道西部的低洼草原地带，水土流失造成墙体消失。依据相邻上下段墙体情况，推断该段墙体原应为土墙。

73. 巴音宝日长城9段（150824382101130073）

该段长城起自巴音乌兰苏木巴音宝日嘎查包日呼硕东北1.71千米，止于包日呼硕北偏东1.26千米。墙体呈东南—西北走向，上接巴音宝日长城8段，下接敦德乌素长城1段。

墙体长1099米，为夯筑土墙，保存差。墙体沿植被稀疏的平缓草原延伸，止于包日呼硕牧点北漫水道西岸。现存墙体呈略凸起于地表的土垄状，底宽2～4、残高0.2～0.6米。牧区土路紧邻该段墙体北侧通行，南部约0.5千米处有牧户一家。

74. 敦德乌素长城1段（150824382101130074）

该段长城起自巴音乌兰苏木巴音宝日嘎查包日呼硕北偏东1.26千米，止于巴音宝日嘎查包日呼硕北偏西1.82千米。墙体呈东南—西北走向，上接巴音宝日长城9段，下接敦德乌素长城2段。

墙体长1400米，为夯筑土墙，保存差。墙体直线延伸，止于巴嘎郭勒阿德格河槽东岸。现存墙体呈略凸起于地表的土垄状，底宽2～3、残高0.2～0.4米。北出包日呼硕牧点的土路穿过中小段墙体，造成豁口。

75. 敦德乌素长城2段（150824382301130075）

该段长城起自巴音乌兰苏木巴音宝日嘎查包日呼硕北偏西1.82千米，止于敦德乌素嘎查布达日嘎那牧点东1.13千米。墙体大致呈东南—西北走向，上接敦德乌素长城1段，下接敦德乌素长城3段。

本段墙体为消失段，起止点之间的直线距离长2500米。墙体地处巴嘎郭勒河槽两岸的低洼地带，其中东半部为滩地，西半部为沙地，地表不见墙体痕迹。依据相邻上下段墙体情况，推断该段墙体原应为土墙。

76. 敦德乌素长城3段（150824382101130076）

该段长城起自巴音乌兰苏木敦德乌素嘎查布达日嘎那牧点东1.13千米，止于布达日嘎那牧点西0.66千米。墙体呈东西走向，上接敦德乌素长城2段，下接敦德乌素长城4段。

墙体长1767米，为夯筑土墙，总体保存差。墙体在布达日嘎那牧点东部沙地中复现，部分墙体因沙化及水土流失而消失；随即消失在西部低洼草原地带。现存墙体呈略凸起于地表的土垄状，底宽2～3.5、残高0.1～0.3米。其中，保存差部分长1538米、消失部分长229米，分别占该段墙体总长的87%、13%。牧点附近有数条土路穿过该段长城，造成墙体豁口。

77. 敦德乌素长城4段（150824382301130077）

该段长城起自巴音乌兰苏木敦德乌素嘎查布达日嘎那牧点西0.66千米，止于布达日嘎那牧点西1.17千米。墙体大致呈东西走向，上接敦德乌素长城3段，下接敦德乌素长城5段。

本段墙体为消失段，起止点之间的直线距离长519米。墙体地处布达日嘎那西部草原坡地上，周边有内陆小湖泊分布，草场沙漠化与水土流失造成墙体消失。依据相邻上下段墙体情况，推断该段墙体原应为土墙。

78. 敦德乌素长城5段（150824382101130078）

该段长城起自巴音乌兰苏木敦德乌素嘎查布达日嘎那牧点西1.17千米，止于塔班呼都格牧点北0.72千米。墙体呈东西走向，上接敦德乌素长城4段，下接敦德乌素长城6段。

墙体长1139米，为夯筑土墙，总体保存差。墙体现作为道路使用，局部被雨水冲毁，其中一段为湖泊。现存墙体呈略凸起于地表的土垄状，底宽2.5～4、残高0.2～0.3米。其中，保存差部分长947米、消失部分长192米，分别占该段墙体总长的83.1%、16.9%。

79. 敦德乌素长城6段（150824382301130079）

该段长城起自巴音乌兰苏木敦德乌素嘎查塔班呼都格牧点北0.72千米，止于塔班呼都格牧点西北1.23千米。墙体大致呈东西走向，上接敦德乌素长城5段，下接敦德乌素长城7段。

本段墙体为消失段，起止点之间的直线距离长1300米。墙体地处塔班呼都格牧点西北部半荒漠草原上，水土流失导致墙体消失。后小段仍见有低矮的土筑墙体残存，接近消失的边缘，划归消失段。

80. 敦德乌素长城7段（150824382101130080）

该段长城起自巴音乌兰苏木敦德乌素嘎查塔班呼都格牧点西北1.23千米，止于塔班呼都格牧点西3.62千米。墙体呈东偏北—西偏南走向，上接敦德乌素长城6段，下接德尔斯长城1段。

墙体长2548米，为夯筑土墙，保存差。墙体沿低缓的丘陵草原延伸，现被作为道路使用；呈略凸起于地表的土垄状，底宽2.5～4、残高0.1～0.3米。墙体外侧有壕沟痕迹，几乎与地表持平。

81. 德尔斯长城1段（150824382101130081）

该段长城起自川井镇德尔斯嘎查戈壁额日格东北5.15千米，止于戈壁额日格东北2.63千米。墙体呈东偏北—西偏南走向，上接敦德乌素长城7段，下接德尔斯长城2段。

墙体长2322米，为夯筑土墙，总体保存差。墙体现作为道路使用，局部被冲沟冲毁。现存墙体呈略凸起于地表的土垄状，底宽3～5、残高0.1～0.2米。其中，保存差部分长2141米、消失部分长181米，分别占该段墙体总长的92.2%、7.8%。该段墙体后小段被围在网围栏之中，起点北部约0.5千米及墙体前小段北侧各有一家废弃的牧点房。

82. 德尔斯长城2段（150824382101130082）

该段长城起自川井镇德尔斯嘎查戈壁额日格东北2.63千米，止于戈壁额日格北偏西1.14千米。墙体呈东西走向，上接德尔斯长城1段，下接德尔斯长城3段。

墙体长2975米，为夯筑土墙，总体保存差。墙体沿低缓的丘陵草原延伸，局部墙体被利用为土路而损毁，现存墙体呈略凸起于地表的土垄状，底宽2～5、残高0.2～0.4米。其中，保存差部分长2819米、消失部分长156米，分别占该段墙体总长的94.8%、5.2%。该段墙体止点东北侧有一户废弃的牧点房，后小段墙体北部为风电场。

83. 德尔斯长城3段（150824382101130083）

该段长城起自川井镇德尔斯嘎查戈壁额日格北偏西1.14千米，止于戈壁额日格西偏北3.34千米。墙体呈东西走向，上接德尔斯长城2段，下接德尔斯长城4段。

墙体长2158米，为夯筑土墙，保存差。墙体沿平缓的草原延伸，止于风电场南缘牧户西南0.35千米处。墙体现被利用土路通行，呈略凸起于地表的土垄状，底宽2.5～5、残高0.3～0.4米。该段墙体北部为风电场。

84. 德尔斯长城4段（150824382101130084）

该段长城起自川井镇德尔斯嘎查哈布塔盖音召牧点西偏北2.47千米，止于德尔（日）斯南牧点东4.9千米。墙体呈东西走向，上接德尔斯长城3段，下接德尔斯长城5段。

墙体长3086米，为夯筑土墙，保存差。墙体沿哈布塔盖音召牧点西部沙化草原西行，止于“丁”字形土路交叉点处。现存墙体呈略凸起于地表的土垄状，宽2～5、残高0.2～0.4米。墙体现被利用为土路，车辆通行影响本体保护。

85.德尔斯长城5段（50824382101130085）

该段长城起自川井镇德尔斯嘎查德尔（日）斯南牧点东4.9千米，止于德日斯南牧点东3.38千米。墙体呈东西走向，上接德尔斯长城4段，下接德尔斯长城6段。

墙体长1548米，为夯筑土墙，总体保存差。墙体西向直行，止点东偏南侧有机井房。现存墙体呈略凸起于地表的土垄状，底宽2～5、残高0.2～0.3米。其中，保存差部分长1484米、消失部分长64米，分别占该段墙体总长的95.9%、4.1%。

86.德尔斯长城6段（150824382301130086）

该段长城起自川井镇德尔斯嘎查德日斯南牧点东3.38千米，止于德日斯南牧点东3.15千米。墙体大致呈东西走向，上接德尔斯长城5段，下接德尔斯长城7段。

本段墙体为消失段，起止点之间的直线距离长225米。墙体经行地段水土流失较为严重，地表不见墙体痕迹。沿线有不甚明显的壕沟隐现，应为夯筑土墙时取土而遗存。

87.德尔斯长城7段（150824382101130087）

该段长城起自川井镇德尔斯嘎查德日斯南牧点东3.15千米，止于德日斯南牧点东偏南1.79千米。墙体呈东西走向，上接德尔斯长城6段，下接德尔斯长城8段。

墙体长1370米，为夯筑土墙，总体保存差。墙体直西而行，外侧壕沟现为土路，道路通行与水土流失造成部分后小段墙体消失。现存墙体呈略凸起于地表的土垄状，底宽3～6、残高0.1～0.3米。其中，保存差部分长1275米、消失部分长95米，分别占该段墙体总长的93.1%、6.9%。

88.德尔斯长城8段（150824382301130088）

该段长城起自川井镇德尔斯嘎查德日斯南牧点东偏南1.79千米，止于德日斯南牧点东偏南1.34千米。墙体大致呈东西走向，上接德尔斯长城7段，下接德尔斯长城9段。

本段墙体为消失段，起止点之间的直线距离长464米。原墙体大体直西而行，车辆通行与水土流失导致墙体消失。依据相邻上下段墙体情况，推断该段墙体原应为土墙。

89.德尔斯长城9段（150824382101130089）

该段长城起自川井镇德尔斯嘎查德日斯南牧点东偏南1.34千米，止于德日斯南牧点东南0.56千米。墙体呈东西走向，上接德尔斯长城8段，下接德尔斯长城10段。

墙体长871米，为夯筑土墙，总体保存差。墙体直西延伸，外壕现为土路，车辆通行与植被退化造成局部墙体消失。现存墙体呈略凸起于地表的土垄状，底宽3～5、残高0.2～0.3米。其中，保存差部分长792米、消失部分长79米，分别占该段墙体总长的91%、9%。

90.德尔斯长城10段（150824382301130090）

该段长城起自川井镇德尔斯嘎查德日斯南牧点东南0.56千米，止于德日斯南牧点南0.34千米。墙体大致呈东西走向，上接德尔斯长城9段，下接德尔斯长城11段。

本段墙体为消失段，起止点之间的直线距离长487米。原墙体直线延伸，止点在德日斯南牧点南部。沿线地表植被退化，加之车辆通行，导致墙体消失。依据相邻上下段墙体情况，推断该段墙体原应为土墙。

91.德尔斯长城11段（150824382101130091）

该段长城起自川井镇德尔斯嘎查德日斯南牧点南0.34千米，止于德日斯南牧点南0.5千米。墙体呈东西走向，上接德尔斯长城10段，下接德尔斯长城12段。

墙体长334米，为夯筑土墙，保存差。墙体外壕现为土路，车辆通行与地表植被退化对该段墙体保存影响较大。现存墙体呈略凸起于地表的土垄状，底宽3～6、残高0.2～0.3米。牧点南部有两条南北向土路穿过，造成墙体断豁。

92. 德尔斯长城12段（150824382301130092）

该段长城起自川井镇德尔斯嘎查德日斯南牧点西南0.5千米，止于德日斯南牧点西南0.97千米。墙体大致呈东偏南—西偏北走向，上接德尔斯长城11段，下接德尔斯长城13段。

本段墙体为消失段，起止点之间的直线距离长495米。原墙体地处牧点西南部南北向低缓山梁的西坡地上，沿线地表植被退化，土路车辆通行导致墙体消失。依据相邻上下段墙体情况，推断该段墙体原应为土墙。

93. 德尔斯长城13段（150824382101130093）

该段长城起自川井镇德尔斯嘎查德日斯南牧点西南0.97千米，止于德日斯南牧点西南1.19千米。墙体呈东西走向，上接德尔斯长城12段，下接德尔斯长城14段。

墙体长214米，为夯筑土墙，保存差。该段墙体为局部遗存，外壕现为土路，车辆通行是墙体保存差的主要原因。现存墙体呈略凸起于地表的土垄状，底宽2.5～5、残高0.2～0.4米。

94. 德尔斯长城14段（150824382301130094）

该段长城起自川井镇德尔斯嘎查德日斯南牧点西南1.19千米，止于德日斯南牧点西南2.12千米。墙体呈东偏北—西偏南走向，上接德尔斯长城13段，下接德尔斯长城15段。

本段墙体为消失段，起止点之间的直线距离长935米。墙体沿线现为土路，车辆通行造成墙体消失；止点在土路分岔处。依据相邻上下段墙体情况，推断该段墙体原应为土墙。

95. 德尔斯长城15段（150824382101130095）

该段长城起自川井镇德尔斯嘎查德日斯南牧点西南2.12千米，止于哈沙图北牧点东北1.2千米。墙体呈东偏北—西偏南走向，上接德尔斯长城14段，下接德尔斯长城16段。

墙体长355米，为夯筑土墙，保存差。墙体遗存在哈沙图北牧点东北部的台地上，止于台地西缘，止点处为“十”字土路交叉点。现存墙体呈略凸起于地表的土垄状，底宽2～5、残高0.1～0.3米。

96. 德尔斯长城16段（150824382301130096）

该段长城起自川井镇德尔斯嘎查哈沙图北牧点东北1.2千米，止于哈沙图北牧点东北0.81千米。墙体呈东偏北—西偏南走向，上接德尔斯长城15段，下接德尔斯长城17段。

本段墙体为消失段，起止点之间的直线距离长437米。墙体经行地带现为土路，车辆通行导致墙体消失。依据相邻上下段墙体情况，推断该段墙体原应为土墙。该段墙体止点西侧有南北向土路穿过。

97. 德尔斯长城17段（150824382101130097）

该段长城起自川井镇德尔斯嘎查哈沙图北牧点东北0.81千米，止于哈沙图北牧点西偏南1.74千米。墙体略作外向折线形分布，大体呈东北—西南走向，上接德尔斯长城16段，下接德尔斯长城18段。

墙体长2578米，为夯筑土墙，总体保存差。墙体前小段局部因X932道路修筑而损毁，现存墙体呈略凸起于地表的土垄状，底宽3～6、残高0.2～0.4米。其中，保存差部分长2452米、消失部分长126米，分别占该段墙体总长的95.1%、4.9%。

98. 德尔斯长城18段（150824382301130098）

该段长城起自川井镇德尔斯嘎查哈沙图牧点西北1.65千米，止于哈沙图牧点西北1.8千米。墙体大致呈东北—西南走向，上接德尔斯长城17段，下接德尔斯长城19段。

本段墙体为消失段，起止点之间的直线距离长239米。墙体经行地段现为土路，车辆通行与地表植被退化导致墙体消失。沿线有壕沟遗存，结合相邻上下段墙体情况，推断该段墙体原应为土墙。

99. 德尔斯长城19段（150824382101130099）

该段长城起自川井镇德尔斯嘎查哈沙图牧点西北1.8千米，止于哈沙图牧点西北2.2千米。墙体呈东北—西南走向，上接德尔斯长城18段，下接德尔斯长城20段。

墙体长606米，为夯筑墙，保存差。墙体地处哈沙图西部较平缓的沙化草原上，现存墙体呈凸起于地表的土垄状，底宽3～6、残高0.3～0.4米。外侧壕沟现为土路，车辆通行影响该段长城保护。

100.德尔斯长城20段（150824382301130100）

该段长城起自川井镇德尔斯嘎查哈沙图牧点西偏北2.2千米，止于哈沙图牧点西2.5千米。墙体大致呈东北—西南走向，上接德尔斯长城19段，下接德尔斯长城21段。

本段墙体为消失段，起止点之间的直线距离长362米。该段长城地处哈沙图西部沙化草原上，风雨侵蚀与道路通行造成墙体消失。依据相邻上下段墙体情况，推断该段墙体原应为土墙。

101.德尔斯长城21段（150824382101130101）

该段长城起自川井镇德尔斯嘎查哈沙图牧点西2.5千米，止于哈沙图牧点西偏南4.85千米。墙体呈东北—西南走向，上接德尔斯长城20段，下接德尔斯长城22段。

墙体长2452米，为夯土筑墙，保存差。墙体现作为道路使用，止点在土路“十”字交叉口处。现存墙体呈略高于地表的土垄状，底宽2～5、残高0.2～0.3米。

102.德尔斯长城22段（150824382101130102）

该段长城起自川井镇德尔斯嘎查哈沙图牧点西南4.85千米，止于哈沙图牧点西南6.95千米。墙体呈东北—西南走向，上接德尔斯长城21段，下接巴音察干长城1段。

墙体长2188米，为夯筑土墙，保存差。墙体现作为道路使用，止于甘泉线铁路。现存墙体呈略凸起于地表的土垄状，底宽2.5～5、残高0.2～0.3米。

103.巴音察干长城1段（150824382101130103）

该段长城起自川井镇巴音杭盖嘎查阿尔善图牧点东北8.27千米，止于阿尔善图牧点东北5.85千米。墙体呈东北—西南走向，上接德尔斯长城22段，下接巴音察干长城2段。

墙体长2401米，为夯筑土墙，总体保存差。墙体现成为土路，起点因铁路建设而出现豁口。现存墙体呈略凸起于地表的土垄状，底宽2.5～5、残高0.2～0.3米。其中，保存差部分长2349米、消失部分长52米，分别占该段墙体总长的97.8%、2.2%。该段墙体后小段有两条漫水道穿过，止点在西水道西0.27千米处。

104.巴音察干长城2段（150824382301130104）

该段长城起自川井镇巴音杭盖嘎查阿尔善图牧点东北5.85千米，止于阿尔善图牧点东北1.18千米。墙体大致呈东北—西南走向，上接巴音察干长城1段，下接巴音察干长城3段。

本段墙体为消失段，起止点之间的直线距离长4690米。墙体经行地带现为土路，地表沙化较为严重，导致墙体消失。依据相邻上下段墙体情况，推断该段墙体原应为土墙。该段长城止点东0.19千米处有南北向输电线路跨过。

105.巴音察干长城3段（150824382101130105）

该段长城起自川井镇巴音杭盖嘎查阿尔善图牧点东北1.18千米，止于阿尔善图牧点西南0.17千米。墙体呈东北—西南走向，上接巴音察干长城2段，下接巴音察干长城4段。

墙体长1276米，为夯筑土墙，总体保存差。墙体沿沙化草原延伸，止点在并列的两条南北向土路东侧。现存墙体呈略凸起于地表的土垄状，底宽3～5.5、残高0.1～0.2米。其中，保存差部分长1109米、消失部分长167米，分别占该段墙体总长的86.9%、13.1%。

106.巴音察干长城4段（150824382301130106）

该段长城起自川井镇巴音杭盖嘎查阿尔善图牧点西南0.17千米，止于阿尔善图牧点西南0.52千米。

墙体大致呈东北—西南走向，上接巴音察干长城3段，下接巴音察干长城5段。

本段墙体为消失段，起止点之间的直线距离长363米。墙体地处阿尔善牧户之中，房屋建筑与地块修整导致墙体消失。依据相邻上下段墙体情况，推断该段墙体原应为土墙。

107. 巴音察干长城5段（150824382101130107）

该段长城起自川井镇巴音杭盖嘎查阿尔善图牧点西偏南0.52千米，止于阿尔善图牧点西2.1千米。墙体作内向折线形分布，大体呈东西走向，上接巴音察干长城4段，下接巴音察干长城6段。

墙体长1670米，为夯筑土墙，总体保存差。大部分墙体被作为道路使用，个别地段有土路穿过而形成豁口。现存墙体呈略凸起于地表的土垄状，底宽2.5～5、残高0.2～0.3米。其中，保存差部分长1597米、消失部分长73米，分别占该段墙体总长的95.6%、4.4%。

108. 巴音察干长城6段（150824382301130108）

该段长城起自川井镇巴音杭盖嘎查阿尔善图牧点西2.1千米，止于阿尔善图牧点西2.43千米。墙体大致呈东南—西北走向，上接巴音察干长城5段，下接巴音察干长城7段。

本段墙体为消失段，起止点之间的直线距离长362米。墙体地处萨仁浩热南偏西“十”字土路口两侧，车辆通行与地表沙化导致墙体消失。依据相邻上下段墙体情况，推断该段墙体原应为土墙。

109. 巴音察干长城7段（150824382101130109）

该段长城起自川井镇巴音杭盖嘎查阿尔善图牧点西2.43千米，止于阿尔善图牧点西偏北4.8千米。墙体呈东南—西北走向，上接巴音察干长城6段，下接巴音察干长城8段。

墙体长2586米，为夯筑土墙，总体保存差。墙体沿平缓的草原延伸，止于阿敦高勒音嘎顺牧点东侧的坡坎下。现存墙体呈略凸起于地表的土垄状，底宽3～6、残高0.2～0.8米。其中，后小段保存较差部分长704米、保存差部分长1850米、前小段消失部分长32米，分别占该段墙体总长的27.2%、71.5%和1.3%。

110. 巴音察干长城8段（150824382301130110）

该段长城起自川井镇巴音杭盖嘎查阿敦高勒音嘎顺牧点东0.59千米，止于陶尔勒格图牧点西南1.83千米。墙体大致由东南—西北转呈东西走向，上接巴音察干长城7段，下接巴音察干长城9段。

本段墙体为消失段，起止点之间的直线距离长3700米。墙体前小段地处阿敦高勒音嘎顺河槽沟脑地带，河槽两岸有零星的土筑墙体遗存；可大体确定该段长城的分布与走向。自S212省道岔出去乌兰呼硕的土路自该段长城中部穿过，土路以西的墙体转西行，地表亦见有土筑墙体残存。鉴于这些残存墙体接近消失的边缘，遂划入消失段。

111. 巴音察干长城9段（150824382101130111）

该段长城起自川井镇巴音杭盖嘎查陶尔勒格图牧点西南1.83千米，止于陶尔勒格图牧点西南4.63千米。墙体略作内向弧线形分布，大体呈东西走向，上接巴音察干长城8段，下接巴音察干长城10段。

墙体长2947米，为夯筑土墙，总体保存差。墙体沿低缓的退化草原延伸，现作为乡村道路使用，低洼地段遭洪水侵蚀而消失，道路下的墙体略凸起于地表，底宽3～5、残高0.2～0.3米。其中，保存差部分长2827米、消失部分长120米，分别占该段墙体总长的95.9%、4.1%。阿敦高勒牧点的南出土路自该段墙体中间穿过，形成豁口。

112. 巴音察干长城10段（150824382301130112）

该段长城起自川井镇巴音杭盖嘎查陶尔勒格图牧点西南4.63千米，止于陶尔勒格图牧点西南4.9千米。墙体大致呈东偏南—西偏北走向，上接巴音察干长城9段，下接巴音察干长城11段。

本段墙体为消失段，起止点之间的直线距离长282米。沿线地表沙化，车辆通行造成墙体消失。

依据相邻上下段墙体情况，推断该段墙体原应为土墙。

113. 巴音察干长城11段（150824382101130113）

该段长城起自川井镇巴音杭盖嘎查和热木牧点东偏北5.38千米，止于和热木牧点东北2.96千米。墙体呈东偏南—西偏北走向，上接巴音察干长城10段，下接巴音察干长城12段。

墙体长2700米，为夯筑土墙，总体保存差。墙体现为土路，车辆通行危及墙体保存；扎木音棍北漫水道洪水冲刷造成部分墙体消失；止点在红土坑西南部“人”字形土路西侧。现存墙体呈略凸起于地表的土垄状，底宽2.5～5.5、残高0.3～0.4米。其中，保存差部分长2541米、消失部分长159米，分别占该段墙体总长的94.1%、5.9%。

114. 巴音察干长城12段（150824382101130114）

该段长城起自川井镇巴音杭盖嘎查和热木牧点东北2.96千米，止于和热木牧点北1.36千米。墙体呈东西走向，上接巴音察干长城11段，下接巴音察干长城13段。

墙体长2931米，为夯筑土墙，总体保存差。墙体沿低缓的丘陵草原延伸，止于和热木漫水道东岸。有土路并行于墙体内外两侧，车辆通行影响墙体保存；和热木东支沟河槽洪水导致部分后小段墙体消失。现存墙体呈略凸起于地表的土垄状，底宽3～5.5、残高0.3～0.4米。其中，保存差部分长2690米、消失部分长241米，分别占该段墙体总长的91.8%、8.2%。

115. 巴音察干长城13段（150824382301130115）

该段长城起自川井镇巴音杭盖嘎查和热木牧点北1.36千米，止于和热木牧点北偏西1.43千米。墙体大致呈东西走向，上接巴音察干长城12段，下接巴音察干长城14段。

本段墙体为消失段，起止点之间的直线距离长211米。和热木漫水道洪水冲刷，导致墙体消失。依据相邻上下段墙体情况，推断该段墙体原应为土墙。

116. 巴音察干长城14段（150824382101130116）

该段长城起自川井镇巴音杭盖嘎查和热木牧点北偏西1.43千米，止于和热木牧点西北3.33千米。墙体呈东西走向，上接巴音察干长城13段，下接额和音查干长城1段。

墙体长2706米，为夯土筑墙，总体保存较差。墙体现被作为道路使用，S212省道修筑导致中间部分墙体消失。现存墙体呈明显凸起于地表的土垄状，底宽2～6、残高0.3～0.7米。其中，保存较差部分长1732米、保存差部分长900米、消失部分长74米，分别占该段墙体总长的64%、33.3%和2.7%。

117. 额和音查干长城1段（150824382101130117）

该段长城起自川井镇额和音查干嘎查桑根音哈沙图西牧点东北5.19千米，止于桑根音哈沙图西牧点东北3.12千米。墙体呈东偏北—西偏南走向，上接巴音察干长城14段，下接额和音查干长城2段。

墙体长2386米，为夯筑土墙，总体保存差。墙体现被作为道路使用，底宽3～5.5、残高0.2～0.3米。该段墙体南部有两组建筑，其间为树林。

118. 额和音查干长城2段（150824382101130118）

该段长城起自川井镇额和音查干嘎查桑根音哈沙图西牧点东北3.12千米，止于桑根音哈沙图西牧点北1.78千米。墙体呈东偏北—西偏南走向，上接额和音查干长城1段，下接额和音查干长城3段。

墙体长2188米，为夯筑土墙，保存差。墙体现被作为道路使用，底宽3～6、残高0.3～0.4米。该段墙体西北部有干涸的小内陆湖。

119. 额和音查干长城3段（150824382101130119）

该段长城起自川井镇额和音查干嘎查桑根音哈沙图西牧点北1.78千米，止于桑根音哈沙图西牧点西北2.98千米。墙体呈东偏北—西偏南走向，上接额和音查干长城2段，下接额和音查干长城4段。

墙体长2836米，为夯土筑墙，总体保存差。墙体现被作为道路使用，车辆通行导致局部地段墙体消失。现存墙体呈略凸起于地表的土垄状，底宽2.5～5、残高0.2～0.3米。其中，保存差部分长2765米、消失部分长71米，分别占该段墙体总长的97.5%、2.5%。

120. 额和音查干长城4段（150824382101130120）

该段长城起自川井镇额和音查干嘎查桑根音哈沙图西牧点西北2.98千米，止于巴润嘎顺牧点东南1.6千米。墙体呈东偏北—西偏南走向，上接额和音查干长城3段，下接额和音查干长城5段。

墙体长2504米，为夯筑土墙，总体保存较差。墙体局部因雨水冲淘而损毁，现存墙体呈略凸起于地表的土垄状，底宽2～5、残高0.2～0.8米。其中，保存较差部分长2295米、保存差部分长133米、消失部分长76米，分别占该段墙体总长的91.7%、5.3%和3%。

121. 额和音查干长城5段（150824382101130121）

该段长城起自川井镇额和音查干嘎查巴润嘎顺牧点东南1.6千米，止于巴润嘎顺牧点西南1.94千米。墙体作内外弯曲分布，呈东偏北—西偏南走向，上接额和音查干长城4段，额和音查干长城6段。

墙体长2680米，为夯筑土墙，总体保存差。阿敦高勒音好来河槽上游洪水冲刷，造成后小段部分墙体损毁。现存墙体呈低矮的土垄状，底宽2～4、残高0.4～0.5米。其中，保存差部分长2606米、消失部分长74米，分别占该段墙体总长的97.2%、2.8%。

122. 额和音查干长城6段（150824382101130122）

该段长城起自川井镇额和音查干嘎查巴润嘎顺牧点西南1.94千米，止于巴润嘎顺牧点西南2.06千米。墙体呈东北—西南走向，上接额和音查干长城5段，下接额和音查干长城7段。

墙体长142米，为夯筑土墙，保存差。伴随墙体的土路偏离于北侧，现存墙体呈凸起于地表的土垄状，底宽2～4、残高0.5～0.8米。墙体底部有散落石块分布，前后有两条小洪沟冲断墙体。

123. 额和音查干长城7段（150824382101130123）

该段长城起自川井镇额和音查干嘎查巴润嘎顺牧点西南2.06千米，止于甘临（甘其毛都—临河）公路东牧点东2.3千米。墙体呈东北—西南走向，上接额和音查干长城6段，下接额和音查干长城8段。

墙体长2731米，为夯筑土墙，总体保存差。墙体穿过阿敦高勒音好来河槽，沿谷地进入丘陵区。现存墙体呈略凸起于地表的土垄状，底宽2～5、残高0.1～0.3米。其中，保存差部分长2661米、消失部分长70米，分别占该段墙体总长的97.4%、2.6%。

124. 额和音查干长城8段（150824382101130124）

该段长城起自川井镇额和音查干嘎查甘临公路东牧点东2.3千米，止于甘临公路东牧点南偏西0.58千米。墙体呈东偏北—西偏南走向，上接额和音查干长城7段，下接额和音查干长城9段。

墙体长2770米，为夯筑土墙，保存差。墙体沿丘陵草原延伸，止于G242公路西侧。现存墙体呈略凸起于地表的土垄状，底宽2.5～5、残高0.2～0.3米。甘临一级公路建设造成墙体豁口。

125. 额和音查干长城9段（150824382101130125）

该段长城起自川井镇额和音查干嘎查甘临公路东牧点南偏西0.58千米，止于甘临公路东牧点西偏南3.34千米。墙体作内外弯曲分布，呈东西走向，上接额和音查干长城8段，下接额和音查干长城10段。

墙体长3178米，为夯筑土墙，总体保存差。墙体沿平坦的草原西行，其后进入丘陵低山地区，中小段谷地中的墙体因洪水冲刷而消失；止于南北向山梁西侧。现存墙体呈略凸起于地表的土垄状，底宽3～6、残高0.2～0.3米（彩图七七六）。其中，保存差部分长3086米、消失部分长92米，分别占该段墙体总长的97.1%、2.9%。

126.额和音查干长城10段（150824382101130126）

该段长城起自川井镇额和音查干嘎查和日木牧点东南2.93千米，止于和日木牧点东南2.45千米。墙体呈东南—西北走向，上接额和音查干长城9段，下接额和音查干长城11段。

墙体长481米，为夯筑土墙，夹杂有少量砾石、碎石，总体保存差。墙体沿山丘间谷地穿行，和日木东南河槽洪水冲刷导致部分后小段墙体消失。现存墙体呈略凸起于地表的土垄状，底宽2～5、残高0.3～0.4米。其中，保存差部分长462米、消失部分长19米，分别占该段墙体总长的96%、4%。

127.额和音查干长城11段（150824382301130127）

该段长城起自川井镇额和音查干嘎查和日木牧点东南2.45千米，止于和日木牧点东南2.23千米。墙体大致东南—西北走向，上接额和音查干长城10段，下接额和音查干长城12段。

本段墙体为消失段，起止点之间的直线距离长219米。墙体地处南北向山梁垭口及其两侧，水土流失导致墙体消失。依据相邻上下段墙体情况，推断该段墙体原应为土墙。

128.额和音查干长城12段（150824382101130128）

该段长城起自川井镇额和音查干嘎查和日木牧点东南2.23千米，止于和日木牧点东南1.65千米。墙体呈东南—西北走向，上接额和音查干长城11段，下接额和音查干长城13段。

墙体长606米，为夯筑土墙，夹杂少量砾石、碎石，保存差。墙体沿和日木东南部谷地延伸，止于垭口处。现存墙体呈略凸起于地表的土垄状，底宽2～4、残高0.3～0.4米。

129.额和音查干长城13段（150824382301130129）

该段长城起自川井镇额和音查干嘎查和日木牧点东南1.65千米，止于和日木牧点东南1.16千米。墙体大致呈东西走向，上接额和音查干长城12段，下接额和音查干长城14段。

本段墙体为消失段，起止点之间的直线距离长490米。墙体构筑在“S”状谷地中，河槽洪水冲刷导致墙体消失。依据相邻上下段墙体情况，推断该段墙体原应为土墙。

130.额和音查干长城14段（150824382101130130）

该段长城起自川井镇额和音查干嘎查和日木牧点东南1.16千米，止于和日木牧点东南1.12千米。墙体呈东西走向，上接额和音查干长城13段，下接额和音查干长城15段。

墙体长73米，为土石混筑，以两壁砌筑石块中间夯土的方法修筑，现大部分坍塌，保存较差。墙体分布在弯曲河槽南岸的三角洲上，现存墙体呈明显隆起于地表的高土石垄状，底宽2.5～3.5、顶宽2～2.5、残高1～1.3米。

131.额和音查干长城15段（150824382301130131）

该段长城起自川井镇额和音查干嘎查和日木牧点东南1.12千米，止于和日木牧点西北1千米。墙体大致呈东南—西北走向，上接额和音查干长城14段，下接额和音查干长城16段。

本段墙体为消失段，起止点之间的直线距离长2100米。墙体地处和日木东南、西北部的谷地河槽中，洪水冲刷导致墙体消失。依据相邻上下段墙体情况，推断该段墙体原应为土墙。

132.额和音查干长城16段（150824382101130132）

该段长城起自川井镇额和音查干嘎查和日木牧点西北1千米，止于和日木牧点西北4.02千米。墙体呈东南—西北走向，上接额和音查干长城15段，下接额和音查干长城17段。

墙体长2984米，为夯筑土墙，总体保存差。墙体沿同方向的山梁南麓延伸，后小段部分墙体因水土流失而消失。现存墙体呈略凸起于地表的土垄状，底宽3～5、残高0.2～0.3米。其中，保存差部分长2779米、消失部分长205米，分别占该段墙体总长的93.1%、6.9%。

133. 额和音查干长城17段（150824382101130133）

该段长城起自川井镇额和音查干嘎查那仁沙巴格牧点东南3.26千米，止于那仁沙巴格牧点南1.05千米。墙体呈东南—西北走向，上接额和音查干长城16段，下接额和音查干长城18段。

墙体长3222米，为夯筑土墙，保存差。墙体沿低缓的丘陵草原延伸，止于乌尔特浑迪河槽东岸。现存墙体呈略凸起于地表的土垄状，底宽2.5～5、残高0.1～0.2米。

134. 额和音查干长城18段（150824382301130134）

该段长城起自川井镇额和音查干嘎查那仁沙巴格牧点南1.05千米，止于那仁沙巴格牧点西南1.07千米。墙体大致呈东南—西北走向，上接额和音查干长城17段，下接额和音查干长城19段。

本段墙体为消失段，起止点之间的直线距离长584米。墙体地处乌尔特浑迪河槽及其两岸，洪水冲刷与水土流失导致墙体消失。依据相邻上下段墙体情况，推断该段墙体原应为土墙。

135. 额和音查干长城19段（150824382101130135）

该段长城起自川井镇额和音查干嘎查那仁沙巴格牧点西南1.07千米，止于那仁沙巴格牧点西3.52千米。墙体呈东南—西北走向，上接额和音查干长城18段，下接额和音查干长城20段。

墙体长3037米，为夯筑土墙，总体保存差。墙体沿乌尔特浑迪河槽西岸草原延伸，前小段部分墙体消失在河槽西岸漫水道中；止于西南—东北向土路东侧。现存墙体呈略凸起于地表的土垄状，底宽2.5～4、残高0.2～0.3米。其中，保存差部分长2896米、消失部分长141米，分别占该段墙体总长的95.4%、4.6%。

136. 额和音查干长城20段（150824382101130136）

该段长城起自川井镇额和音查干嘎查那仁沙巴格牧点西3.52千米，止于那仁沙巴格牧点西4.14千米。墙体略作外向弧线形分布，由东南—西北走向过渡为东西走向，上接额和音查干长城19段，下接额和音查干长城21段。

墙体长631米，为夯筑土墙，保存差。墙体沿平缓的草原延伸，止于塔拉布拉格音高勒河槽东岸。现存墙体呈略凸起于地表的土垄状，底宽2.5～5、残高0.2～0.3米。有东北—西南向土路穿过前小段墙体，造成墙体断豁。

墙体沿线调查障城1座，为额和音查干障城。

额和音查干障城（150824353102130004）　位于川井镇额和音查干嘎查那仁沙巴格牧点西3.7千米处的塔拉布拉格音高勒河槽东岸，北距额和音查干长城20段墙体0.19千米。

障城平面呈方形，双重墙体。内城边长52米，墙体为黄褐土夯筑而成，保存较差，现呈高土垄状，部分地段见有石块；底宽3～4、顶宽2～3、残高0.5～1.5米。城墙四角有角台残迹，西南角筑有较大烽戍遗迹，应属北魏时期遗存。东墙中部开门，宽8米，方向85°。内城外侧围绕一周壕沟，宽6～10米。壕沟外为外城墙，边长90米，墙底宽8、顶宽5、残高0.5米。南墙西半部和西墙南半部墙体因水土流失地表隆起不明显。障城东北侧有砂石路环绕，道路修筑导致外城东北角受到破坏。

137. 额和音查干长城21段（150824382301130137）

该段长城起自川井镇额和音查干嘎查那仁沙布格牧点西4.14千米，止于那仁沙布格牧点西4.57千米。墙体呈东南—西北走向，上接额和音查干长城20段，下接乌拉特后旗巴音查干长城1段。

本段墙体为消失段，起止点之间的直线距离长439米。墙体地处塔拉布拉格音高勒河槽中，洪水冲刷导致墙体消失。依据相邻上下段墙体情况，推断该段墙体原应为土墙。

（四）巴彦淖尔市乌拉特后旗

在调查中，将乌拉特后旗境内汉外长城北线墙体共划分为75段，其中包括土墙61段、石墙3段、消失墙体11段。墙体总长159460米，其中土墙长137929米、石墙长6167米、消失段落长15364米。在总长137929米的土墙中，保存一般部分长24461米、保存较差部分长33654米、保存差部分长55135米、消失部分长24679米。在总长6167米的石墙中，保存一般部分长5644米、保存较差部分长523米。此外，沿线调查障城6座。下面，对这些墙体段落和单体建筑分作详细描述。

1.巴音查干长城1段（150825382101130001）

该段长城起自巴音前达门苏木巴音查干嘎查和热木呼舒牧点东北1.52千米，止于和热木呼舒牧点北0.9千米。本段为乌拉特后旗境内汉外长城北线的东起第一段墙体，呈东西走向，上接乌拉特中旗额和音查干长城21段，下接巴音查干长城2段。

墙体长1409米，为夯筑土墙，保存差。墙体分布在塔拉布拉格音高勒河槽西岸，止于土路与墙体相交处。现存墙体呈略凸起于地表的土垄状，底宽4～5、顶宽1～2、残高0.1～0.3米。前达门—查干毛都公路于该段长城中部以东南—西北方向穿过。

2.巴音查干长城2段（150825382101130002）

该段长城起自巴音前达门苏木巴音查干嘎查和热木呼舒牧点北0.9千米，止于和热木呼舒牧点西北2.32千米。墙体由东西走向转呈东北—西南走向，上接巴音查干长城1段，下接巴音查干长城3段。

墙体长2252米，为夯筑土墙，保存差。墙体先西行，其后过渡后西南行，止于两条土路相交处。现存墙体呈略凸起于地表的土垄状，底宽3～5、顶宽1～2、残高0.1～0.3米。墙体南部有土路并行。

3.巴音查干长城3段（150825382101130003）

该段长城起自巴音前达门苏木巴音查干嘎查和热木呼舒牧点西北2.32千米，止于和热木呼舒牧点西2.82千米。墙体呈东北—西南走向，上接接巴音查干长城2段，下接巴音查干长城4段。

墙体长744米，为夯筑土墙，保存较差。墙体位于塔拉布拉格音高勒河槽西岸，呈略凸起于地表的土垄状，底宽4～6、顶宽3～4、残高0.3～0.7米。相交的土路叠压在墙体之上，对该段长城保护影响较大。

4.巴音查干长城4段（150825382101130004）

该段长城起自巴音前达门苏木巴音查干嘎查东北3.3千米，止于巴音查干嘎查东北1.9千米。墙体呈东北—西南走向，上接巴音查干长城3段，下接巴音查干长城5段。

墙体长1452米，为夯筑土墙，保存一般。墙体沿沙化草原直线延伸，止点西北100余米处有包尔汉图牧户。现存墙体呈略凸起于地表的土垄状，底宽顶窄，底宽4～6、顶宽3～4米。因地势南高北低，南侧残高0.3～0.6、北侧残高0.5～1.5米。土路叠压在墙体上，对墙体保护构成影响。

5.巴音查干长城5段（150825382101130005）

该段长城起自巴音前达门苏木巴音查干嘎查东北1.9千米，止于巴音查干嘎查东北1.16千米。墙体呈东北—西南走向，上接巴音查干长城4段，下接巴音查干长城6段。

墙体长787米，为夯筑土墙，保存一般。墙体直行，止于巴音查干嘎查北河槽北岸滩地边缘。现存墙体呈略凸起于地表的土垄状，底宽顶窄，底宽6～8、顶宽4～5、残高0.5～1米。伴随着墙体的土路转南行，脱离该段长城。

6.巴音查干长城6段（150825382301130006）

该段长城起自巴音前达门苏木巴音查干嘎查东北1.16千米，止于巴音查干嘎查东北0.18千米。墙体大致呈东北—西南走向，上接巴音查干长城5段，下接巴音查干长城7段。

本段墙体为消失段，起止点之间的直线距离长1000米。墙体地处巴音查干嘎查北河槽以及北岸沙化滩地中，洪水冲刷与水土流失导致墙体消失。依据相邻上下段墙体情况，推断该段墙体原应为土墙。

7. 巴音查干长城7段（150825382101130007）

该段长城起自巴音前达门苏木巴音查干嘎查东北0.18千米，止于巴音查干嘎查西南1.11千米。墙体呈北偏东—南偏西走向，上接巴音查干长城6段，下接巴音查干长城8段。

墙体长1319米，为夯筑土墙，保存较差。嘎查房屋紧邻墙体东侧建筑，其南部墙体明显隆起于地表，止点西南侧有方圐圙。现存墙体呈低矮的土垄状，底宽6～8、顶宽3～4、残高0.2～0.6米。

8. 巴音查干长城8段（150825382101130008）

该段长城起自巴音前达门苏木巴音查干嘎查西南1.11千米，止于巴音查干嘎查西南2.38千米。墙体呈北偏东—南偏走向，上接巴音查干长城7段，下接巴音查干长城9段。

墙体长1293米，为夯筑土墙，保存差。墙体沿低缓的丘陵沙化草原直线延伸，止点东侧有低矮的东西向土梁。现存墙体呈略凸起于地表的土垄状，底宽4～6、顶宽3～4、残高0.2～0.5米。

9. 巴音查干长城9段（150825382101130009）

该段长城起自巴音前达门苏木巴音查干嘎查西南2.38千米，止于巴音查干嘎查西南3.28千米。墙体呈北偏东—南偏西走向，上接巴音查干长城8段，下接巴音查干长城10段。

墙体长947米，为夯筑土墙，保存差。墙体沿沙化草原直行，止于额尔格勒音努如东向延伸的土梁北麓。现存墙体呈略凸起于地表的土垄状，底宽5～6、顶宽2～3、残高0.1～0.3米。

10. 巴音查干长城10段（150825382301130010）

该段长城起自巴音前达门苏木巴音查干嘎查西南3.28千米，止于巴音查干嘎查浩尧尔呼都格西偏南0.52千米。墙体大致呈东北—西南走向，上接巴音查干长城9段，下接哈拉图长城1段。

本段墙体为消失段，起止点之间的直线距离长5823米。墙体地处额尔格勒音努如东山梁北麓与浩尧尔呼都格河槽南岸之间。墙体随着地表沙化而分解，地表仅见隐约的壕沟痕迹，可大体判断原墙体的分布与走向。依据残存的壕沟痕迹，判断该段墙体原应为土墙。

11. 哈拉图长城1段（150825382101130011）

该段长城起自巴音前达门苏木哈拉图嘎查呼吉日图西北牧点东北3.46千米，止于呼吉日图西北牧点东北2.03千米。墙体呈东北—西南走向，上接巴音查干长城10段，下接哈拉图长城2段。

墙体长1489米，为夯筑土墙，总体保存差。墙体分布在浩尧尔呼都格西河槽南岸与布和图音高勒河槽北岸之间，现呈明显凸起于地表的土垄状，底宽8～10、顶宽3～4、残高0.1～0.6米。其中，前小段保存较差部分长575米、后小段保存差部分长914米，分别占该段墙体总长的38.6%、61.4%。

12. 哈拉图长城2段（150825382301130012）

该段长城起自巴音前达门苏木哈拉图嘎查呼吉日图西北牧点东北2.03千米，止于呼吉日图西北牧点东北0.92千米。墙体大致呈东北—西南走向，上接哈拉图长城1段，下接哈拉图长城3段。

本段墙体为消失段，起止点之间的直线距离长1100米。墙体地处布和图音高勒河两岸，洪水冲刷与水土流失导致墙体消失。河槽两岸的长城沿线可断续见有略微隆起于地表的土筑墙体，处于消失的边缘，列为消失段。

13. 哈拉图长城3段（150825382101130013）

该段长城起自巴音前达门苏木哈拉图嘎查呼吉日图西北牧点东北0.92千米，止于呼吉日图西北牧点东北0.83千米。墙体呈东北—西南走向，上接哈拉图长城2段，下接哈拉图长城4段。

墙体长97米，为夯筑土墙，保存较差。墙体地处西北向东南延伸的岗地之上。现存墙体呈略凸起于地表的土垄状，底宽6～8、顶宽2～3、残高0.3～0.5米。

14.哈拉图长城4段（150825382301130014）

该段长城起自巴音前达门苏木哈拉图嘎查呼吉日图西北牧点东北0.83千米，止于呼吉日图西北牧点东北0.29千米。墙体大致呈东北—西南走向，上接哈拉图长城3段，下接哈拉图长城5段。

本段墙体为消失段，起止点之间的直线距离长545米。墙体地处呼吉日图牧点东北部并列两条岗地间的低洼地带，水土流失导致大部分墙体消失。但地表仍局部可见土筑墙体痕迹，可大体判明该段长城的分布与走向。

15.哈拉图长城5段（150825382101130015）

该段长城起自巴音前达门苏木哈拉图嘎查呼吉日图西北牧点东北0.29千米，止于呼吉日图西北牧点西南0.55千米。墙体呈东北—西南走向，上接哈拉图长城4段，下接哈拉图长城6段。

墙体长867米，为夯筑土墙，保存较差。墙体沿沙化草原延伸，止于呼吉日图高勒河槽北岸。现存墙体呈低矮的土垄状，底宽8～10、顶宽3～4、残高0.3～0.6米。呼吉日图西北牧点紧邻该段长城前小段墙体内侧建筑。

16.哈拉图长城6段（150825382101130016）

该段长城起自巴音前达门苏木哈拉图嘎查呼吉日图西北牧点西南0.55千米，止于呼吉日图西北牧点西南1.57千米。墙体呈东北—西南走向，上接哈拉图长城5段，下接哈拉图长城7段。

墙体长1033米，为夯筑土墙，总体保存差。墙体穿过呼吉日图河槽，河槽部分墙体消失；中小段部分墙体地表隆起较明显，止于该河槽与尚德苏海图河槽中间地带。现存墙体呈略凸起于地表的土垄状，底宽6～10、顶宽3～5、残高0.1～0.9米。其中，保存较差部分长385米、保存差部分长438米、消失部分长210米，分别占该段墙体总长的37.3%、42.4%和20.3%。

17.哈拉图长城7段（150825382101130017）

该段长城起自巴音前达门苏木哈拉图嘎查巴格毛都牧点北偏西1.45千米，止于巴格毛都牧点西北1.17千米。墙体呈东北—西南走向，上接哈拉图长城6段，下接哈拉图长城8段。

墙体长781米，为夯筑土墙，总体保存一般。墙体前小段保存一般，止于尚德苏海图河槽北岸。现存墙体呈凸起于地表的土垄状，底宽8～10、顶宽3～6、残高0.2～0.8米。其中，保存一般部分长479米、保存较差部分长302米，分别占该段墙体总长的61.3%、38.7%。

18.哈拉图长城8段（150825382301130018）

该段长城起自巴音前达门苏木哈拉图嘎查巴格毛都牧点西北1.17千米，止于巴格毛都牧点西偏北1.22千米。墙体大致呈东北—西南走向，上接哈拉图长城7段，下接哈拉图长城9段。

本段墙体为消失段，起止点之间的直线距离长518米。墙体地处尚德苏海图河槽及其南岸，洪水冲刷导致墙体消失。依据相邻上下段墙体情况，推断该段墙体原应为土墙。

19.哈拉图长城9段（150825382101130019）

该段长城起自巴音前达门苏木哈拉图嘎查准和日木牧点东北0.23千米，止于准和日木牧点西南0.77千米。墙体呈东北—西南走向，上接哈拉图长城8段，下接哈拉图长城10段。

墙体长1014米，为夯筑土墙，保存较差。墙体位于沙化草原上，止于尚德苏海图河槽与海勒森高勒河槽中间部位。现存墙体呈略凸起于地表的土垄状，底宽5～7、顶宽3～4、残高0.2～0.5米。准和日木牧点紧邻墙体内侧建筑。

20. 哈拉图长城10段（150825382101130020）

该段长城起自巴音前达门苏木哈拉图嘎查准和日木牧点西南0.77千米，止于准和日木牧点西南1.71千米。墙体呈东北—西南走向，上接哈拉图长城9段，下接哈拉图长城11段。

墙体长971米，为夯筑土墙，总体保存较差。墙体沿线草原沙化，止点西0.26千米处有井房建筑。现存墙体呈明显凸起于地表的土垄状，底宽6～8、顶宽4～5、残高0.2～0.7米。其中，前小段保存较差部分长500米、后小段保存差部分长471米，分别占该段墙体总长的51.5%、48.5%。

21. 哈拉图长城11段（150825382101130021）

该段长城起自巴音前达门苏木哈拉图嘎查准和日木牧点西南1.71千米，止于巴润和日木东偏北2.41千米。墙体呈东北—西南走向，上接哈拉图长城10段，下接哈拉图长城12段。

墙体长844米，为夯筑土墙，总体保存一般。墙体前小段保存状况为一般，直线延伸，止于海勒森高勒河槽东北岸；河槽北岸地表沙化，墙体保存差。现存墙体呈略凸起于地表的土垄状，底宽6～8、顶宽3～4、残高0.1～0.3米。其中，保存一般部分长487米、保存差部分长357米，分别占该段墙体总长的57.7%、42.3%。

22. 哈拉图长城12段（150825382301130022）

该段长城起自巴音前达门苏木哈拉图嘎查巴润和日木牧点东偏北2.41千米，止于巴润和日木牧点东偏北1.95千米。墙体大致呈东北—西南走向，上接哈拉图长城11段，下接哈拉图长城13段。

本段墙体为消失段，起止点之间的直线距离长466米。墙体地处海勒森高勒河槽及其两岸，洪水冲刷与水土流失导致墙体消失。依据相邻上下段墙体情况，推断该段墙体原应为土墙。

23. 哈拉图长城13段（150825382101130023）

该段长城起自巴音前达门苏木哈拉图嘎查巴润和日木牧点东偏北1.95千米，止于巴润和日木牧点东偏北1.8千米。墙体呈东北—西南走向，上接哈拉图长城12段，下接哈拉图长城14段。

墙体长165米，为夯筑土墙，保存差。墙体分布在海勒森高勒河槽西岸，呈略凸起于地表的土垄状，底宽10～12、顶宽6～8、残高0.1～0.2米。该段墙体所处地貌沙化严重，接近消失的边缘；海勒森高勒河槽西部的墙体总体上时断时续。

24. 哈拉图长城14段（150825382301130024）

该段长城起自巴音前达门苏木哈拉图嘎查巴润和日木牧点东偏北1.8千米，止于巴润和日木牧点东1.7千米。墙体大致呈东北—西南走向，上接哈拉图长城13段，下接哈拉图长城15段。

本段墙体为消失段，起止点之间的直线距离长150米。墙体地处海勒森高勒河槽西岸沙化草原地带，水土流失导致墙体消失。依据相邻上下段墙体情况，推断该段墙体原应为土墙。

25. 哈拉图长城15段（150825382101130025）

该段长城起自巴音前达门苏木哈拉图嘎查巴润和日木牧点东1.7千米，止于巴润和日木牧点东偏南1.53千米。墙体呈东北—西南走向，上接哈拉图长城14段，下接哈拉图长城16段。

墙体长239米，为夯筑土墙，保存差。墙体地处海勒森高勒河槽西岸沙化草原上，濒临消失。现存墙体呈略凸起于地表的土垄状，底宽10～12、顶宽6～8、残高0.1～0.2米。有东西向土路穿过中小段墙体，造成墙体断豁。

26. 哈拉图长城16段（150825382301130026）

该段长城起自巴音前达门苏木哈拉图嘎查巴润和日木牧点东偏南1.53千米，止于巴润和日木牧点东南1.08千米。墙体呈东北—西南走向，上接哈拉图长城15段，下接哈拉图长城17段。

本段墙体为消失段，起止点之间的直线距离长894米。墙体地处巴润和日木牧点东偏南沙化草原上，止于牧点东南土岗。水土流失导致墙体分解，地表无痕。依据相邻上下段墙体情况，推断该段墙体原应为土墙。

27.哈拉图长城17段（150825382101130027）

该段长城起自巴音前达门苏木哈拉图嘎查巴润和日木牧点东南1.08千米，止于巴润和日木牧点东南1.41千米。墙体呈东北—西南走向，上接哈拉图长城16段，下接哈拉图长城18段。

墙体长781米，为夯筑土墙，总体保存差。墙体分布在海勒森高勒河槽西部沙化草原上，中小段局部墙体地表隆起较明显。现存墙体呈略凸起于地表的土垄状，底宽6～10、顶宽4～6、残高0.2～0.8米。其中，保存较差部分长62米、保存差部分长719米，分别占该段墙体总长的7.9%、92.1%。

28.哈拉图长城18段（150825382101130028）

该段长城起自巴音前达门苏木哈拉图嘎查巴润和日木牧点东南1.41千米，止于巴润和日木牧点西南1.83千米。墙体呈东北—西南走向，上接哈拉图长城17段，下接哈拉图长城19段。

墙体长738米，为夯筑土墙，总体保存差。墙体分布在海勒森高勒河槽西部沙化草原上，后小段局部墙体地表隆起较明显。现存墙体呈略凸起于地表的土垄状，底宽8～10、顶宽3～6、残高0.1～0.8米。其中，保存较差部分长261米、保存差部分长477米，分别占该段墙体总长的35.4%、64.6%。

29.哈拉图长城19段（150825382101130029）

该段长城起自巴音前达门苏木哈拉图嘎查巴润和日木牧点西南1.83千米，止于巴润和日木牧点西南2.64千米。墙体呈东北—西南走向，上接哈拉图长城18段，下接哈拉图长城20段。

墙体长1051米，为夯筑土墙，总体保存较差。墙体经行区域草原沙化，止点在塔拉音敖包乃赛日河槽东北岸。现存墙体呈低矮的土垄状，底宽6～10、顶宽2～5、残高0.1～0.6米。其中，中小段保存较差部分长612米、前后小段保存差部分长439米，分别占该段墙体总长的58.2%、41.8%。

30.哈拉图长城20段（150825382301130030）

该段长城起自巴音前达门苏木哈拉图嘎查巴润和日木牧点西南2.64千米，止于巴润和日木牧点西南2.78千米。墙体大致呈东北—西南走向，上接哈拉图长城19段，下接哈拉图长城21段。

本段墙体为消失段，起止点之间的直线距离长168米。墙体地处东南向西北流的塔拉音敖包乃赛日河槽中，洪水冲刷导致墙体消失。依据相邻上下段墙体情况，推断该段墙体原应为土墙。季节性河流冲淘导致墙体消失。

31.哈拉图长城21段（150825382101130031）

该段长城起自巴音前达门苏木哈拉图嘎查赛呼都格牧点东北1.17千米，止于赛呼都格牧点东偏南0.35千米。墙体呈东北—西南走向，上接哈拉图长城20段，下接哈拉图长城22段。

墙体长928米，为夯筑土墙，总体保存差。墙体沿塔拉音敖包乃赛日河槽西南岸沙化草原直线构筑，止于乌兰额日格音赛日河槽东北部。现存墙体呈略凸起于地表的土垄状，底宽6～10、顶宽3～5、残高0.2～0.8米。其中，前小段保存较差部分长137米、后小段保存差部分长791米，分别占该段墙体总长的14.8%、85.2%。

32.哈拉图长城22段（150825382101130032）

该段长城起自巴音前达门苏木哈拉图嘎查赛呼都格牧点东偏南0.35千米，止于赛呼都格牧点南0.22千米。墙体呈东北—西南走向，上接哈拉图长城21段，下接阿布日拉图长城1段。

墙体长347米，为夯筑土墙，保存差。墙体位于乌兰额日格音赛日河槽东北岸，呈略凸起于地表的土垄状，底宽8～10、顶宽5～6、残高0.2～0.3米。

33. 阿布日拉图长城1段（150825382101130033）

该段长城起自巴音前达门苏木哈拉图嘎查赛呼都格牧点南0.22千米，止于赛呼都格牧点西南2.02千米。墙体作直线分布，呈东北—西南走向，上接哈拉图长城22段，下接阿布日拉图长城2段。

墙体长2021米，为夯筑土墙，总体保存一般。墙体地处乌兰额日格音赛日河槽及其西南岸沙化草原上，前小段消失于河槽洪水冲刷，中小段保存一般，后小段保存差，末端在土岗上。现存墙体于地表呈土垄状，底宽顶窄，底宽8～12、顶宽3～4、残高0.2～1.3米。其中，保存一般部分长1035米、保存较差部分长506米、消失部分长480米，分别占该段墙体总长的51.2%、25%和23.8%。该段墙体中部外侧有牧户一家。

34. 阿布日拉图长城2段（150825382101130034）

该段长城起自巴音前达门苏木哈拉图嘎查赛呼都格牧点西南2.02千米，止于阿布日拉图嘎查毛敦门布郎北3.79千米。墙体呈东北—西南走向，上接阿布日拉图长城1段，下接阿布日拉图长城3段。

墙体长2902米，为夯筑土墙，总体保存差。墙体穿过吉日格楞特河槽，翻过东南—西北向土岗，再穿过巴音乌力吉东南部漫水道，止于水道西南岸低矮的土岗上。现存墙体呈略凸起于地表的土垄状，底宽8～10、顶宽2～3、残高0.1～0.3米。其中，保存差部分长1967米、消失部分长935米，分别占该段墙体总长的67.8%、32.2%。

35. 阿布日拉图长城3段（150825382101130035）

该段长城起自巴音前达门苏木阿布日拉图嘎查毛敦门布郎牧点北3.79千米，止于毛敦门布郎牧点北0.88千米。墙体呈北偏东—南偏西走向，上接阿布日拉图长城2段，下接阿布日拉图长城4段。

墙体长3064米，为夯筑土墙，总体保存差。墙体前后翻过四道低矮的土岗及其间沙化谷地，止于毛敦门布郎河槽东北岸；中小段谷地中的部分墙体及后小段墙体消失。现存墙体呈略凸起于地表的土垄状，底宽6～8、顶宽1～4、残高0.1～0.5米。其中，保存较差部分长695米、保存差部分长1186米、消失部分长1183米，分别占该段墙体总长的22.7%、38.7%和38.6%。

36. 阿布日拉图长城4段（150825382101130036）

该段长城起自巴音前达门苏木阿布日拉图嘎查毛敦门布郎牧点北0.88千米，止于毛敦门布郎牧点南偏西2.3千米。墙体大体呈南北走向，上接阿布日拉图长城3段，下接阿布日拉图长城5段。

墙体长3233米，为夯筑土墙，总体保存差。墙体先后穿过毛敦门布郎与陶勒盖音善达音高勒河河槽，有部分墙体消失；陶勒盖音善达音高勒河槽两岸的墙体地表隆起较明显，其余墙体保存现状为差。现存墙体呈低矮的土垄状，底宽6～8、顶宽2～4、残高0.1～0.6米。其中，保存较差部分长507米、保存差部分长2043米、消失部分长683米，分别占该段墙体总长的15.7%、63.2%和21.1%。

37. 阿布日拉图长城5段（150825382101130037）

该段长城起自巴音前达门苏木阿布日拉图嘎查毛敦门布郎牧点南偏西2.3千米，止于贡呼都格牧点东北1.86千米。墙体呈东北—西南走向，上接阿布日拉图长城4段，下接阿布日拉图长城6段。

墙体长3255米，为夯筑土墙，总体保存较差。墙体沿沙化的丘陵草原断续延伸，消失地段的墙体外侧往往有壕沟隐现；止于嘎顺牧点西北部的土路边。现存墙体呈明显凸起于地表的土垄状，底宽6～8、顶宽2～3、残高0.2～1米。其中，保存一般部分长304米、保存较差部分长1781米、消失部分长1170米，分别占该段墙体总长的9.3%、54.8%和35.9%。

38. 阿布日拉图长城6段（150825382101130038）

该段长城起自巴音前达门苏木阿布日拉图嘎查贡呼都格牧点东北1.86千米，止于贡呼都格牧点南偏西0.55千米。墙体呈东北—西南走向，上接阿布日拉图长城5段，下接阿布日拉图长城7段。

墙体长2490米，为夯筑土墙，总体保存一般。穿过哄噶尔陶勒盖音高勒主河槽及其南部支流河槽，这部分墙体消失；贡呼都格至嘎顺牧点间土路，也造成中小段部分墙体消失。后小段墙体保存状况为一般。现存墙体呈明显凸起于地表的土垄状，底宽6～12、顶宽2～6、残高0.1～0.8米。其中，保存一般部分长1557米、保存差部分长548米、消失部分长385米，分别占该段墙体总长的62.5%、22%和15.5%。

39. 阿布日拉图长城7段（150825382101130039）

该段长城起自巴音前达门苏木阿布日拉图嘎查贡呼都格牧点南偏西0.55千米，止于贡呼都格牧点西南3.4千米。墙体呈东北—西南走向，上接阿布日拉图长城6段，下接阿布日拉图长城8段。

墙体长2985米，为夯筑土墙，保存差。墙体沿平坦的草原直线延伸，止于哈尔乌苏河槽北岸谷地中。现存墙体呈略凸起于地表的土垄状，底宽6～8、顶宽1～2、残高0.1～0.3米。

40. 阿布日拉图长城8段（150825382301130040）

该段长城起自巴音前达门苏木阿布日拉图嘎查贡呼都格牧点西南3.4千米，止于贡呼都格牧点西南5.63千米。墙体大致呈东北—西南走向，上接阿布日拉图长城7段，下接巴音哈梢长城1段。

本段墙体为消失段，起止点之间的直线距离长2300米。墙体地处哈尔乌苏河槽赫日生处及其北岸谷地中，洪水冲刷与水土流失导致墙体消失。依据相邻上下段墙体情况，推断该段墙体原应为土墙。

41. 巴音哈梢长城1段（150825382101130041）

该段长城起自巴音前达门苏木巴音哈梢嘎查哈尔乌苏牧点西北1.1千米，止于哈尔乌苏牧点西南2.99千米。墙体呈东北—西南走向，上接阿布日拉图长城8段，下接巴音哈梢长城2段。

墙体长3190米，为夯筑土墙，总体保存差。墙体穿过哈尔乌苏高勒及其支流宝音图高勒河槽，洪水冲刷导致这部分墙体消失；河槽间乌力吉图额日格西部的墙体保存状况为较差，后小段墙体外壕明显。现存墙体呈低矮的土垄状，底宽8～12、顶宽3～6、残高0.1～0.6米。其中，保存较差部分长298米、保存差部分长1754米、消失部分长1138米，分别占该段墙体总长的9.3%、55%和35.7%。

42. 巴音哈梢长城2段（150825382101130042）

该段长城起自巴音前达门苏木巴音哈梢嘎查哈尔乌苏牧点西南2.99千米，止于哈尔乌苏牧点西南5.31千米。墙体作内向弧线形分布，大体呈东北—西南走向，上接巴音哈梢长城1段，下接巴音哈梢长城3段。

墙体长2603米，为夯筑土墙，总体保存差。墙体分布在宝音图高勒河槽西岸的低缓丘陵草原上，中小段台地上的墙体保存一般；谷底地带的墙体消失。现存墙体于地表呈明显的土垄状，底宽6～10、顶宽1～4、残高0.2～0.8米。其中，保存一般部分长445米、差部分长1765米、消失部分长393米，分别占该段墙体总长的17.1%、67.8%和15.1%。墙体外侧可见当时挖壕筑墙形成的壕沟，现沟口宽7.8、深0.2～0.5米。

43. 巴音哈梢长城3段（150825382101130043）

该段长城起自巴音前达门苏木巴音哈梢嘎查哈尔乌苏牧点西南5.31千米，止于哈尔乌苏牧点西南7.9千米。墙体呈东北—西南走向，上接巴音哈梢长城2段，下接巴音哈梢长城4段。

墙体长2791米，为夯筑土墙，总体保存差。墙体分布在包日希热山丘西北部谷地上，断续延伸，局部因土地沙漠化而消失。现存墙体呈明显凸起于地表的土垄状，底宽8～10、顶宽3～4、残高0.2～0.6米。其中，保存差部分长1883米、消失部分长908米，分别占该段墙体总长的67.5%、32.5%。

该段墙体西北部有山丘，名浩勒包。

44. 巴音哈梢长城4段（150825382101130044）

该段长城起自巴音前达门苏木巴音哈梢嘎查隆尚德牧点东北3.43千米，止于隆尚德牧点西北2.24千米。墙体呈东北—西南走向，上接巴音哈梢长城3段，下接巴音哈梢长城5段。

墙体长2565米，为夯筑土墙，保存差。墙体沿夏拉哈达耐好赖南部低缓的草原延伸，局部濒于消失。现存墙体于地表呈低矮的土垄状，底宽8～10、顶宽4～5、残高0.2～0.5米。

45. 巴音哈梢长城5段（150825382101130045）

该段长城起自巴音前达门苏木巴音哈梢嘎查隆尚德牧点西北2.24千米，止于贡呼都格西南1.45千米。墙体呈东北—西南走向，上接巴音哈梢长城4段，下接巴音哈梢长城6段。

墙体长3204米，为夯筑土墙，总体保存差。墙体穿过贡呼都格牧点南的沙巴尔图河槽，止于乌兰尚德河槽东岸二级台地上。现存墙体于地表大部分呈高土垄状，底宽10～12、顶宽6～8、残高0.2～1.2米。其中，前小段保存一般部分长886米、后小段保存差部分长1350米、中小段河槽及东岸坡地消失部分长968米，分别占该段墙体总长的27.7%、42.1%和30.2%。

46. 巴音哈梢长城6段（150825382101130046）

该段长城起自巴音前达门苏木巴音哈梢嘎查贡呼都格西南1.45千米，止于哈达图东南牧点东2.4千米。墙体呈东北—西南走向，上接巴音哈梢长城5段，下接巴音满都呼长城1段。

墙体长5548米，为夯筑土墙，整体濒于消失。墙体下乌兰尚德河槽二级台地，穿过洪水北流的乌兰尚德与阿木乌苏河槽，再下扎拉北部的呼和达巴山，止于呼和达巴西麓。沿线两条河槽中及其两岸的墙体消失，前小段台地上的墙体保存较差，其余墙体保存差。现存墙体呈略凸起于地表的土垄状，底宽10～12、顶宽4～8、残高0.1～0.7米。其中，保存较差部分长447米、保存差部分长501米、消失部分长4600米，分别占该段墙体总长的8.1%、9%和82.9%。乌兰尚德与阿木乌苏河槽洪水于该段墙体北侧合流，又北流汇入阿德给音滚呼都格高勒河。

墙体沿线调查障城1座，为德格都毛赖障城。

德格都毛赖障城（150825353102040015）　位于巴音前达门苏木巴音哈梢嘎查德德木瑞牧点东南0.06千米，北距巴音哈梢长城6段墙体1千米，南距汉外长城南线巴音哈梢长城14段墙体3.1千米，西南距苏亥障城30.1千米。

障城保存差，城垣轮廓大致可辨，平面呈“回”字形，筑有内、外两重城墙，均为长方形，两城墙相距约9米。外城东西长130、南北宽110，东墙居中设门，门宽6米，方向107°。内城东西长110、南北宽99米，东墙中部设门，门宽5米。城墙均为夹砂黄土夯筑，夯筑坚实，夯层厚10厘米左右。现墙体坍塌严重，砂土将墙体底部覆盖，于地表呈高土垄状，底宽7～9、顶宽约2、残高0.5～1.1米；局部墙体濒临消失。城址内外及墙体上覆盖黄沙，稀疏地生长有针茅草等植物。障城西临乌兰尚德河槽，东依扎拉土梁。东出牧点的土路经障城西南角环绕，穿行于内外南墙间。

47. 巴音满都呼长城1段（150825382101130047）

该段长城起自巴音前达门苏木巴音满都呼嘎查哈达图东南牧点东2.4千米，止于哈达图牧点南偏东1.56千米。墙体由东偏北—西偏南走向转呈东西走向，上接巴音哈梢长城6段，下接巴音满都呼长城2段。

墙体长3886米，为夯筑土墙，总体保存差。墙体横穿呼和达巴西部谷地，止于哈达图南部南北向土路处。沿线有道劳呼都格等大小七条河槽洪水冲断墙体，中小段保存一般，后小段保存差。现存墙体于地表呈较高的土垄状，底宽6～10、顶宽3～5、残高0.1～0.8米。其中，保存一般部分长1042米、保存较差部分长727米、保存差部分长1555米、消失部分长562米，分别占该段墙体总长的26.8%、18.7%、40%和14.5%。

48.巴音满都呼长城2段（150825382101130048）

该段长城起自巴音前达门苏木巴音满都呼嘎查哈达图牧点南偏东1.56千米，止于哈达图牧点西南2.43千米。墙体呈东偏南—西偏北走向，上接巴音满都呼长城1段，下接巴音满都呼长城3段。

墙体长2704米，为夯土筑墙，总体保存较差。墙体沿平缓的草原延伸，止于呼舒和日木音赛日河槽东岸。沿线有数条漫水道洪水造成墙体断豁，中小段墙体保存一般，后小段墙体保存较差。现存墙体于地表呈土垄状，底宽顶窄，底宽6～10、顶宽2～5、残高0.3～1.2米。其中，保存一般部分长750米、保存较差部分长1791米、消失部分长163米，分别占该段墙体总长的27.7%、66.2%和6.1%。后小段墙体外侧有土路并行。

49.巴音满都呼长城3段（150825382101130049）

该段长城起自巴音前达门苏木巴音满都呼嘎查哈达图牧点西南2.43千米，止于德德公温准哈沙牧点东1.78千米。墙体呈东偏南—西偏北走向，上接巴音满都呼长城2段，下接巴音满都呼长城4段。

墙体长3172米，为夯筑土墙，总体保存一般。墙体横穿丘陵草原，坍塌成高矮不等的土垄状，底宽顶窄，底宽6～10、顶宽3～6、残高0.1～1.2米。其中，前后小段墙体保存一般，中小段墙体保存差，其余墙体保存较差。保存一般部分长1636米、保存较差部分长761米、保存差部分长775米，分别占该段墙体总长的51.6%、24%和24.4%。该段墙体外侧始终有土路并行。

50.巴音满都呼长城4段（150825382101130050）

该段长城起自巴音前达门苏木巴音满都呼嘎查德德公温准哈沙牧点东1.78千米，止于德德公温准哈沙牧点西北1千米。墙体略作外向折线形分布，由东偏南—西偏北走向转呈东西走向，上接巴音满都呼长城3段，下接巴音满都呼长城5段。

墙体长2875米，为夯土筑墙，总体保存较差。墙体分布在平缓的草原上，止于德德公北部的乌兰呼都格河槽东岸。现存墙体呈土垄状，底宽5～8、顶宽2～4、残高0.1～1米。其中，前、后两端部分墙体保存一般，中小段保存差，其余墙体保存状况为较差。保存一般部分长772米、保存较差部分长1587米、保存差部分长516米，分别占该段墙体总长的26.9%、55.2%和17.9%。

51.巴音满都呼长城5段（150825382101130051）

该段长城起自巴音前达门苏木巴音满都呼嘎查德德公温准哈沙牧点西北1千米，止于巴润哈巴日扎牧点北偏东0.55千米。墙体呈东西走向，上接巴音满都呼长城4段，下接巴音努如长城1段。

墙体长3185米，为夯筑土墙，总体保存一般。墙体沿南高北低的平缓草原延伸，止于呼勒斯特高勒河槽东岸。沿线除起点河槽外，有10处洪水道造成墙体断豁；前小段墙体地表隆起较明显，后小段次之。现存墙体呈略凸起于地表的土垄状，底宽6～10、顶宽3～4、残高0.1～1米。其中，保存一般部分长1962米、保存较差部分长477米、保存差部分长383米、消失部分长363米，分别占该段墙体总长的61.6%、15%、12%和11.4%。一条东北—西南的土路自该段长城中间穿过，造成墙体豁口。

52.巴音努如长城1段（150825382101130052）

该段长城起自潮格温德尔镇巴音努如嘎查巴润哈巴日扎牧点北偏东0.55千米，止于巴润哈巴日扎牧点西2.93千米。墙体呈东西走向，上接巴音满都呼长城5段，下接巴音努如长城2段。

墙体长3109米，为夯筑土墙，总体保存一般。墙体分布在南高北低的平缓草原上，除起点处呼勒斯特高勒河槽中的墙体消失外，沿线还有10处洪水道造成墙体断豁；中小段墙体隆起明显，后小段保存较差。现存墙体呈略凸起于地表的土垄状，底宽顶窄，底宽6～8、顶宽2～4、残高0.2～1米。其中，保存一般部分长1953米、保存较差部分长951米、消失部分长205米，分别占该段墙体总长的62.8%、30.6%和6.6%。

53. 巴音努如长城2段（150825382101130053）

该段长城起自潮格温德尔镇巴音努如嘎查巴润哈巴日扎牧点西2.93千米，止于虎勒盖尔油田分点西南2.61千米。墙体由东西走向转呈东偏北—西偏南走向，上接巴音努如长城1段，下接巴音努如长城3段。

墙体长3069米，为夯筑土墙，总体保存一般。墙体沿平缓的丘陵草原构筑，先后穿过虎勒盖尔、瑙滚尼毛敦乃高勒河槽，止于古日本毛敦乃高勒河槽与其东支流的中间地带。除洪水冲刷导致河槽中的墙体消失外，沿线还有十余处漫水道造成的墙体豁口；前小段墙体保存一般。现存墙体大部分呈较高的土垄状，底宽顶窄，底宽6～8、顶宽2～3、残高0.2～1米。其中，保存一般部分长1557米、保存较差部分长1234米、消失部分长278米，分别占该段墙体总长的50.7%、40.2%和9.1%。有南北向土路经后小段支流河槽处穿过。

54. 巴音努如长城3段（150825382101130054）

该段长城起自潮格温德尔镇巴音努如嘎查虎勒盖尔油田分点西南2.61千米，止于苏亥北牧点东北0.49千米。墙体呈东偏北—西偏南走向，上接巴音努如长城2段，下接巴音努如长城4段。

墙体长3623米，为夯筑土墙，总体保存差。墙体先后穿过古日本毛敦乃高勒、嘎顺乃陶尔勒格和迈很陶勒盖音高勒河槽，止于墙体西折拐点处。河槽中的墙体消失，前小段两河槽间的墙体地表隆起较明显。现存墙体呈低矮的土垄状，底宽10～12、顶宽5～8、残高0.1～0.5米。其中，保存较差部分长937米、保存差部分长2151米、消失部分长535米，分别占该段墙体总长的25.8%、59.4%和14.8%。

55. 巴音努如长城4段（150825382101130055）

该段长城起自潮格温德尔镇巴音努如嘎查苏亥北牧点东北0.49千米，止于勃勒音沃日腾牧点北偏东2.24千米。墙体由东西走向转呈东南—西北走向，上接巴音努如长城3段，下接巴音努如长城5段。

墙体长3258米，为夯筑土墙，总体保存差。墙体先西行，旋即转西北行，东西向穿过苏亥高勒支流阿达根嘎顺乃高勒，再过主河槽，止于特勃根呼舒矮山岭南部。苏亥高勒东岸地势较高地段的墙体保存一般，前小段墙体保存较差，后小段墙体保存差，河槽中的墙体消失。现存墙体呈明显凸起于地表的土垄状，底宽顶窄，底宽8～12、顶宽3～6、残高0.1～1米。其中，保存一般部分长922米、保存较差部分长408米、保存差部分长1217米、消失部分长711米，分别占该段墙体总长的28.3%、12.5%、37.4%和21.8%。北出苏亥高勒北牧点的土路，在豁口处穿过该段长城。

墙体沿线调查障城1座，为苏亥障城。

苏亥障城（150825353102040021）　位于潮格温都尔镇巴音努如嘎查勃勒音沃日腾牧点东偏南2.71千米，北距巴音努如长城4段墙体1.2千米，南距汉外长城南线查干敖包长城13段墙体1.57千米，西北距巴音努如1号障城19.38千米。

障城保存差，四面城垣轮廓大致可辨，平面呈不规则长方形，东墙长113.5、南墙长128、西墙长112.5、北墙长137.5米。现墙体坍塌严重，积土将墙体底部覆盖，呈土垄状，底宽5.5～7.5、残高0.5～1.3米。城墙四角筑有角台，平面呈半圆形，凸出墙体4.5米，现上部均已坍塌，残高1～1.4米，略高于两侧墙体。东墙居中设门，门宽7.8米，方向125°。城墙外侧可见壕沟遗迹，上口宽约4米，内部充满积土。城址内外及墙体上覆盖黄沙，稀疏生长有针茅草等植物。障城西临苏亥高勒河槽，东部有两座南北分布的闲置的牧点房，北部为苏亥北牧点。

56.巴音努如长城5段（150825382101130056）

该段长城起自潮格温德尔镇巴音努如嘎查勃勒音沃日腾牧点北偏东2.24千米，止于查干额勒斯牧点南2.34千米。墙体呈东南—西北走向，上接巴音努如长城4段，下接巴音努如长城6段。

墙体长2898米，为夯筑土墙，总体保存差。墙体向西北方延伸，穿过勃勒音高勒河槽，止于西岸0.67千米处。河槽中以及前小段部分墙体有豁口，墙体外侧有壕沟隐现。现存墙体于地表呈土垄状，底宽顶窄，底宽8～10、顶宽3～6、残高0.1～1米。其中，保存较差部分长564米、保存差部分长2334米，分别占该段墙体总长的19.5%、80.5%。

57.巴音努如长城6段（150825382101130057）

该段长城起自潮格温德尔镇巴音努如嘎查查干额勒斯牧点南2.34千米，止于查干额勒斯牧点西南2.7千米。墙体呈东南—西北走向，上接巴音努如长城5段，下接巴音努如长城7段。

墙体长2144米，为夯筑土墙，总体保存较差。墙体沿沙化草原穿行，止于G335国道西0.3千米处；道路修筑造成部分墙体消失，前小段墙体保存状况为较差。现存墙体于地表呈土垄状，底宽6～10、顶宽4～6、残高0.1～1米。其中，保存较差部分长1116米、保存差部分长900米、消失部分长128米，分别占该段墙体总长的52%、42%和6%。

58.巴音努如长城7段（150825382301130058）

该段长城起自潮格温德尔镇巴音努如嘎查查干额勒斯牧点西南2.7千米，止于查干额勒斯牧点西4.3千米。墙体大致呈东南—西北走向，上接巴音努如长城6段，下接巴音努如长城8段。

本段墙体为消失段，起止点之间的直线距离长2400米。原墙体地处肖本陶勒盖东牧点东河槽及其东北岸，河槽洪水顺墙体冲刷，导致墙体消失；东北岸（国道西部）沙化草原上有断续残留的土筑墙体，表明该段墙体原应为土墙。

59.巴音努如长城8段（150825382101130059）

该段长城起自潮格温德尔镇巴音努如嘎查肖本陶勒盖东牧点东0.23千米，止于沙尔扎格牧点北偏西0.49千米。墙体呈东南—西北走向，上接巴音努如长城7段，下接巴音努如长城9段。

墙体长3239米，为夯筑土墙，总体保存差。墙体沿丘陵沙化草原构筑，止于哈尔布特尼高勒河槽东岸。现呈明显凸起于地表的土垄状，底宽10～12、顶宽5～8、残高0.1～0.6米。其中，保存较差部分长553米、保存差部分长2686米，分别占该段墙体总长的17.1%、82.9%。肖本陶勒盖山丘东部漫水道的洪水冲刷造成墙体4处豁口。墙体外侧壕沟现为土路，车辆通行对该段长城保护有较大影响。

60.巴音努如长城9段（150825382101130060）

该段长城起自潮格温德尔镇巴音努如嘎查沙尔扎格牧点北偏西0.49千米，止于温多尔扎根嘎顺牧点东北1.67千米。墙体呈东南—西北走向，上接巴音努如长城8段，下接巴音努如长城10段。

墙体长3016米，为夯筑土墙，总体保存较差。墙体构筑在丘陵草原上，止于乌日提花东漫水道（巴格毛都高勒东支流）沟脑处；止点西南为主河槽红土崖。沿线除起点处的哈尔布特尼高勒河槽之外，还有数条较小的北流洪水道，造成墙体豁口。前小段河槽间的墙体明显隆起于地表，后小段较低矮。现存墙体于地表呈低矮的土垄状，底宽8～12、顶宽4～6、残高0.1～0.5米。其中，保存较差部分长1339米、保存差部分长1347米、消失部分长330米，分别占该段墙体总长的44.4%、44.7%和10.9%。

61.巴音努如长城10段（150825382101130061）

该段长城起自潮格温德尔镇巴音努如嘎查温多尔扎根嘎顺牧点东北1.67千米，止于温多尔扎根嘎顺牧点北偏西2.71千米。墙体略作内向折线形分布，大体呈东南—西北走向，上接巴音努如长城9段，下接巴音努如长城11段。

墙体长3331米，为夯筑土墙，总体保存差。墙体先沿巴润高勒东支流东北岸延伸，二洪水道在温多尔扎根嘎顺牧点北合流，转正西北方向延伸一段后穿过河槽，翻过障城西北部土梁，止于小河槽东岸。现存墙体部分呈高土垄状，底宽8～12、顶宽2～6、残高0.1～1.5米。其中，保存一般部分长423米、保存较差部分长442米、保存差部分长1983米、消失部分长483米，分别占该段墙体总长的12.7%、13.3%、59.5%和14.5%。

墙体沿线调查障城1座，为巴音努如1号障城。

巴音努如1号障城（150825353102040033）　位于潮格温都尔镇巴音努如嘎查温多尔扎根嘎顺牧点北偏西2.13千米，北距巴音努如长城10段墙体0.04千米，西北距巴音努如2号障城8.66千米。

障城平面呈长方形，东西长130、南北宽120米。障城坐落在洪水北流的巴润高勒季节性河流西岸，因周边环境沙化严重，整体保存差。墙体土筑，于地表呈较高的土垄状，底宽约8、残高0.6～1米。城墙四角有角台残迹。南墙中部开门，方向204°。

62. 巴音努如长城11段（150825382101130062）

该段长城起自潮格温德尔镇巴音努如嘎查西温多尔扎根嘎顺牧点东北2.07千米，止于毛都乃乌日腾牧点东南0.58千米。墙体呈东南—西北走向，上接巴音努如长城10段，下接巴音努如长城12段。

墙体长2672米，为夯筑土墙，总体保存一般。墙体起点处小河槽位于巴润高勒与沙拉乃亥特诺如东麓河槽之间，三水北流之后合流，称巴格毛敦高勒。河槽中的墙体消失，中小段坡地上的部分墙体被洪水冲毁，河槽间遗存墙体地表隆起较明显。现存墙体于地表呈明显的高土垄状，底宽8～12、顶宽3～6、残高0.2～1.8米（彩图七七七）。其中，保存一般部分长1556米、保存较差部分长723米、消失部分长393米，分别占该段墙体总长的58.2%、27.1%和14.7%。北出西温多尔扎根嘎顺牧点的土路穿过前小段墙体，造成墙体豁口。

63. 巴音努如长城12段（150825382101130063）

该段长城起自潮格温德尔镇巴音努如嘎查毛都乃乌日腾牧点东南0.58千米，止于毛都乃乌日腾牧点北0.88千米。墙体呈东南—西北走向，上接巴音努如长城11段，下接巴音努如长城13段。

墙体长651米，为夯筑土墙，总体保存较差。墙体构筑在沙拉乃亥特诺如东麓坡地上，后小段墙体地表较明显，前小段墙体保存差，牧点南沟洪水在坡地上呈放射状冲刷造成中小段墙体消失。现存墙体呈高矮不等的土垄状，底宽6～10、顶宽2～6、残高0.1～1.9米。其中，保存较差部分长258米、保存差部分长188米、消失部分长205米，分别占该段墙体总长的39.6%、28.9%和31.5%。

64. 巴音努如长城13段（150825382102130064）

该段长城起自潮格温德尔镇巴音努如嘎查毛都乃乌日腾牧点北0.88千米，止于毛都乃乌日腾牧点西北1.41千米。墙体呈东南—西北走向，上接巴音努如长城12段，下接巴音努如长城14段。

墙体长1354米，为土石混筑，系就近取泥质板岩石板垒砌两壁，中间夯筑土石筑成，总体保存一般。墙体沿山岩裸露的沙拉乃亥特诺如坡地上行，穿过巴音努如河槽，止于山麓西部高地上的网围栏处。墙体两侧石块风化、坍塌现象较严重，现呈明显凸起于地表的石垄状，剖面呈梯形，底宽1.5～2.3、顶宽0.8～2、残高0.4～1.7米（彩图七七八）。其中，保存一般部分长831米、保存较差部分长523米，分别占该段墙体总长的61.4%、38.6%。

65. 巴音努如长城14段（150825382101130065）

该段长城起自潮格温德尔镇巴音努如嘎查毛都乃乌日腾牧点西北1.41千米，止于巴音努如嘎查哈日敖包东偏北3.11千米。墙体呈东南—西北走向，上接巴音努如长城13段，下接巴音努如长城15段。

墙体长3076米，为夯筑土墙，总体保存一般。墙体沿丘陵沙化草原延伸，穿过索海特诺尔东北水泡，止于来地库列诺尔东岸土路与墙体交叉点处。中小段墙体地面隆起较明显。现存墙体呈较高的土垄状，底宽8～10、顶宽4～5、残高0.3～0.8米。其中，保存一般部分长1953米、保存较差部分长1123米，分别占该段墙体总长的63.5%、36.5%。该段墙体地处山地中的小盆地中，洪水侵蚀造成墙体多处断豁。

66.巴音努如长城15段（150825382102130066）

该段长城起自潮格温德尔镇巴音努如嘎查哈日敖包东偏北3.11千米，止于哈日敖包北偏东2.45千米。墙体略作外向折线形分布，大体呈东南—西北走向，上接巴音努如长城14段，下接巴音努如长城16段。

墙体长2978米，为夯筑土墙，总体保存差。墙体沿来地库列诺尔北岸行，穿过注入该水泡子的数条洪水道，止于北支流西岸。前小段墙体于地表呈低矮的土垄状，底宽3～5、顶宽1～2、残高0.3～0.6米。后小段大部分墙体因洪水冲刷而消失，仅见数十米的几个墙体残段（彩图七七九、七八〇）。其中，保存差部分长1613米、消失部分长1365米，分别占该段墙体总长的54.2%和45.8%。后小段墙体南部有牧点房，周围无畜圈。

墙体沿线调查障城2座，分别为巴音努如2号、3号障城。

巴音努如2号障城（150825353102130002） 又称哈日敖包城址。位于潮格温都尔镇巴音努如嘎查西南9千米处，北距巴音努如长城15段墙体0.12千米，北偏东距长城外侧山梁上的巴音努如3号障城2.34千米，西北距呼和恰布障城17.1千米。

障城平面呈长方形，东西长130、南北宽110米。墙体土筑，保存差。现存墙体于地表呈较高的土垄状，底宽约2、残高0.5～1米。城墙四角残留有角台。南墙中部开门，宽约3米，方向137°。障城所在地名称来地库列，北部坡面水于城址南侧积聚，对该遗存保护构成影响。

巴音努如3号障城（150825353102130001） 位于潮格温都尔镇巴音努如嘎查西南7千米处，地处该段长城外部，西南距巴音努如长城15段墙体2.2千米。

障城平面呈长方形，东西长14、南北宽11米。墙体为泥质板岩石板垒砌而成，保存状况较差，石块坍塌严重，坍塌的石块与地面形成斜坡状，宽1.8、残高1.5～3米。城墙四角有角台，保存差。南墙中部开门，宽1.5米；门外加筑长方形坞址，东西长10、南北宽4米，墙体坍塌严重（彩图七八一～七八三）。该障城位于长城墙体外侧较高的山梁顶部，从所处位置上看，属于塞外障。

67.巴音努如长城16段（150825382102130067）

该段长城起自潮格温德尔镇巴音努如嘎查哈日敖包北偏东2.45千米，止于哈日敖包北偏西4.41千米。墙体呈东南—西北走向，上接巴音努如长城15段，下接巴音努如长城17段。

墙体长2864米，为石墙，系两侧垒砌石块、中间夯土筑就，保存一般。墙体沿来地库列西北沟南岸的巴音努如缓山岭构筑，经毛敦乃萨拉水泡南部西北行，止于阿门乌苏上游南支沟沟脑处。止点处的东西部为洪水南流的呼伦陶勒盖高勒支沟沟脑。现存墙体底宽顶窄，剖面呈梯形，底宽1.9～2.6、顶宽1.5～2.2、残高1.1～1.8米。

68.巴音努如长城17段（150825382101130068）

该段长城起自潮格温德尔镇巴音努如嘎查哈日敖包北偏西4.41千米，止于阿门乌素牧点南偏东3.67千米。墙体呈东南—西北走向，上接巴音努如长城16段，下接巴音努如长城18段。

墙体长1949米，为石墙，保存一般。墙体构筑在巴音努如的低缓山岭顶部，沿山下行，止于呼伦陶勒盖高勒东支沟南岸。现存墙体大部分呈原始形态，两壁以石板错缝砌筑，中间填充土石，并经夯打；底宽3～5、顶宽1.5～2、残高0.7～1.5米（彩图七八四）。墙体前小段外侧有土路并行。

69. 巴音努如长城18段（150825382101130069）

该段长城起自潮格温德尔镇巴音努如嘎查阿门乌素牧点南偏东3.67千米，止于贝勒吉牧日牧点南1.79千米。墙体呈东南—西北走向，上接巴音努如长城17段，下接巴音努如长城19段。

墙体长2862米，为夯筑土墙，总体保存差。墙体沿阿门乌苏与呼伦陶勒盖河槽间梁背构筑，止于呼伦陶勒盖北岸河槽断崖处。河槽中的墙体因洪水冲刷而消失，后小段墙体保存较差，其余墙体保存差。现存墙体呈高土垄状，底宽6～10、顶宽2～5、残高0.3～1.2米（参见彩图七八五）。其中，保存较差部分长1067米、保存差部分长1632米、消失部分长163米，分别占该段墙体总长的37.3%、57%和5.7%。

70. 巴音努如长城19段（150825382101130070）

该段长城起自潮格温德尔镇巴音努如嘎查贝勒吉牧日牧点南1.79千米，止于贝勒吉牧日牧点西2.99千米。墙体呈东南—西北走向，上接巴音努如长城18段，下接巴音努如长城20段。

墙体长3629米，为夯筑土墙，以梭梭木作基础，在其上以土夯筑而成，总体保存较差。墙体仍沿河槽间梁背延伸，末端走下山梁进入山梁间谷地，止点北侧有网围栏，下段墙体部分围在围栏之中。现存墙体呈明显凸起于地表的土垄状，底宽6～10、顶宽2～6、残高0.3～1米。其中，保存一般部分长347米、保存较差部分长3223米、消失部分长59米，分别占该段墙体总长的9.6%、88.8%和1.6%。西南出贝勒吉牧日牧点的土路，穿过该段长城前小段墙体。

71. 巴音努如长城20段（150825382101130071）

该段长城起自潮格温德尔镇巴音努如嘎查贝勒吉牧日牧点西2.99千米，止于呼和恰布牧点东0.88千米。墙体呈东南—西北走向，上接巴音努如长城19段，下接巴音努如长城21段。

墙体长3523米，为夯筑土墙，总体保存一般。墙体穿过阿门乌苏山梁，延伸至高台地上，止于呼和恰布东南支沟北岸。河槽中的墙体消失，前小段墙体保存差，后小段墙体保存较差。现存墙体于地表呈高土垄状，底宽6～12、顶宽1～6、残高0.1～1.4米。其中保存一般部分长1116米、保存较差部分长804米、保存差部分长920米、消失部分长683米，分别占该段墙体总长的31.8%、22.8%、26.1%和19.3%。

72. 巴音努如长城21段（150825382101130072）

该段长城起自潮格温德尔镇巴音努如嘎查呼和恰布牧点东0.88千米，止于呼和恰布牧点西北2.96千米。墙体呈东南—西北走向，上接巴音努如长城20段，下接巴音努如长城22段。

墙体长3596米，为夯筑土墙，总体保存较差。墙体构筑在布哈提郭勒与呼和恰布牧点所在河槽之间，西北行穿过布哈提郭勒河槽，止于该河槽北支流源头东岸。止点东北为蒙古陶勒盖山，西南为呼和恰布音乌兰呼舒沙地。现存墙体于地表呈高土垄状，底宽6～10、顶宽3～5、残高0.3～1.2米。其中，保存一般部分长1040米、保存较差部分长1356米、消失部分长1200米，分别占该段墙体总长的28.9%、37.8%和33.3%。

墙体沿线调查障城1座，为呼和恰布障城。

呼和恰布障城（150825353102040034）　位于潮格温都尔镇巴音努如嘎查呼和恰布牧点西南0.18千米，东北距巴音努如长城21段墙体0.7千米。为内蒙古自治区境内汉外长城北线最西北端的一座障城。

障城平面呈长方形，东西长110、南北宽90米。坐落在山谷盆地中，东侧有一条季节性河流由北向南流，因环境沙化严重，障城保存很差，除西墙和南墙相对较明显外，北墙及东墙几乎与地表持平。

墙体土筑，呈明显凸起于地表的土垄状，底宽约8、残高0.5米。角台、城门均不详。障城周边坡面水于障城北侧汇聚，形成径流洪水，西北流注入牧点北河槽。障城西北为呼和恰布山。

73. 巴音努如长城22段（150825382101130073）

该段长城起自潮格温德尔镇巴音努如嘎查呼和恰布牧点西北2.96千米，止于呼和恰布牧点西北6.03千米。墙体呈东南—西北走向，上接巴音努如长城21段，下接巴音努如长城23段。

墙体长3089米，为夯筑土墙，总体保存差。墙体沿蒙古陶勒盖山西麓延伸，穿过小河槽（该水注入蒙古陶勒盖山西北水泡）进入沙地，止于沙地西缘的沙化草原上。前小段墙体保存较差，沙地中的墙体消失，后小段墙体保存差。现存墙体呈低矮的土垄状，底宽6～10、顶宽2～6、残高0.2～0.5米。其中，保存较差部分长747米、保存差部分长1042米、消失部分长1300米，分别占该段墙体总长的24.1%、33.8%和42.1%。

74. 巴音努如长城23段（150825382101130074）

该段长城起自潮格温德尔镇巴音努如嘎查呼和恰布牧点西北6.03千米，止于呼和恰布牧点西北8.66千米。墙体呈东南—西北走向，上接巴音努如长城22段，下接巴音努如长城24段。

墙体长2624米，为夯筑土墙，总体濒于消失。墙体沿线沙化严重，穿过查干都贵音高勒河槽，止于河槽西部的土岭东麓。河槽及其两岸的大部分墙体消失，其余墙体保存状况差。个别地段可见略凸起于地表的土垄状墙体，底宽8～10、顶宽6～8、残高0.1～0.3米。其中，保存差部分长124米、消失部分长2500米，分别占该段墙体总长的4.7%、95.3%。

75. 巴音努如长城24段（150825382101130075）

该段长城起自潮格温德尔镇巴音努如嘎查呼和恰布牧点西北8.66千米，止于呼和恰布牧点西北12.95千米处的中蒙边境围栏。墙体呈东南—西北走向，上接巴音努如长城23段，为境内汉外长城北线最后一段墙体，西北进入蒙古国南戈壁省瑙木冈苏木境内。

墙体长4321米，为夯筑土墙，保存差。墙体翻过矮梁，穿过公路，止于边境线铁丝网。现存墙体呈略凸起于地表的土垄状，底宽8～10、顶宽4～6、残高0.1～0.3米。公路修筑造成墙体豁口。

三　小结

汉外长城北线是西汉王朝兴筑的分布位置最靠北的一道长城，东起阴山山脉北麓，向西北横穿漠南草原，西止于洪果尔山东麓一带。同汉外长城南线相比而言，北线的军防体系结构不完备、无规律，长城沿线单体建筑仅调查障城12座，且分布松散，缺乏延续性。

蒙古国境内的汉外长城，虽然在墙体的分布延续上与汉外长城北线相衔接，但其防御体系的构建则类似于汉外长城南线。蒙古国境内的汉外长城墙体全长约320千米，沿线分布有障城13座、烽燧8座。障城均位于墙体南侧，相邻间距近者约10千米，远者达30千米。障城平面均呈方形，四角设有角台，门址设于东墙正中，城墙外围绕有一周壕沟。可分为大、小两种。其中，大障边长在110～130米之间，主要分布于东部墙体沿线，共计6座；小障边长80～110米，主要分布于西部墙体沿线，共计7座。烽燧多分布于障城附近的山顶之上，居高临下，与障城形成组合性防御。

第十一章

长城与边城显示的战国秦汉时期的西北边疆

战国秦汉时期，河套地区进入了新石器时代之后的第二个农业开发的高峰，尤其是西汉一朝最为鼎盛。战国秦汉时期中原王朝对河套地区的管辖，主要是广建郡县级城邑，移民屯田；并沿着今天的阴山山脉一线修筑长城，抵御北方草原的匈奴等游牧民族。长城和边城，成为河套地区战国秦汉考古的两个重心，且二者之间相互依存。

通过本次长城调查工作，可以明确，本报告涉及的包括乌兰察布市、呼和浩特市、包头市、巴彦淖尔市等四市秦汉时期的长城，墙体总长度为1692.544千米，墙体沿线调查单体建筑1354座，包括烽燧1138座、障城205座、坞址8座、古城3座（表一一）。

一　赵国的西北疆界

赵北长城的修筑，是赵国向北方地区不断拓展疆土的反映。赵国攻打林胡、楼烦之戎，这些戎狄之族或北逃阴山山脉以北，或局限活动于鄂尔多斯高原和后套平原，或成为赵国的骑兵，而他们原有的部分土地为赵国所兼并。

赵国赵武灵王在位期间（前325～前299年），于公元前307开始，致力推行“胡服骑射”的改革，通过学习北方民族的长技，以达到民族融合、增强国力的目的，服从赵国羁縻的胡人骑兵则直接可以用于赵国的对外战争。公元前306年，赵武灵王西略胡地，至榆中，林胡王献马。赵武灵王命代相赵固主胡，招募胡人军队，由大将牛赞在原阳（一般认为在今呼和浩特市赛罕区大黑河南岸的八拜古城）建立了一个骑兵训练基地。公元前302年，赵武灵王命吏、大夫、奴迁于九原。公元前300年，赵武灵王复攻中山，攘地北至燕、代，西至云中、九原，修筑了东起代地、西至高阙（今乌拉山）、沿阴山山前一线分布的长城，设立代、雁门、云中三郡管理北疆军事防务。

内蒙古境内的战国赵北长城，自东向西分属代、雁门、云中三郡管辖。其中，云中郡旧址位于内蒙古中南部，一般认为在今呼和浩特市托克托县古城镇古城村西侧的古城村古城。古城村古城经历代加筑沿用，已完全不见战国时规制。

北魏地理学家郦道元在《水经注》一书中引《虞氏记》，介绍了云中城的修筑经过，云：“赵武侯自五原河曲筑长城，东至阴山。又于河西造大城，一箱崩不就，乃改卜阴山河曲而祷焉。昼见群鹄游

表一一 阴山山脉秦汉长城数据统计表

序号	长城	长城段落（个）					墙体（米）															单体建筑（座）			
		土墙	石墙	山险墙	山险	消失	长度	土墙						石墙					山险墙	山险	消失段	烽燧	障城	坞址	古城
								好	较好	一般	较差	差	消失部分	较好	一般	较差	差	消失部分							
1	银子河秦长城		2				470								185	285						9			1
2	西洋河汉长城	8				1	14114	395	1900			7899	2820								1100	42	4		
3	黄旗海—岱海秦汉长城	6	10			11	71224				2184	1537	508		1912	5147	9993	5180			44763	40	14	1	
4	蛮汉山汉长城	13	2			5	21457					17047	567				1258				2585	57	3		
5	九十九泉汉长城	15	8			1	51242			1107	23862	10903	3209	3981	3916	2247	20	1632			365	69	12		
6	阴山秦汉长城	17	10		2	9	39233			233	309	20579	1636		2138	275	4024	287		1609	8143	36	9		
7	阳山秦汉长城	95	272	18	6	67	457167		881	744	14189	77148	5464	16278	39159	71981	152704	2230	15366	4665	56358	791	25		2
8	汉外长城南线	219	98			157	513788			1021	82288	216270	6496	7451	11186	37203	46093	4914			100866	94	126	7	
9	汉外长城北线	205	4			111	523849			24461	50294	273517	31538		5644	596					137799		12		
小计		578	406	18	8	362		395	2781	27566	173126	624900	52238	27710	64140	117734	214092	14243	15366	6274	351979	1138	205	8	3
总计		1372					1692544															1354			

于云中，徘徊经日，见大光在其下，武侯曰：此为我乎？乃即于其处筑城，今云中城是也。”[1]这一段文字中，赵武侯即指赵武灵王。公元前325年，赵武灵王即位。赵武灵王三年（前323年），武灵王与魏、韩、燕、中山之君互相尊为王，这便是战国时代有名的“五国相王”事件，标志着周王权威的彻底消失。此后，赵侯开始称赵王，赵武灵王成为赵国历史上第一位称王的君主。赵武灵王八年（前318年），魏、赵、韩、燕、楚五国合纵攻秦，推楚怀王为合纵长。五国联军被秦军击败，作为合纵从属身份的赵武灵王深感羞辱，决定不再和五国互尊称王，命国人称自己为“君”。战国时期，侯、君混称，《史记·赵世家》始终称赵武灵王为王，而《水经注》引《虞氏记》则称赵武侯。

《水经注》引《虞氏记》关于云中城的一些描述，类似于坊间野史，令人难以信服。“云中”地名的来源，应与关中、汉中、蜀中、黔中、闽中、榆中等古史中常见的古代地名一样，“中”是一个后缀；带有“中”字后缀的地名，往往都是表示某一边界范围不是非常清楚而面积又较为广阔的地理区域[2]。在战国秦汉时期，云中指的正是大约今天呼和浩特市范围内的呼和浩特平原，到北魏时期称作“云中川”；而战国时期大约今天包头市范围内的山前平原，称作“九原”，亦归云中郡管辖。由于“九原”一名屡见于关于赵国拓边的史籍记载中，有时与云中并列，有的学者便认为赵国曾设置九原郡，或者云中郡之下设有九原县，这两种观点均是难以成立的。战国的疆域范围“西至云中、九原”的记载，应理解为西至云中、九原这两个地方，而不应径直理解为西至云中郡、九原郡。

据《战国策》记载，赵国代郡辖36县，而云中郡是否有辖县则无明确记载。云中郡属于赵国边郡，按照赵国的行政军事管理制度，往往于内地设县，边疆设郡，郡的职能注重于军事，级别并不比县高，所以边郡之下不辖县。由此大体可以推定，赵国在云中郡之下尚未设县，云中郡云中县最早设立于秦始皇三十三年（前214年）。

有的学者认为赵国的势力范围曾到达黄河南河以南、今鄂尔多斯东北部的部分地区，尚缺乏足够证据。公元前306年，赵武灵王西略胡地，至榆中，林胡王献马。公元前297年，赵武灵王曾与楼烦王会于西河，并从楼烦王处借兵。当时，西河的楼烦王、榆中的林胡王，首鼠两端于赵国、秦国之间，赵强则附赵，秦强则附秦，属于中原国家的羁縻部族。考古调查与发掘成果表明，赵国充其量只是在南流黄河西岸建立了个别军事据点而已。

赵武灵王通过“胡服骑射”的改革，略胡地，灭中山，赵国达到了一个极盛时期，成为东方诸侯国之中的强国。公元前260年，赵国在与秦国的长平之战中战败，40多万赵军被秦将白起坑杀，成为赵国由盛转衰的转折点。秦国逐步吞并了榆中之地，迫使林胡向东迁徙至赵国的雁门郡、代郡边外。战国晚期，秦国大举进攻赵国，赵国北部的云中、雁门二郡为秦国所有，自此，阴山—河套地区开始转入秦国的统治时期。

赵国修筑“拒胡”的长城，虽然采取的是一种全面防御的战略，但在实际调查中发现，长城沿线的障城，除个别规模较大者，如乌兰察布市卓资县城卜子障城，出土遗物较丰富外，大部分障城中极少有遗物散布。这表明，赵国由于兵力匮乏，在长城沿线只能重点布防。

---

〔1〕《水经注》卷3《河水》，陈桥驿校证本，中华书局，2007年，第78～79页。

〔2〕关于“云中”一词中“云”的原义，初步推测可能与呼和浩特平原黄河的主要支流大黑河有关，云即云水，为战国时期大黑河之名，汉代改称荒干水，北魏名为盛乐水、芒干水，隋唐时期为金河。同理，位于今鄂尔多斯市达拉特旗的哈什拉川，战国时期名为榆溪，于是这一时期黄河南河以南的沿河冲击平原即名为榆中，为林胡王活动地域；战国秦长城向西北方向延伸，傍榆溪修筑的长城称作榆溪塞。汉代，位于今甘肃省的金城郡之下设有榆中县，该榆中县与战国、秦时期的榆中没有任何联系。《史记·秦始皇本纪》记载，始皇帝三十三年，“自榆中并河以东，属之阴山，以为三十四县，城河上为塞。”关于“榆中”，《集解》徐广曰：“在金城。”这一注释，混淆了战国、秦时期的榆中与汉代的榆中县。

赵北长城的东端点止于内蒙古与河北省的交界处，在河北省境内目前尚未发现性质明确的赵北长城遗存。据《史记·廉颇蔺相如列传》记载，大约公元前3世纪中期，赵将李牧守边时，常驻代郡、雁门郡之间，固守城池，不与匈奴正面交锋，最后利用匈奴的轻敌心理，一举围歼匈奴十余万骑，“灭襜褴，破东胡，降林胡，单于奔走。其后十余岁，匈奴不敢近赵边城。”[1]由“李牧大破匈奴之战”大体可推知，赵国在代郡至雁门郡一带采取的是军镇点式防御，不一定修筑长城；此时，襜褴、东胡、林胡等部族均已归属匈奴单于管领，其中林胡系由榆中迁徙而来。

二 秦朝的西北边疆

秦国占领了赵国的云中、雁门二郡之后，将其北部边疆扩展至云中郡北部的阴山一线。秦国占据了云中、榆中，但管领的云中郡范围，较赵国有所缩小。在阴山地区，秦国的东界约在今呼和浩特市新城区保合少镇保合少山一带，西界初步推断在今包头市东河区沙尔沁镇五当沟一带。

秦统一六国之后，秦始皇三十三年（前214年），派大将蒙恬出击匈奴，占领了河南地。同时，在北方地区开始构筑“起临洮，至辽东，延袤万余里”的“万里长城”，并占据阳山、北假中。

随着领土的扩大，原来的云中一郡已难以管理，于是秦朝新设置了九原郡，其旧址为今包头市九原区麻池古城北城。秦朝九原郡的辖地，除包括云中郡以西的阴山以南地区外，还包括榆中、北假中等，南与上郡相接界。

秦朝实行郡县制，云中郡、九原郡均辖若干县。《史记·秦始皇本纪》记载，秦始皇三十三年，“自榆中并河以东，属之阴山，以为三十四县，城河上为塞。”[2]《史记·匈奴列传》记同事云：“后秦灭六国，而始皇使蒙恬将十万之众，北击胡，悉收河南地，因河为塞，筑四十四县城临河，徙谪戍以充之。”[3]究竟是三十四县还是四十四县，《史记》有歧记，后来的研究者也莫衷一是。

今天的历史地理学者通过对张家山汉简《二年律令·秩律》的研究表明，西汉吕后二年（前186年），西汉王朝的西北边界云中郡下辖十四县，依次为云中、九原、咸阳、北舆、南舆、河阴、曼柏、莫黜、西安阳、桢陵、沙陵、原阳、武泉、博陵，它们的分布范围应当与西汉早期的西北边疆是相吻合的。实际上，这些县份的分布范围与秦始皇三十三年之后的秦代西北边疆也是相吻合的，汉朝初年的这十四县均沿袭自秦始皇三十三年所设之县。秦代所设之县，分别归属云中郡、九原郡管辖。到西汉中晚期，这些县治在《汉书·地理志》中分属云中、五原、西河三郡。依此初步推断，秦代云中郡管辖的可能有云中、桢陵、沙陵、原阳、武泉等县，九原郡管辖的可能有九原、河阴、曼柏、莫黜、南舆、西安阳、博陵等县。

从秦代云中郡属县的分布范围来看，分布于大青山山前的为武泉县；分布于大黑河沿岸的有3县，自东向西为原阳、云中、沙陵；沙陵县亦位于黄河东岸，向南还有桢陵县。这样，秦代云中郡沿用的战国赵北长城虽然东至于今卓资县卓资山镇附近，但设置的县治集中于呼和浩特平原，即使在呼和浩特平原以南、以浑河流域为中心的黄土丘陵区，秦朝亦尚未设立行政建制。

秦朝九原郡所属7县的分布，较为均匀。九原、西安阳一东一西分布于黄河北岸，河阴、曼柏、南舆自西向东分布于黄河南岸，河阴县亦位于榆溪东岸，沿着榆溪向南依次有莫黜、博陵二县。

---

〔1〕《史记》卷81《廉颇蔺相如列传》，中华书局，1959年，第2449～2450页。

〔2〕《史记》卷6《秦始皇本纪》，中华书局，1959年，第253页。

〔3〕《史记》卷110《匈奴列传》，中华书局，1959年，第2886页。

秦朝雁门郡、代郡的辖区均较赵国向南收缩，从卓资山镇顺着牛角川河河谷地带向南，秦长城出现于岱海东北的山丘上，然后向东延伸，经黄旗海南岸、银子河北岸断续分布。以黄旗海与银子河之间的分水岭为界，以西归属雁门郡管辖，以东归属代郡管辖。

秦长城外侧的今鄂尔多斯高原中、西部地区，直至西汉中期始于这一地区设置郡县，移民开发。秦代活动于这一地区的主要是楼烦白羊河南王部族〔1〕，属于秦朝的“葆塞蛮夷”。据《汉书·百官公卿表》记载:“典属国，秦官，掌蛮夷降者。”〔2〕典属国是秦朝在中央设置的管理降附部族的最高官员。在地方上，秦朝往往设置“道”一级的行政建制〔3〕，以管理降附部族。

公元前212年，秦始皇命蒙恬开始修筑自云阳通达九原的直道，从目前的调查与研究成果来看，所谓“秦直道”在今鄂尔多斯市境内分布，处于战国秦长城及榆溪塞外侧。为什么会出现这样的情况呢？有的历史学者研究指出，在秦代，“秦直道”是秦长城西北段的一个重要组成部分，是防御匈奴、月氏和众羌等部落的一条防线〔4〕。如按此理解，在今鄂尔多斯市，“秦直道”是战国秦长城及榆溪塞外侧的又一道防线，同时起到统御“葆塞蛮夷”的作用。从考古学的研究成果来看，鄂尔多斯市境内分布的所谓“秦直道”，是否属于秦朝修筑尚缺乏坚实的证据，沿线古城、障城绝大部分属于西汉时期。对于“秦直道”的疑问，尚需开展进一步的考古调查、发掘等研究工作。

三　西汉王朝的北部边疆

西汉王朝北部边疆的变迁，依据本次长城资源调查的成果，可分为四个阶段：第一阶段为西汉建国至卫青北伐，第二阶段为卫青北伐至徐自为修筑五原塞外列城，第三阶段为徐自为修筑五原塞外列城至汉罢外城，第四阶段为汉罢外城至王莽篡汉。

秦朝末年，匈奴处于头曼单于时代，据《史记·匈奴列传》记载，“十余年而蒙恬死，诸侯畔秦，中国扰乱，诸秦所徙适戍边者皆复去，于是匈奴得宽，复稍度河南，与中国界于故塞。”〔5〕到西汉初年，匈奴进入冒顿单于时代，《史记·匈奴列传》记载，“既归，西击走月氏，南并楼烦、白羊河南王。悉复收秦所使蒙恬所夺匈奴地者，与汉关故河南塞，至朝那、肤施，遂侵燕、代。”〔6〕

汉高祖称帝后的次年（前201年），曾下令“缮治河上塞”〔7〕，应当是修筑“故河南塞”长城和战国赵北长城，准备抗击匈奴。但紧接着发生了“白登之围”的耻辱，使汉王朝认识到汉、匈双方之间实力对比的悬殊，此后武帝之前的历代皇帝都对匈奴采取和亲等政策，北部防线大体沿用了秦始皇三十三年修筑的秦长城，但局部稍有变化。

---

〔1〕战国时期，与赵国在西北方时战时和的部族为林胡、楼烦，林胡活动于榆中，楼烦活动于西河，西河为南流黄河西岸一带；后来，在秦国的压迫之下，林胡迁徙至赵国的雁门郡、代郡以北一带，依附于匈奴；秦朝占领河南地之后，在河南地活动的楼烦白羊河南王，可能包括了楼烦、白羊两个部族，其中前者系自西河迁徙而来，后者则是这一地区的旧有部族。秦代的楼烦、白羊部族，有的依附于秦朝，有的依附于匈奴，因而依附于秦朝的部族即专称河南王。秦朝末年，匈奴南并楼烦白羊河南王之后，依附于匈奴的楼烦、白羊部族重回故土，这样重新整合后的楼烦、白羊部族，去河南王号，直接称作楼烦白羊王。

〔2〕《汉书》卷19《百官公卿表》，中华书局，1962年，第735页。

〔3〕杨建:《略论秦汉道制的演变》,《中国历史地理论丛》2001年第4辑。

〔4〕贾以肯:《蒙恬所筑长城位置考》,《中国史研究》2006年第1期。

〔5〕《史记》卷110《匈奴列传》，中华书局，1959年，第2888～2889页。

〔6〕《史记》卷110《匈奴列传》，中华书局，1959年，第2889～2890页。

〔7〕《史记》卷8《高祖本纪》，中华书局，1959年，第369页。

秦代的九原郡在西汉早期废治，原九原郡属县归于云中郡管领，领14县。张家山汉简《二年律令·秩律》县份显示的西汉早期云中郡的管辖范围，除北假中已属匈奴外，其余与秦代云中郡、九原郡大体相一致。

汉高祖十一年（前196年），在云中郡东部、南部新建了定襄郡。据《汉书·地理志》，定襄郡共辖12县，其中武要、襄阴、安陶、武皋等4县自东向西分布于大黑河沿岸，都武、复陆、武进、成乐、定襄等5县则大体自东向西分布于蛮汉山山区、黄土丘陵区向呼和浩特平原的过渡地带，武成、骆、桐过等3县自东向西分布于浑河上游支流及浑河沿岸。定襄郡的设置，将今乌兰察布市西部的蛮汉山山区、今呼和浩特市南部的黄土丘陵区正式纳入了西汉王朝的国家行政区划管理之中，这是战国赵、战国秦及秦代都没能完全做到的。在这些山地之中，一直活动着戎狄之族，如楼烦，和战国赵、战国秦和秦朝更多的是一种羁縻关系。《说文解字》释"襄"字曰："辟地有德曰襄。凡云攘地，攘夷狄皆襄之假借字也。"定襄郡的得名即由此而来。

在定襄郡的东侧，西汉于蛮汉山之中修筑了南北走向的蛮汉山汉长城，北端止于三道营古城（西汉定襄郡武要县、东部都尉治所），南端止于左卫窑古城（西汉定襄郡都武县治所），形成了定襄郡的东线长城。在定襄郡、云中郡的北侧，边防线仍以阴山为界，在加筑沿用战国赵北长城的同时，还修筑了当路塞等防御设施。

在河南地，西汉早期大体以战国秦长城、榆溪塞、榆中长城与匈奴为界。《史记·匈奴列传》记载，西汉孝文帝三年（前177年），"匈奴右贤王入居河南地，侵盗上郡葆塞蛮夷，杀略人民。"[1]由此条史料大致可知，在河南地南侧的秦长城与再向南的战国秦长城之间，到孝文帝时期，主要活动着依附于汉朝的"葆塞蛮夷"。河南地南侧的秦长城，应是一条汉、匈的势力角逐线，其与战国秦长城之间的这一中间地域，应当就是《史记》《汉书》中屡有提到的"新秦中"。汉武帝元鼎五年（前112年），汉武帝亲自视察新秦中，"于是上北出萧关，从数万骑，猎新秦中，以勒边兵而归。新秦中或千里无亭徼，于是诛北地太守以下，而令民得畜牧边县，官假马母，三岁而归，及息什一，以除告缗，用充仞新秦中。"[2]汉武帝的这一举动，表明西汉王朝开始从"葆塞蛮夷"手中逐步正式接管新秦中，准备开始与匈奴的决战。

以上大致是第一阶段时的西汉北部疆域情况。

自汉武帝元朔二年（前127年）开始，西汉王朝开始大规模地反击匈奴，西北疆域不断外扩，新建了五原、朔方二郡，其中五原郡主要沿袭了秦朝九原郡的辖区，而朔方郡则主要管领新占领的今后套及周边地区。《史记·卫将军骠骑列传》中，记述汉武帝所言卫青元朔二年的功绩，讲道："今车骑将军青度西河，至高阙，获首虏二千三百级，车辎畜产毕收为卤，已封为列侯，遂西定河南地，按榆溪旧塞，绝梓岭，梁北河，讨蒲泥，破符离，斩轻锐之卒，捕伏听者三千七十一级，执讯获丑，驱马牛羊百有余万，全甲兵而还，益封青三千户。"[3]这一段记载中提到的几个历史名词，可作如下解释：西河指南流黄河，高阙指乌拉山，榆溪旧塞指以哈什拉川为水险的榆溪塞，梓岭指今天包头市石拐区境内的大青山西端南北向山地，北河指东流黄河北河，蒲泥、符离为两个匈奴部落首领的名字或封号。

在修筑长城方面，西汉王朝首先修筑了位于北假中北侧的阳山长城，形成了云中塞、五原塞，为

---

〔1〕《史记》卷110《匈奴列传》，中华书局，1959年，第2895页。

〔2〕《史记》卷30《平准书》，中华书局，1959年，第1438页。

〔3〕《史记》卷111《卫将军骠骑列传》，中华书局，1959年，第2924页。

汉朝云中郡、五原郡的次边长城。从五原塞向西，新筑了位于今罕乌拉山—狼山之上的朔方郡长城。元封三年（前108年）前后，在狼山西端修筑了归属西河郡管辖的眩雷塞。从眩雷塞向西南，沿着哈鲁乃山南麓、北麓分布的汉长城仍归西河郡管辖；从哈鲁乃山向西南，分布于亚玛雷克沙漠之中的汉长城归属于北地郡管辖。从云中郡沿用战国赵北长城的阴山汉长城向东，在定襄郡东部都尉的辖区之内修筑了九十九泉汉长城；在雁门郡北部，沿着秦长城的分布路线，新修筑了黄旗海—岱海汉长城；在代郡北部，修筑了西洋河汉长城。

以上大致是第二阶段时的西汉北部疆域情况。

太初三年（前102年），汉武帝派遣光禄勋徐自为修筑五原塞外列城。五原塞外列城既有列城带布列于阳山长城的外侧，起到护卫五原、朔方等郡的作用，亦有汉外长城北线从五原塞北，向西抵达卢朐山东麓。大约与修筑五原塞外列城同时，继续构筑阳山一线长城向西南方向的延伸，在阿拉善右旗境内，沿着雅布赖山一线修筑了隶属于张掖郡管辖的长城防线。同时，派强弩都尉路博德开始修筑位于今阿拉善盟额济纳旗境内的居延泽列城。在汉外长城北线遭受匈奴破坏之后，汉朝又修筑了汉外长城南线、居延泽塞墙与分布于蒙古国境内的汉外长城，西汉王朝将匈奴彻底驱逐出漠南地区。

汉元帝时人侯应，曾谈到汉武帝所设长城，“起塞以来百有余年，非皆以土垣也，或因山岩石，木柴僵落，溪谷水门，稍稍平之，卒徒筑治，功费久远，不可胜纪”[1]。侯应的这番话，间接地表明西汉长城的修筑形式是多种多样的。在阴山一线，汉代并没有简单地利用赵北长城，而是利用山口河谷地带，兴筑了当路塞等多种形式的防御设施。西汉王朝对于阴山南北地区的控制，在第三阶段时达到了一个极盛时期。在调查中，长城调查队员曾在大青山最高峰金銮殿山顶部的西南坡上，发现了西汉时期的遗址。

以上大致是第三阶段时的西汉北部疆域情况。

汉宣帝地节二年（前68年），在西汉王朝的不断打击之下，匈奴威胁减弱，汉罢外城，主要是罢省了光禄塞、居延泽长城及蒙古国境内的汉外长城。从东向西，西汉保留的长城有西洋河汉长城、黄旗海—岱海汉长城、九十九泉汉长城、蛮汉山汉长城、阴山汉长城、阳山长城、居延塞长城（包含了居延都尉府、肩水都尉府管辖的亭障，但不包含居延泽长城）等，仍具有完整而严密的防御体系。

以上大致是第四阶段时的西汉北部疆域情况。

在整个战国秦汉时期，以西汉一朝内蒙古中南部地区的郡县级城邑数量最多，结合史料记载与考古工作，多数可明确今址。下面，以西汉一朝为中心，列表显示这些郡县的今址及其沿革（表一二～一五）。

表一二　西汉定襄郡县邑列表

序号	县名	今址	位置	战国秦汉时期沿革	备注
1	成乐	土城子古城	今呼和浩特市和林格尔县盛乐镇上土城村北1千米	西汉定襄郡郡治，始建于汉高祖十一年（前196年），东汉改属云中郡。	古城分为南、中、北三城，南城始建于汉代，先后为西汉定襄郡郡治成乐县、东汉云中郡成乐县；北魏沿用南城，并新筑了中城，为朔州云中郡郡治；北城为唐代单于大都护府、振武军、金河县治所；中城到辽代又有加筑沿用，为丰州振武县，金元时期降为丰州振武镇

[1]《汉书》卷94《匈奴传》，中华书局，1962年，第3804页。

续表

序号	县名	今址	位置	战国秦汉时期沿革	备注
2	桐过	城嘴子古城	今呼和浩特市清水河县小缸房乡城嘴子村西侧	莽曰椅桐，东汉沿用	
3	都武	左卫窑古城	今乌兰察布市凉城县蛮汉镇左卫窑村北侧	莽曰通德，东汉废治	
4	武进	无考	约在今呼和浩特市和林格尔县西沟门乡西沟门村至盛乐镇公喇嘛村一带	西汉定襄郡西部都尉治，莽曰伐蛮，东汉改属云中郡	《汉书·地理志》：武进，白渠水出塞外，西至沙陵入河
5	襄阴	不浪沟古城	今乌兰察布市卓资县旗下营镇不浪沟村北侧	东汉废治	存疑
6	武皋	二十家子古城	今呼和浩特市赛罕区黄合少镇二十家子西滩村东	西汉定襄郡中部都尉治，莽曰永武，东汉废治	《汉书·地理志》：武皋，荒干水出塞外，西至沙陵入河
7	骆	大红城古城	今呼和浩特市和林格尔县大红城乡大红城村南侧	莽曰遮要，东汉沿用	北魏名为定襄大落城，明代早期改筑为云川卫治所
8	安陶	陶卜齐古城	今呼和浩特市赛罕区榆林镇陶卜齐村东侧	莽曰迎符，东汉废治	《汉书·地理志》误作定陶
9	武城	榆林城古城	今呼和浩特市和林格尔县新店子镇榆林城村北侧	莽曰桓就，东汉沿用	《汉书·地理志》作武城，《后汉书·郡国志》作武成，和林格尔汉墓壁画榜题亦作武成；明代早期改筑为玉林卫治所
10	武要	三道营古城	今乌兰察布市卓资县梨花镇土城子村	西汉定襄郡东部都尉治，莽曰厌胡，东汉废治	西城为汉城，北魏加筑了东城，并对西城作了沿用
11	定襄	黑城古城	今呼和浩特市托克托县新营子镇黑城村	莽曰着武，东汉改属云中郡	明代早期改筑为镇虏卫治所
12	复陆	西梁古城	今呼和浩特市赛罕区黄合少镇西梁村北侧	莽曰闻武，东汉废治	

表一三　西汉云中郡县邑列表

序号	县名	今址	位置	战国秦汉时期沿革	备注
1	云中	古城村古城	今呼和浩特市托克托县古城镇古城村西侧	战国赵云中郡郡治，秦代、两汉沿用，秦始皇三十三年设云中县，莽曰远服	拓跋代国时期建有云中之盛乐宫，北魏早期仍有盛乐宫（或称盛乐、盛乐旧都），北魏中期设置朔州及云中镇，后云中镇撤治，改设为朔州州治盛乐郡；大城内的西南部小城为隋唐时期增筑，隋文帝开皇十八年（598年）为东突厥启民可汗筑金河城，唐代设紫河镇，镇内有子（紫）河驿
2	咸阳	平基古城	今呼和浩特市土默特左旗把什乡平基村北侧	莽曰贲武，东汉沿用	见于张家山汉简《二年律令·秩律》
3	陶林	塔利古城	今呼和浩特市新城区毫沁营镇塔利村北侧0.5千米	西汉云中郡东部都尉治，东汉废治	
4	桢陵	拐子上古城	今呼和浩特市清水河县喇嘛湾镇拐子上村东侧	始建于秦始皇三十三年，为云中郡桢陵县；两汉沿用，西汉时为云中郡西部都尉治，莽曰桢陆，东汉改称箕陵	见于张家山汉简《二年律令·秩律》，名为旗棱；《汉书·地理志》：缘胡山在西北。缘胡山指古城北侧、喇嘛湾镇附近的凤凰山。北魏沿用，称作屋窦城，附近有黄河渡口君子津

续表

序号	县名	今址	位置	战国秦汉时期沿革	备注
5	犊和	沙梁子古城	今呼和浩特市玉泉区小黑河镇沙梁子村西侧	东汉废治	
6	沙陵	哈拉板申东古城	今呼和浩特市托克托县双河镇哈拉板申村东北	始建于秦始皇三十三年，为云中郡沙陵县，治所在哈拉板申西古城；西汉改治于哈拉板申东古城，莽曰希恩，东汉沿用	见于张家山汉简《二年律令・秩律》
7	原阳	八拜古城	今呼和浩特市赛罕区金河镇八拜村东侧	始建于战国赵，为原阳骑邑；秦始皇三十三年为云中郡原阳县；两汉沿用	见于张家山汉简《二年律令・秩律》；公元295年，拓跋鲜卑部落三分后，猗卢一部“居定襄之盛乐故城”，即此城，公元313年升为盛乐北都，北魏称盛乐神元旧都
8	沙南	城壕古城	今鄂尔多斯市准格尔旗大路镇城壕村	东汉沿用	
9	北舆	毕克齐古城	今呼和浩特市土默特左旗毕克齐镇大古城村南	始建于秦始皇三十三年，为云中郡北舆县；西汉云中郡中部都尉治，东汉沿用	见于张家山汉简《二年律令・秩律》
10	武泉	坝口子古城	今呼和浩特市回民区攸攸板镇坝口子村东南	始建于秦始皇三十三年，为云中郡武泉县；两汉沿用，莽曰顺泉	见于张家山汉简《二年律令・秩律》；北魏中后期加筑沿用为白道城
11	阳寿	蒲滩拐古城	今呼和浩特市托克托县中滩乡蒲滩拐村西	莽曰常得，东汉废治	唐代加筑沿用

表一四　西汉五原郡县邑列表

序号	县名	今址	位置	战国秦汉时期沿革	备注
1	九原	麻池古城	今包头市九原区麻城镇镇政府西0.3千米	始建于秦始皇三十三年，为九原郡郡治；西汉早期改属云中郡；西汉中晚期至东汉为五原郡郡治，莽曰成平	古城分为北、南两城，北城修筑年代早于南城，北城应建于秦代，南城建于西汉
2	固陵	无考	约在今鄂尔多斯市达拉特旗树林召镇白泥窑子村附近	莽曰固调，东汉废治	
3	五原	无考	今鄂尔多斯市达拉特旗树林召镇大树湾村附近，地表已难觅遗迹	莽曰填河亭，东汉沿用	新莽将五原改名为填河亭，表明五原位于国家道路之上且濒临黄河，为黄河渡口所在；东汉永和五年（140年）迁徙朔方郡郡治至此；北魏时附近黄河渡口名为五原金津
4	临沃	古城湾古城	今包头市东河区河东镇上古城湾村南、下古城湾村东北	莽曰振武，东汉沿用	
5	文国	龙头拐古城	今鄂尔多斯市达拉特旗西柳沟龙头拐村附近	莽曰繁聚，东汉沿用	
6	河阴	无考	约在今鄂尔多斯市达拉特旗王爱召镇新民堡村东北一带	始建于秦始皇三十三年，为云中郡河阴县，西汉早期仍属云中郡，东汉沿用	见于张家山汉简《二年律令・秩律》
7	蒲泽	东老丈营古城	今包头市土默特右旗苏波盖乡东老丈营村西北0.7千米	西汉五原郡属国都尉治，东汉废治	蒱泽亦作蒲泽，指今哈素海，用作左近西汉县名；北魏加筑沿用为塞泉城

续表

序号	县名	今址	位置	战国秦汉时期沿革	备注
8	南舆	十二连城古城	今鄂尔多斯市准格尔旗十二连城乡脑包湾村东侧	始建于秦始皇三十三年，为云中郡南舆县，西汉早期仍属云中郡，莽曰南利，东汉废治	见于张家山汉简《二年律令·秩律》，《汉书·地理志》误作南兴；北魏加筑沿用为河南宫，隋唐时期为胜州榆林城
9	武都	福路塔古城	今鄂尔多斯市准格尔旗薛家湾镇福路塔村西北1.2千米	秦代、西汉早期均为上郡属县，西汉中期改属五原郡，莽曰桓都，东汉沿用	见于张家山汉简《二年律令·秩律》
10	宜梁	二狗湾古城	今鄂尔多斯市达拉特旗昭君镇二狗湾村	东汉沿用	北魏沿用为石崖城，唐代沿用为中受降城、安北都护府、阴山县，古城东的昭君坟石山为隋唐时期突厥拂云堆。
11	曼柏	榆树壕古城	今鄂尔多斯市准格尔旗暖水镇榆树壕村东南4千米	始建于秦始皇三十三年，为九原郡曼柏县，西汉早期属云中郡，莽曰延柏，东汉沿用，公元65年设置度辽将军营	见于张家山汉简《二年律令·秩律》，写作蔓柏
12	成宜	三顶帐房古城	今巴彦淖尔市乌拉特前旗先锋镇城壕村南	西汉有盐官，莽曰艾虏，东汉沿用	
13	稒阳	大城西古城	今包头市土默特右旗大城西乡乡政府驻地	西汉五原郡东部都尉治，莽曰固阴，东汉废治	
14	莫䵩	哈勒正壕古城	今鄂尔多斯市达拉特旗王爱召镇哈勒正壕村西北500米	始建于秦始皇三十三年，为九原郡莫䵩县，西汉早期属云中郡，东汉废治	见于张家山汉简《二年律令·秩律》
15	西安阳	张连喜店古城	今巴彦淖尔市乌拉特前旗乌拉山镇张连喜店村南侧	始建于秦始皇三十三年，为九原郡西安阳县，西汉早期属云中郡，莽曰鄣安，东汉沿用	见于张家山汉简《二年律令·秩律》
16	河目	无考	约在今巴彦淖尔市乌拉特前旗乌梁素海东岸、额尔登布拉格苏木西南一带	东汉废治	可能已淹没于乌梁素海之中

表一五　西汉朔方郡县邑列表

序号	县名	今址	位置	战国秦汉时期沿革	备注
1	三封	陶升井古城	今巴彦淖尔市磴口县沙金套海苏木包尔陶勒盖农场九连南部	西汉朔方郡郡治；东汉沿用	元狩三年（前120年）置
2	朔方	无考	约在今鄂尔多斯市杭锦旗独贵塔拉镇四方口村附近一带	西汉朔方郡初期郡治，莽曰武符，东汉沿用	元朔三年（前126年）苏建筑城，金连盐泽、青盐泽皆在南
3	修都	五份桥古城	今巴彦淖尔市五原县塔尔湖镇五份桥村东侧	东汉废治	
4	临河	高油坊古城	今巴彦淖尔市临河区新华镇古城村	莽曰监河，东汉废治	唐代为西受降城初址；西夏为黑山威福军司治所斡罗孩城；蒙古设新安县，元代设兀剌海路，有倚郭新安州，并先后设塔塔里千户所、塔塔里军民屯田万户府
5	呼遒	蔡家地古城	今巴彦淖尔市五原县胜丰镇蔡家地村东侧	东汉废治	

续表

序号	县名	今址	位置	战国秦汉时期沿革	备注
6	窳浑	保尔浩特古城	今巴彦淖尔市磴口县沙金套海苏木前进嘎查西南	西汉朔方郡西部都尉治，莽曰极武，东汉废治	塞道为西北方向的鸡鹿塞，屠申泽在东
7	渠搜	八一古城	今巴彦淖尔市临河区乌兰图克镇联丰村	西汉朔方郡中部都尉治，莽曰沟搜，东汉废治	北周设永丰镇，隋唐二代沿用为丰州永丰县
8	沃野	脑高古城	今巴彦淖尔市临河区城关镇黄羊木头行政村脑高二社南0.5千米	莽曰绥武，东汉沿用	元狩三年（前120年）置，西汉有盐官
9	广牧	西局子古城	今巴彦淖尔市乌拉特前旗西局子村西与五原县接界处	西汉朔方郡东部都尉治，莽曰盐官，东汉沿用	古城以东有盐海子，新莽时期依此改县名为盐官。唐代沿用为丰州州治九原县
10	临戎	布隆淖古城	今巴彦淖尔市磴口县渡口镇布隆淖村西南	莽曰推武，东汉沿用为朔方郡郡治	元朔五年（前124年）置

四　东汉王朝的北部边疆

从西汉云中郡、定襄郡到东汉时期属县变化的情形来看，西汉定襄郡对呼和浩特平原东部、乌兰察布丘陵西部的直接行政管理已经放弃。转而向南，呼和浩特平原与黄土丘陵区的交界地带，归属于云中郡管辖；再向南以浑河流域为中心的呼和浩特市黄土丘陵区，由南迁的定襄郡管辖。

向西，云中郡、五原郡均放弃了对北假中的直接军事管理，二郡的北部防区退至阴山以南。朔方郡亦向南退缩，局限于黄河南河东西一线。西河郡在今鄂尔多斯市境内的直接辖区，向东退缩到了战国秦长城之内。此时活动于鄂尔多斯高原腹地的，主要是归附东汉王朝的羌胡游牧部落，鄂托克前旗秦长城东西一线、战国秦长城、榆溪塞与榆中长城，成为东汉郡县与羌胡之间的分界线。

东汉行政管辖区在北方地区的大幅收缩，主要原因有两个方面：其一，东汉初年，战乱之后返回北方郡县的中原移民较西汉时期大大缩减，已无法全面充实西汉原有郡县；其二，南匈奴、乌桓等北方游牧部族南下，布列于原西汉边塞内外，为东汉王朝葆塞。光武帝建武二十五年（49年）岁末，乌桓布列于东汉辽东属国、辽西、右北平、渔阳、广阳、上谷、代、雁门、太原、朔方等缘边十郡；在此前后，南匈奴陆续入居北地、朔方、五原、云中、定襄、雁门、代郡。

光武帝刘秀对兵制变革较大，边郡不再设置领兵的都尉，将西汉的征兵制改为募兵制，不再屯兵布防于长城沿线；东汉的边防，郡国直辖的军队数量较少，主要是利用归附的南匈奴、乌桓等游牧部族守边，分别设置使匈奴中郎将、护乌桓校尉管领，同时设置黎阳营、度辽营等常备军监视，其中后二者也有军事防御的作用在内，已带有军镇的意味。东汉王朝以这种与北方民族的军事联盟政策，一定程度上替代了长城防御体系。据《后汉书》，东汉时期，自东向西有平城塞、稒阳塞、高阙塞、大城塞、居延塞、酒泉塞等，这些塞应该是东汉王朝设置在北疆地区的重要军事防区。

据《后汉书·光武帝纪》记载，建武十二年（36年），光武帝“遣骠骑大将军杜茂将众郡施刑屯北边，筑亭候，修烽燧。”[1]东汉修筑边防军事工程的历史记载一直持续至建武二十一年[2]。这些工程，多为把守隘口的当路塞及障城、烽燧之类，并未形成连绵不断的长城防线。

〔1〕《后汉书》卷1《光武帝纪》，中华书局，1965年，第60页。
〔2〕 黄永美、徐卫民：《汉长城的修建、功能及现代意义》，《科学·经济·社会》2012年第3期。

五 北魏是否利用战国秦汉长城

以前关于北魏长城的研究，多认为北魏于泰常八年（423年）曾修筑过一条东西向的长城，命名为“泰常八年长城”。史料依据主要是《魏书·太宗纪》的一条记载：泰常八年“二月戊辰，筑长城于长川之南，起自赤城，西至五原，延袤二千余里，备置戍卫。”〔1〕后来的调查者和研究者并没有确认这道长城的墙体遗迹，于是认为其或沿用了战国赵北长城，或沿用了阴山秦汉长城。

阴山自古以来是一条重要的南北分界线，其山口地带尤其是南北防御之要冲，所以位于山口处的防御设施通常会为几个时代加筑沿用。战国赵北长城沿线山口地带的障城中，发现的遗物时代以战国秦汉时期为主，个别所见北魏遗物并不能成为“泰常八年长城沿用战国赵北长城说”的主要证据。北魏太和十八年（494年），郦道元随孝文帝拓跋宏北巡，看到了绵延于今大青山蜈蚣坝山前地带的战国赵北长城墙体，“顾瞻左右，山椒之上，有垣若颓基焉。沿溪亘岭，东西无极，疑赵武灵王之所筑也。”〔2〕这段长城的确是战国赵武灵王所筑的赵北长城，郦道元当时看到的已经是作为历史陈迹的残垣了。这也从另一个侧面证明，北魏并没有利用赵北长城。阴山秦汉长城沿线，同样不见北魏沿用迹象。

那么，北魏“泰常八年长城”究竟在哪里呢？还需要从史料中寻找答案。首先，如果北魏于泰常八年修筑了长城的话，这段长城仅限于长川之南，《魏书·太宗纪》的这段记载需要重新标点：“二月戊辰，筑长城于长川之南。起自赤城，西至五原，延袤二千余里，备置戍卫。”从赤城至五原之间，北魏并没有全线修筑长城，而只是“备置戍卫”。长川为今乌兰察布市兴和县南北向川地，在这一区域之内迄今尚未发现北魏长城，只是发现了北魏的长川城（今兴和县民族团结乡张家村元山子土城子古城）〔3〕。重新审视这条史料，是不是记载有误呢？可否作如下释读：“二月戊辰，筑长（川）城于长川之南。起自赤城，西至五原，延袤二千余里，备置戍卫。”《魏书·天象志》的记载似亦支持后者：泰常“八年春，筑长城，距五原二千余里，置守卒，以备蠕蠕。”〔4〕如果泰常八年修筑的是长川城，这里讲的是长川城距离五原二千余里。从北魏五原城（今包头市昆都仑区孟家梁古城）到长川城，直线距离约350公里；从五原城到今河北省赤城县，直线距离约500公里。看来，“延袤二千余里”说的还是五原至赤城的距离，但“延袤”并非直线距离。《魏书·天象志》记载的“距五原二千余里”的信息并不准确，属于误抄误记；但透露出的一个信息是，北魏并不存在赤城至五原的长城，只有“距五原二千余里”的“长（川）城”。

北魏时期，叫“川”的地名非常普遍，通常指大范围的平原地形，如长川、牛川、云中川、大宁川等。建于川地的城邑，多以川为名，如牛川有牛都，云中川有云中镇，大宁川有大宁城。建于长川的城邑理所当然就叫长城，长川城也许只是一个后起的俗称而已。

如此看来，《魏书》关于“筑长城于长川之南”的记载是确凿的，长城作为一座城邑，修筑于泰常八年。同年，北魏在燕山至阴山以南一线，并未修筑所谓“泰常八年长城”，而只是“备置戍卫”，包括有戍城、烽戍等的设置，形成了燕山—阴山泰常八年戍卫线。此后，从5世纪30年代开始，北魏王朝越过阴山，开始于漠南草原构筑东西六镇，形成了以军镇为据点的游防体系。

---

〔1〕《魏书》卷3《太宗纪》，中华书局，1974年，第63页。
〔2〕《水经注》卷3《河水》，陈桥驿校证本，中华书局，2007年，第79页。
〔3〕常谦：《北魏长川古城遗址考略》，《内蒙古文物考古》1998年第1期。
〔4〕《魏书》卷150《天象志》，中华书局，1974年，第2400页。

六　汉魏时期意象中的北疆

西汉王朝修筑长城，作为固定的军事防御体系，不断向北扩张领土，将匈奴隔绝于长城之外。长城之内，汉朝设置郡县，管理编户齐民。但是，长城并不是西汉王朝认为的疆域所至，古代的中国“有域无疆”，四海之内皆为华夏。

据《汉书·武帝纪》记载，汉武帝太初元年（前104年），“遣因杅将军公孙敖筑塞外受降城。”〔1〕近年来，在蒙古国南戈壁省巴彦敖包苏木所在地西北约30千米处新发现了规模较大的塞林巴剌嘎斯古城〔2〕，可能为受降城旧址。该城址位于通往匈奴的“故龙城道”南端，位置远远超出了汉外长城北线。

西汉元狩四年（前119年），“汉骠骑将军之出代二千余里，与左贤王接战，汉兵得胡首虏凡七万余级，左贤王将皆遁走。骠骑封于狼居胥山，禅姑衍，临翰海而还。是后匈奴远遁，而幕南无王庭。”〔3〕封禅本是皇帝所为，霍去病此次封禅显然是受汉武帝之命。它的政治意义在于，通过封禅，向匈奴表明，狼居胥山、翰海之内皆为汉朝领土。初步推断，狼居胥山为今天蒙古国东戈壁省省会赛音山达市市区之内的敖包山，翰海亦在其附近。

东汉永元元年（89年），窦宪大败北匈奴之后，在燕然山（今蒙古国中戈壁省德勒格尔杭爱山）“封山刊石，昭铭盛德”的行为〔4〕，与霍去病封狼居胥山具有同样的政治意义。

北魏王朝的北境，大体上承袭了汉朝的疆域。北魏神䴥二年（429年），太武帝拓跋焘大举北伐，“六月，车驾次于兔园水，去平城三千七百里。分军搜讨，东至瀚海，西接张掖水，北渡燕然山，东西五千余里，南北三千里。高车诸部杀大檀种类，前后归降三十余万，俘获首虏及戎马百余万匹。八月，世祖闻东部高车屯巳尼陂，人畜甚众，去官军千余里。遂遣左仆射安原等往讨之。暨巳尼陂，高车诸部望军降者数十万。”〔5〕燕然山、瀚海、巳尼陂（今赤峰市克什克腾旗达里诺尔），自西向东大致构成北魏王朝的疆域北界。

当然，汉朝与北魏王朝，均没有能够实际掌控燕然山、翰海之地，它们设置的固定军事防御设施还要在二者之内，燕然山、翰海构成了王朝意象中的北界。北魏太平真君九年（448年），太武帝拓跋焘进兵至西汉受降城，设置为抵御柔然南下的军事据点〔6〕。这与西汉受降城的功能是一致的，是设置于燕然山之内的固定军事防御设施。瀚海之内，北魏王朝固定军事防御设施的北界，大体在今天乌兰察布市四子王旗东北部与锡林郭勒盟苏尼特右旗西北部交界处的大红山一带。大红山被当地蒙古牧民称作脑木更山，脑木更为蒙古语“地貌平缓”（nomuqan）之意。大红山可能为拓跋鲜卑盛乐时期（258～376年）的东木根山〔7〕，北魏时期称作𫍯山〔8〕。

〔1〕《汉书》卷6《武帝纪》，中华书局，1962年，第200页。
〔2〕宋国栋：《回纥城址研究》，山西大学2018届博士学位论文，2018年6月，第79～80页。
〔3〕《史记》卷110《匈奴列传》，中华书局，1959年，第2911页。
〔4〕《后汉书》卷23《窦融列传》，中华书局，1965年，第815页。
〔5〕《魏书》卷103《列传第九十一》，中华书局，1974年，第2293页。
〔6〕《魏书》卷4《世祖纪》，中华书局，1974年，第103页。
〔7〕《魏书》卷1《序纪》，中华书局，1974年，第10页。
〔8〕《魏书》卷82《列传第七十》，中华书局，1974年，第1804页。

七 结语

从整个中国长城发展史的角度来看，春秋战国时期列国修筑的长城可称为早期长城，此后秦汉长城、金界壕、明长城构成了中国长城发展史上的三个大规模修筑长城的主要阶段。以上而外，其他时代修筑的长城均规模较小，如北齐长城，可统称为其他时代长城。

自战国以来，中原王朝采取的防御北方游牧民族的军事措施，大体可归结为三类：第一类是修筑长城，在长城沿线设置一整套军事管理体系；第二类是设置军镇，以游防加以配合；第三类是利用归附的游牧部族，形成一道塞外防御屏障。第二类以北魏、唐朝、西夏较为典型，北魏是六镇加游防，唐朝是三受降城加游防，西夏是军司加游防。第三类以东汉王朝、清朝较为典型。东汉王朝利用南匈奴、乌桓、羌胡等游牧部族为其守边；清朝则在内蒙古设立盟旗制度，利用蒙古部落为其守边。当然，每个朝代的防御方式都不是单纯的，一个朝代可能以一种防御方式为主、兼有其他两种防御方式，而且一个朝代在不同时期采取的主要防御方式也会发生变化。

从严格的意义上来讲，内蒙古境内的长城有战国赵北长城、战国燕北长城、战国秦长城、秦长城、汉长城、辽长城、金界壕、明长城，包含了6个时代的8个国家。从大致的分布地域上来看，明长城偏南，金界壕偏北，战国秦汉长城居中。汉代修边筑塞百余年，对战国长城、秦长城均有所加筑沿用。秦朝统一六国后，秦始皇派大将蒙恬修筑“万里长城”。由于秦朝很快灭亡，长城修筑时间短暂，秦长城多沿用了秦、赵、燕三国的旧长城，新筑长城很少，且断续分布，“万里长城”并未成型。司马迁在《史记》中借秦始皇修长城之名讽汉武帝，加上后来孟姜女哭倒万里长城的传说，使秦始皇万里长城在历史上长期深入人心，形成了秦长城“层累的历史”，以致于考古学界长期将主体为汉长城的阳山长城误认为秦长城。阴山—河套地区的阳山长城，自东向西依次归属西汉云中塞、五原塞、朔方郡管辖，云中塞、五原塞的阳山秦汉长城沿线有秦长城遗迹，但很少。中国历史上第一条真正的万里长城，实际上是汉长城。汉长城之后的金界壕、明长城，亦均为万里长城。至于辽长城，以蒙古国境内分布线路最长，在内蒙古主要分布于大兴安岭以西，相关防御体系还需作进一步研究。

对长城的研究，考古调查是最为重要的，对于在调查中认识不清的关键遗迹，可开展小规模的考古发掘工作。在此基础之上，可将长城研究分为自下而上的五个层次：第一个层次，长城遗存的时代认定；第二个层次，长城防御体系的构建；第三个层次，修筑长城的中原王朝防御北方游牧民族的政治军事策略；第四个层次，长城两侧族群间的交融与互动；第五个层次，长城所在山川的历史文化意义，以及对现代人产生的文化价值。第一、第二层次可通过考古调查与发掘工作完成，第三个层次是考古学与历史学相结合的研究，第四、第五层次是考古学、历史学、历史地理学的综合研究，最后上升到文化景观学的层面。由此可见，长城研究是一个长期性的、多学科的综合工程，本调查报告仅仅是立足于第一个层次、局部涉及第二个层次，后面的道路还很长。

地图·彩图

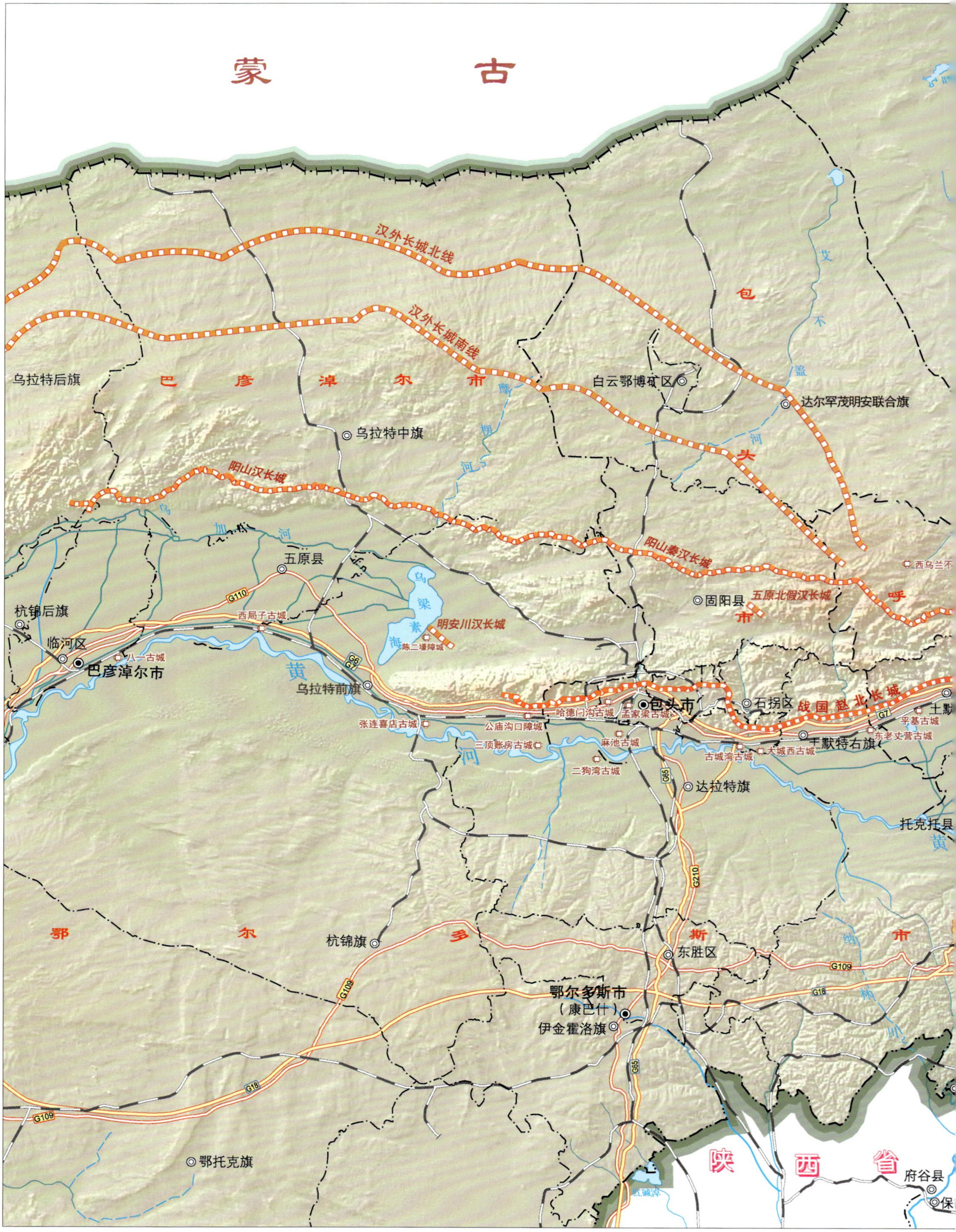
蒙
古
汉外长城北线
汉外长城南线
阳山汉长城
阳山秦汉长城
五原北假汉长城
明安川汉长城
战国赵北长城
巴
彦
淖
尔
市
包
头
市
呼
鄂
尔
多
斯
市
陕
西
省
乌拉特后旗
乌拉特中旗
白云鄂博矿区
达尔罕茂明安联合旗
固阳县
五原县
杭锦后旗
临河区
巴彦淖尔市
乌拉特前旗
包头市
石拐区
土默特右旗
达拉特旗
托克托县
杭锦旗
东胜区
鄂尔多斯市
（康巴什）
伊金霍洛旗
鄂托克旗
府谷县
西局子古城
八一古城
陈二壕障城
张连喜店古城
公庙沟口障城
三顶账房古城
哈德门沟古城
孟家梁古城
麻池古城
二狗湾古城
古城湾古城
大城西古城
平基古城
东老丈营古城
西乌兰不
乌
梁
素
海
乌
加
河
黄
河
艾
不
盖
河
G110
G6
G7
G65
G210
G109
G18
红碱淖

0 20 40 60 千米

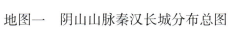

地图一　阴山山脉秦汉长城分布总图

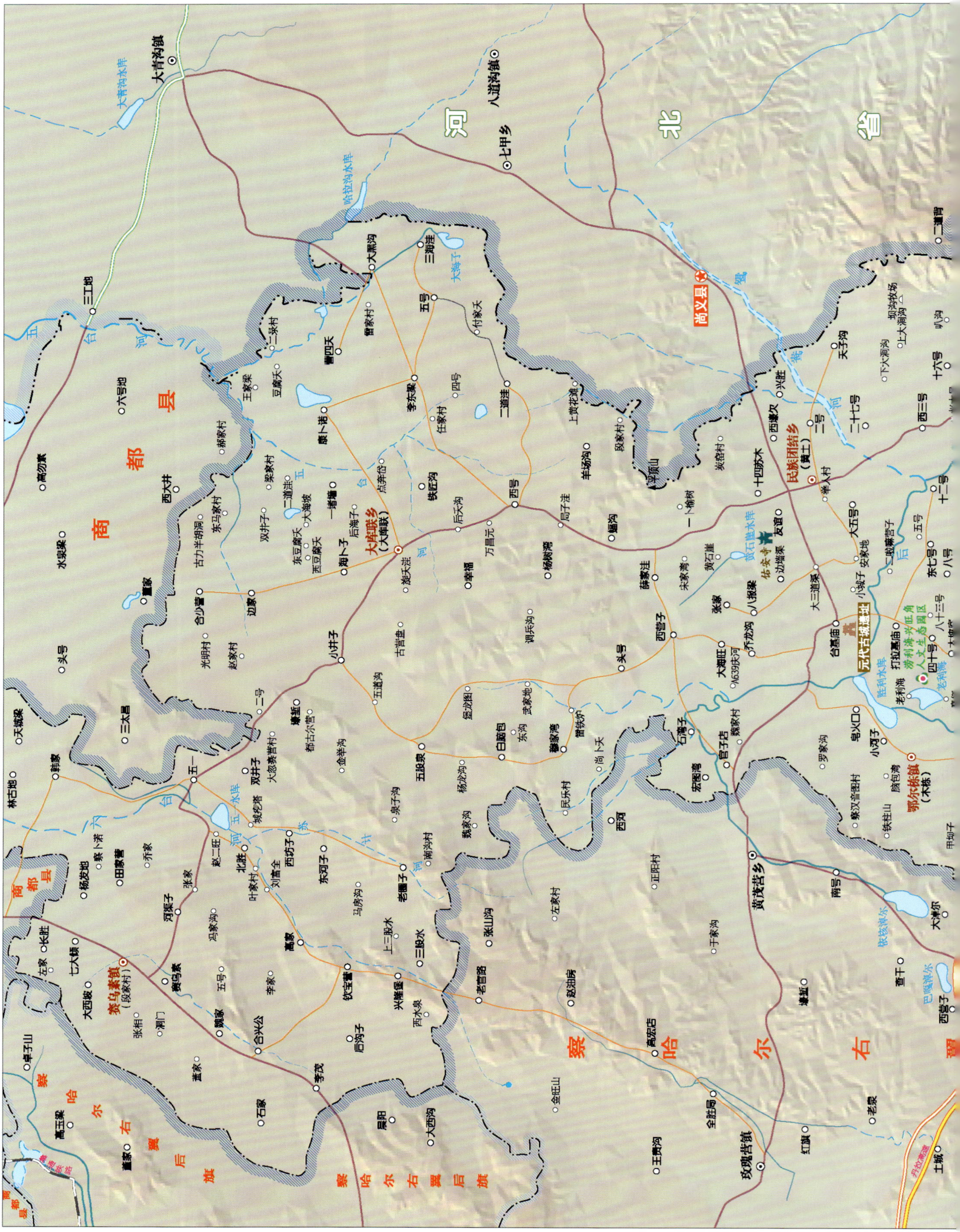
河
北
省
商都县
察哈尔右翼后旗
尚义县
大青沟镇
八道沟镇
七甲乡
大库联乡（大库联）
民族团结乡（黄土）
鄂尔栋镇（本栋）
玫瑰营镇
黄茂营乡
元代古城遗址
大青沟水库
哈拉沟水库
大海子
黄石崖水库
胜利水库

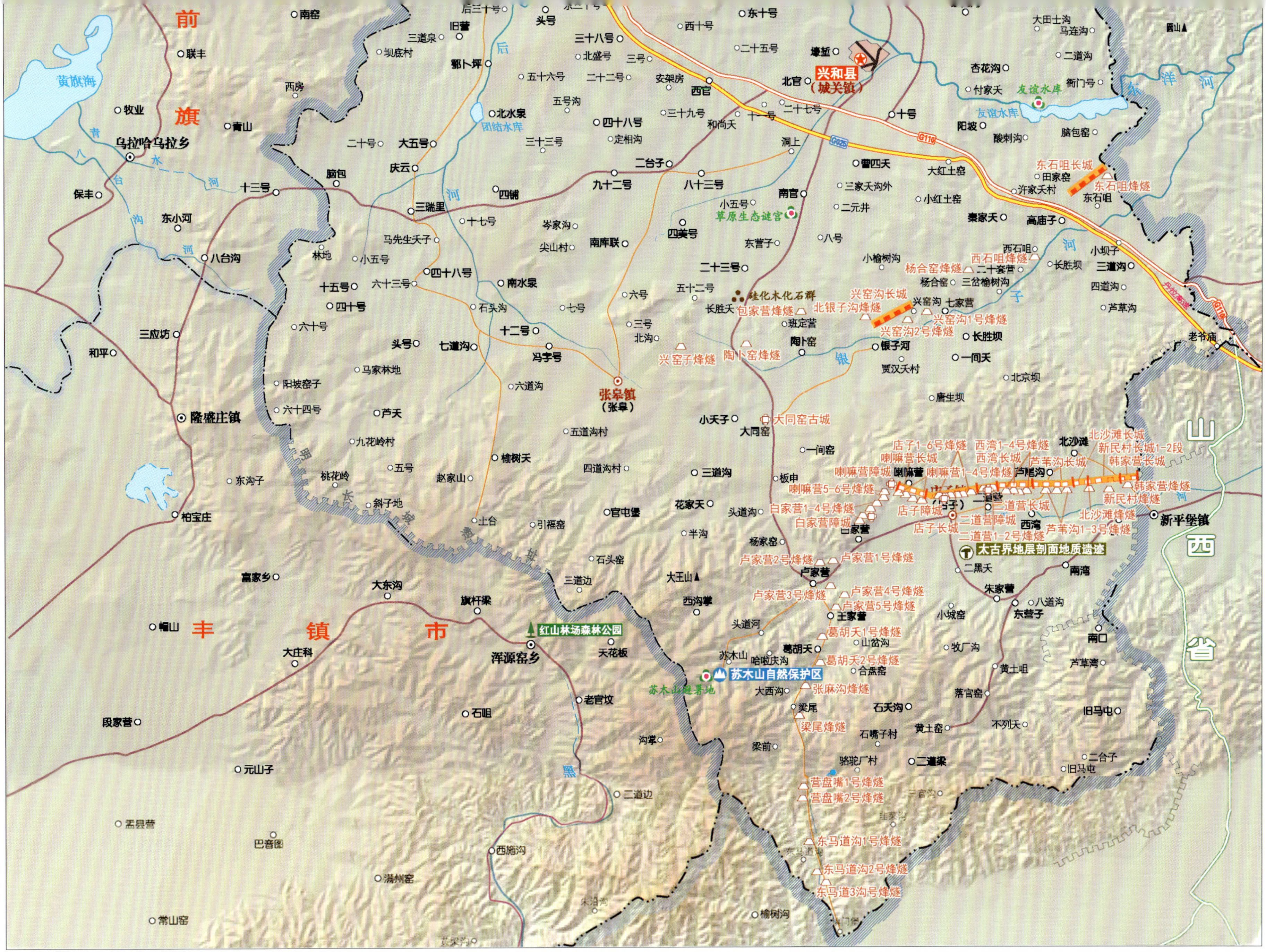

地图二　兴和县秦汉长城分布图

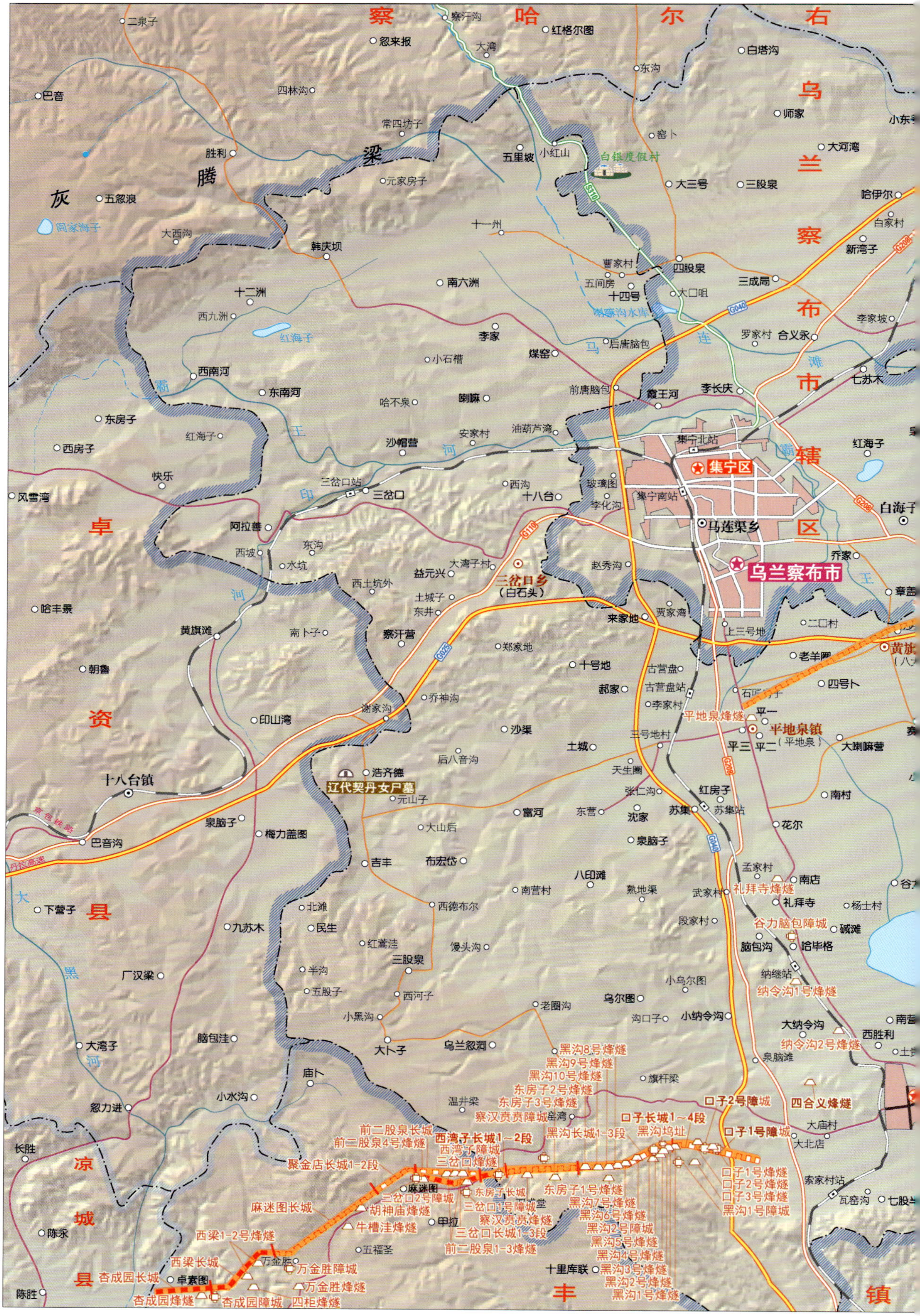

地图三　丰镇市秦汉长城分布图

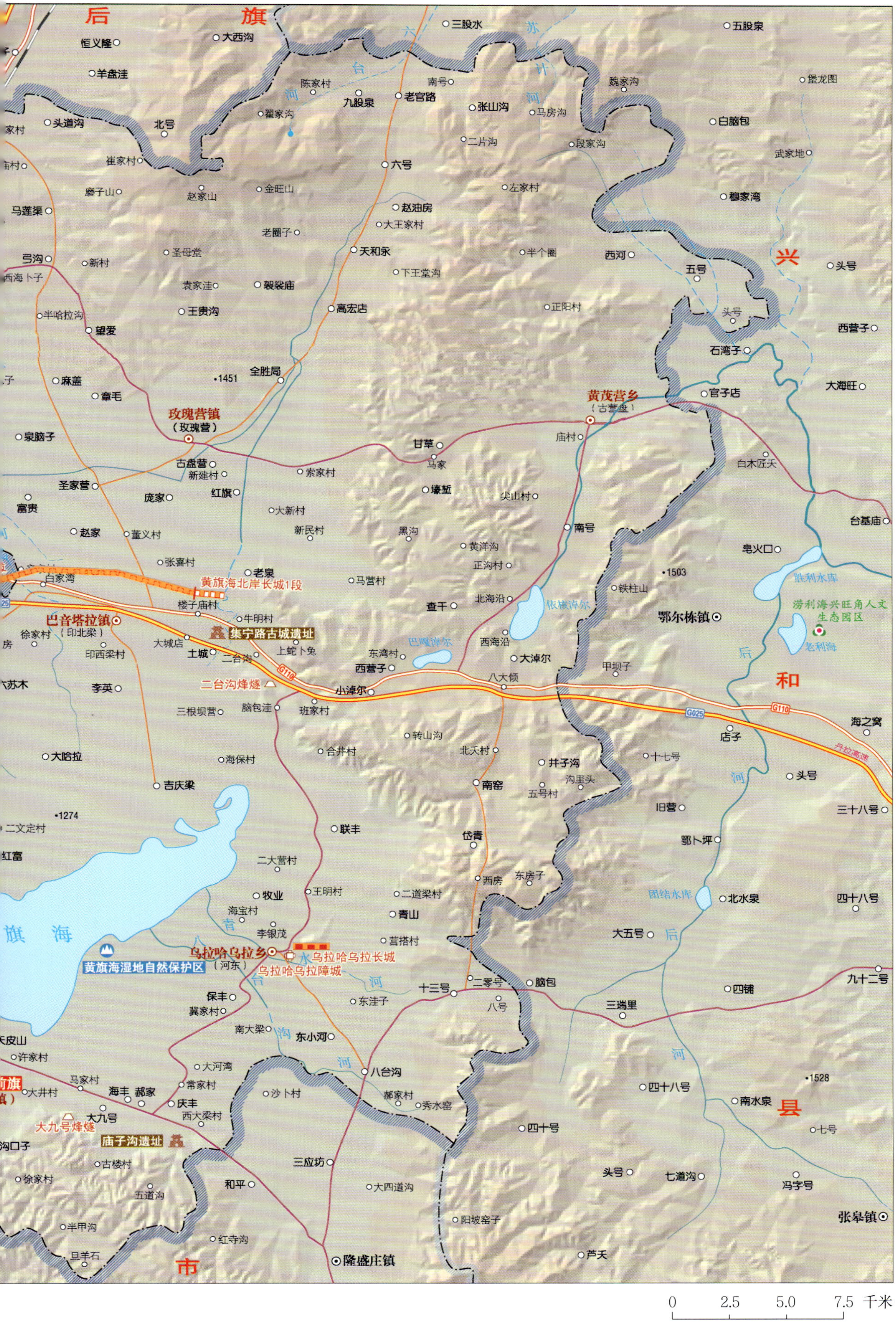

后
旗
兴
和
县
市
旗
海
大西沟
恒义隆
羊盘洼
头道沟
北号
崔家村
磨子山
赵家山
金旺山
马莲渠
老圈子
圣母堂
弓沟
新村
西海卜子
袁家洼
袈裟庙
半哈拉沟
王贵沟
望爱
1451
全胜局
麻盖
章毛
玫瑰营镇
（玫瑰营）
泉脑子
古盘营
新建村
圣家营
红旗
庞家
富贵
大新村
赵家
董义村
新民村
张喜村
老泉
白家湾
黄旗海北岸长城1段
楼子庙村
巴音塔拉镇
（印北梁）
牛明村
徐家村
集宁路古城遗址
大城店
印西梁村
土城
二台沟
上蛇卜兔
二台沟烽燧
李英
脑包洼
班家村
三根坝营
小淖尔
大哈拉
海保村
合井村
吉庆梁
1274
二文定村
红富
联丰
二大营村
牧业
王明村
海宝村
李银茂
乌拉哈乌拉乡
（河东）
乌拉哈乌拉长城
乌拉哈乌拉障城
黄旗海湿地自然保护区
保丰
冀家村
南大梁
东小河
大河湾
常家村
马家村
海丰
郝家
大井村
庆丰
西大梁村
大九号
大九号烽燧
庙子沟遗址
沟口子
古楼村
徐家村
五道沟
半甲沟
旦羊石
红寺沟
和平
三应坊
大四道沟
隆盛庄镇
沙卜村
郝家村
秀水窑
八台沟
东洼子
营搭村
青山
二道梁村
三股水
陈家村
九股泉
老官路
南号
翟家沟
张山沟
马房沟
二片沟
六号
段家沟
赵油房
大王家村
左家村
天和永
下王堂沟
半个圈
高宏店
正阳村
甘草
马家
索家村
壕堑
尖山村
黑沟
黄洋沟
南号
正沟村
马营村
查干
北海沿
依根淖尔
巴嘎淖尔
西海沿
东湾村
西营子
大淖尔
八大倾
甲坝子
转山沟
北天村
井子沟
沟里头
南窑
五号村
岱青
西房
东房子
十三号
二零号
脑包
八号
四十号
头号
七道沟
阳坡窑子
芦天
魏家沟
五股泉
堡龙图
白脑包
武家地
穆家湾
西河
五号
头号
头号
西营子
石湾子
大海旺
官子店
黄茂营乡
（古营盘）
庙村
白木匠夭
台基庙
皂火口
1503
铁柱山
胜利水库
涝利海兴旺角人文生态园区
老利海
鄂尔栋镇
后
海之窝
店子
十七号
头号
三十八号
旧营
鄂卜坪
团结水库
北水泉
四十八号
大五号
后
九十二号
四铺
三瑞里
1528
四十八号
南水泉
七号
冯字号
张皋镇
G110
G025
丹拉高速
苏
叶
河
六
台
河
青
水
台
河
沟
河
河
0
2.5
5.0
7.5 千米

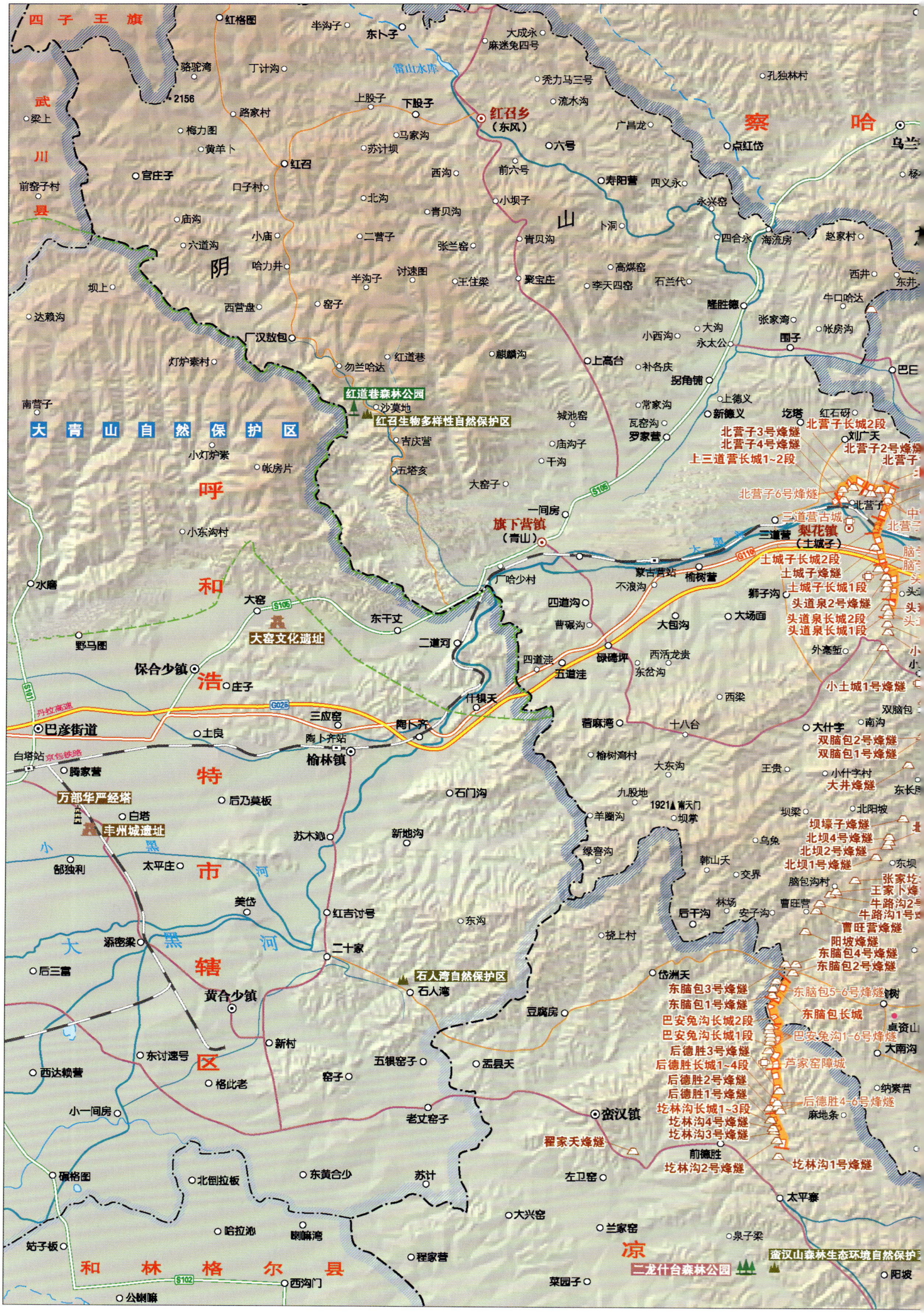

地图四　凉城县、卓资县秦汉长城分布图

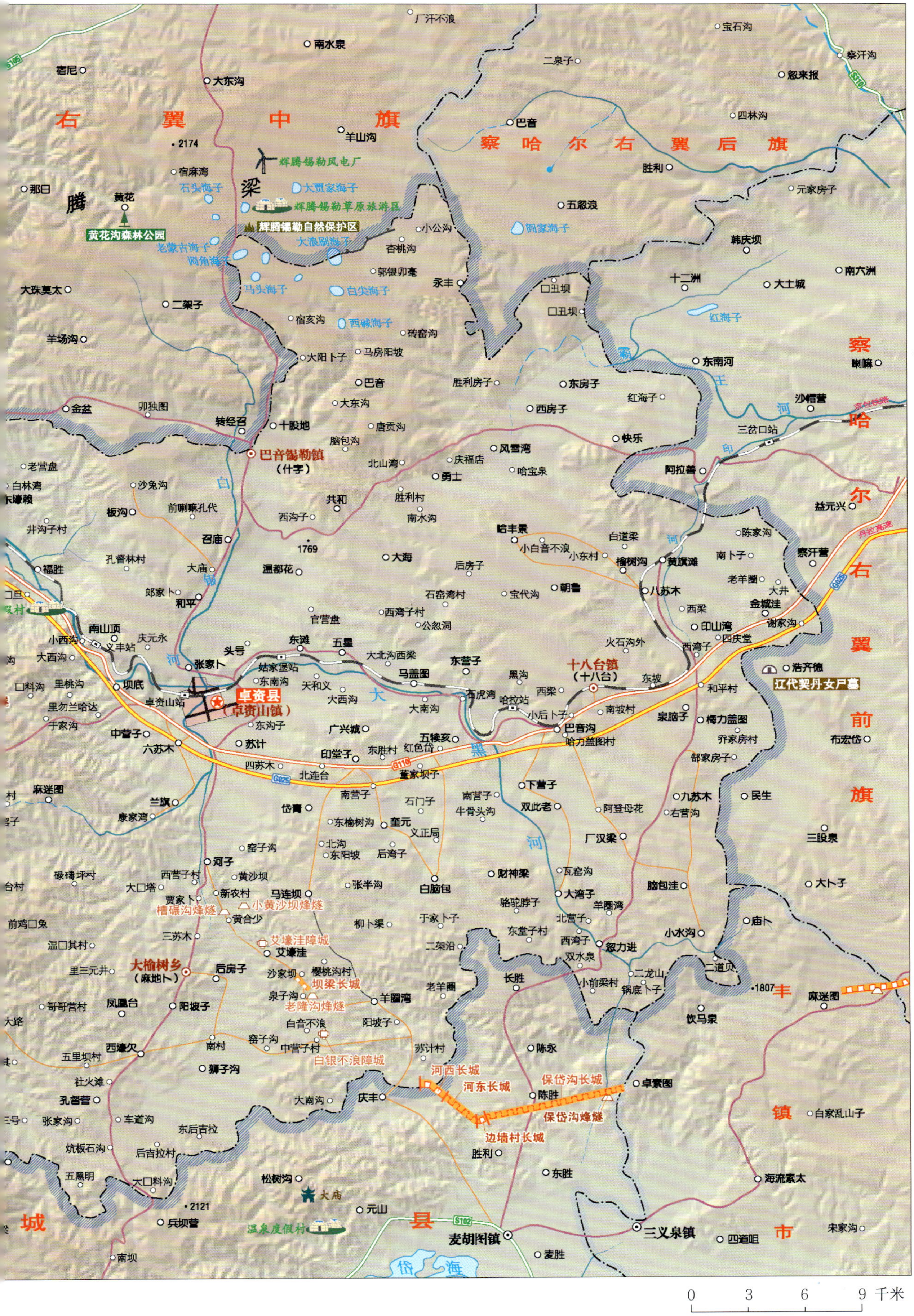
右 翼 中 旗
察 哈 尔 右 翼 后 旗
察哈尔右翼前旗
丰镇市
城
县
卓资县
（卓资山镇）
巴音锡勒镇
（什字）
十八台镇
（十八台）
大榆树乡
（麻地卜）
麦胡图镇
三义泉镇
腾
梁
辉腾锡勒风电厂
辉腾锡勒草原旅游区
辉腾锡勒自然保护区
黄花沟森林公园
辽代契丹女尸墓
温泉度假村
大庙
河西长城
河东长城
保岱沟长城
保岱沟烽燧
边墙村长城
坝梁长城
老隆沟烽燧
白银不浪障城
艾蒿洼障城
小黄沙坝烽燧
槽碾沟烽燧
大贾家海子
石头海子
大浪脑海子
老蒙古海子
调角海子
马头海子
白尖海子
西碱海子
阿家海子
红海子
霸王河
白银河
大黑河
岱海
广汗不浪
南水泉
宿尼
大东沟
羊山沟
巴音
二泉子
宝石沟
察汗沟
忽来报
四林沟
胜利
五忽浪
元家房子
韩庆坝
十二洲
大土城
南六洲
那日
黄花
宿麻湾
小公沟
杏桃沟
郭银卯亥
永丰
大跃莫太
二架子
羊场沟
宿亥沟
砖窑沟
大阳卜子
马房阳坡
巴音
胜利房子
东房子
东南河
嘛嘛
沙帽营
三岔口站
金盆
卯独图
转经召
十股地
大东沟
唐贡沟
西房子
红海子
快乐
脑包沟
北山湾
庆福店
风雪湾
哈宝泉
勇士
阿拉善
益元兴
老营盘
白林湾
沙兔沟
板沟
前喇嘛孔代
共和
西沟子
胜利村
南水沟
哈丰景
小白音不浪
小东村
白道梁
陈家沟
南卜子
察汗营
井沟子村
召庙
1769
大海
后房子
榆树沟
黄旗滩
老羊圈
大井
福胜
孔督林村
大庙
遍都花
石窑湾村
宝代沟
朝鲁
八苏木
金城洼
西梁
南山顶
郭家卜子
和平
官营盘
西湾子村
公忽洞
印山湾
谢家沟
小西沟
文丰站
庆元永
五星
大北沟西梁
火石沟外
四庆堂
西湾子
大西沟
头号
张家卜
东滩
姑家堡站
马盖图
东营子
黑沟
浩齐德
里桃沟
坝底
卓资山站
东南沟
天和义
大西沟
东虎湾
西梁
哈拉站
东坡
和平村
里勿兰哈达
于家沟
东沟子
大南沟
小后卜子
南坡村
泉脑子
梅力盖图
中营子
六苏木
苏计
广兴號
五楼亥
巴音沟
哈力盖图村
乔家房村
布宏岱
四苏木
印堂子
东胜村
红色岱
邹家房子
北连台
董家坝子
下营子
麻迷图
兰旗
南营子
石门子
南营子
双此老
阿登母花
九苏木
民生
康家湾
岱青
东榆树沟
奎元
牛骨头沟
右营沟
三股泉
窑子沟
义正局
厂汉梁
北沟
东阳坡
后湾子
河子
西营子村
黄沙坝
破碎坪村
大口塔
新农村
张半沟
白脑包
财神梁
瓦窑沟
大湾子
脑包洼
大卜子
贾家卜子
马连坝
黄合少
柳卜梁
于家卜子
骆驼脖子
北营子
羊圈湾
前鸡口兔
三苏木
东堂子村
西湾子
忽力进
小水沟
庙卜
二架沿
双水泉
艾蒿洼
樱桃沟村
二道沟
里三元井
沙家坝
长胜
小前梁村
二龙山
泉子沟
羊圈湾
老羊圈
锅底卜子
1807
麻迷图
凤凰台
阳坡子
阳坡子
饮马泉
哥哥营村
白音不浪
大路
南村
西壕欠
窑子沟
中营子村
五里坝村
狮子沟
苏计村
陈永
社火滩
卓寨图
孔督营
大南沟
庆丰
陈胜
张家沟
车道沟
东后吉拉
白家乱山子
炕板石沟
后吉拉村
胜利
东胜
五黑明
大口料沟
松树沟
海流素太
2121
兵坝营
元山
四道咀
宋家沟
南坝
麦胜
2174
G110
G6
S102
S105
0 3 6 9 千米

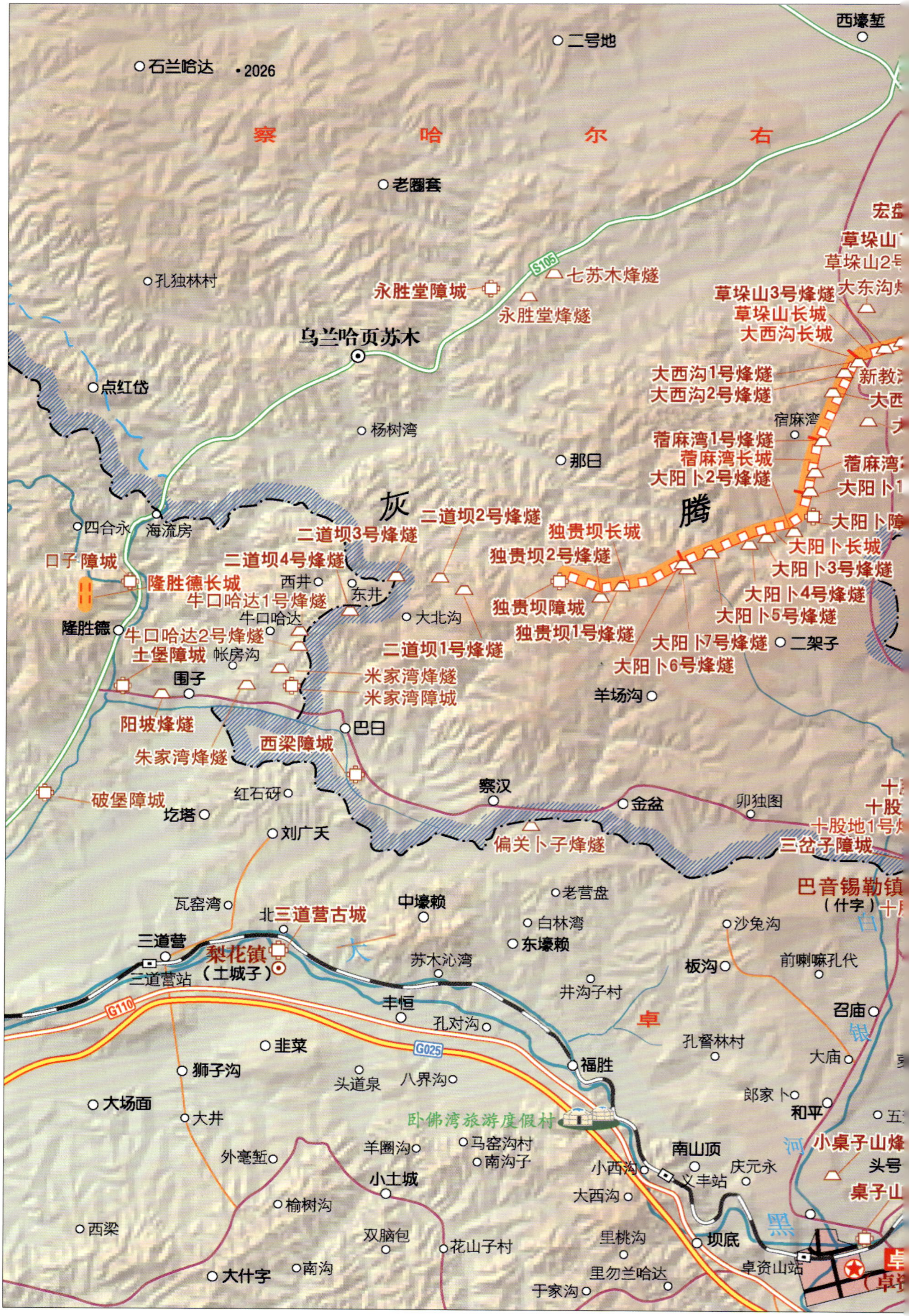

西壕堑
二号地
石兰哈达
2026
察
哈
尔
右
老圈套
宏
草垛山
草垛山2号
S105
七苏木烽燧
大东沟
永胜堂障城
永胜堂烽燧
草垛山3号烽燧
草垛山长城
大西沟长城
乌兰哈页苏木
孔独林村
新教
大西沟1号烽燧
大西沟2号烽燧
大西
点红岱
杨树湾
宿麻湾
蓿麻湾1号烽燧
蓿麻湾长城
蓿麻湾
那日
大阳卜2号烽燧
大阳卜1
灰
腾
二道坝2号烽燧
大阳卜障
四合永
海流房
二道坝3号烽燧
独贵坝长城
大阳卜长城
口子障城
二道坝4号烽燧
独贵坝2号烽燧
大阳卜3号烽燧
隆胜德长城
西井
东井
牛口哈达1号烽燧
大阳卜4号烽燧
牛口哈达
大北沟
独贵坝障城
大阳卜5号烽燧
隆胜德
牛口哈达2号烽燧
独贵坝1号烽燧
土堡障城
帐房沟
二道坝1号烽燧
大阳卜7号烽燧
二架子
大阳卜6号烽燧
围子
米家湾烽燧
米家湾障城
羊场沟
阳坡烽燧
巴日
西梁障城
朱家湾烽燧
察汉
破堡障城
红石砑
金盆
卯独图
十股
十股地1号
圪塔
偏关卜子烽燧
三岔子障城
刘广夭
巴音锡勒镇
（什字）
老营盘
瓦窑湾
中壕赖
北三道营古城
白林湾
沙兔沟
三道营
大
东壕赖
梨花镇
（土城子）
苏木沁湾
板沟
前喇嘛孔代
三道营站
井沟子村
白
G110
丰恒
卓
召庙
孔对沟
银
韭菜
G025
孔督林村
大庙
福胜
狮子沟
头道泉
八界沟
郎家卜
大场面
和平
大井
卧佛湾旅游度假村
河
小桌子山烽
外毫堑
羊圈沟
马窑沟村
南山顶
南沟子
小西沟
庆元永
头号
小土城
义丰站
大西沟
桌子山
榆树沟
西梁
黑
双脑包
花山子村
里桃沟
坝底
大什字
南沟
卓资山站
里勿兰哈达
于家沟

地图五　九十九泉汉长城分布图

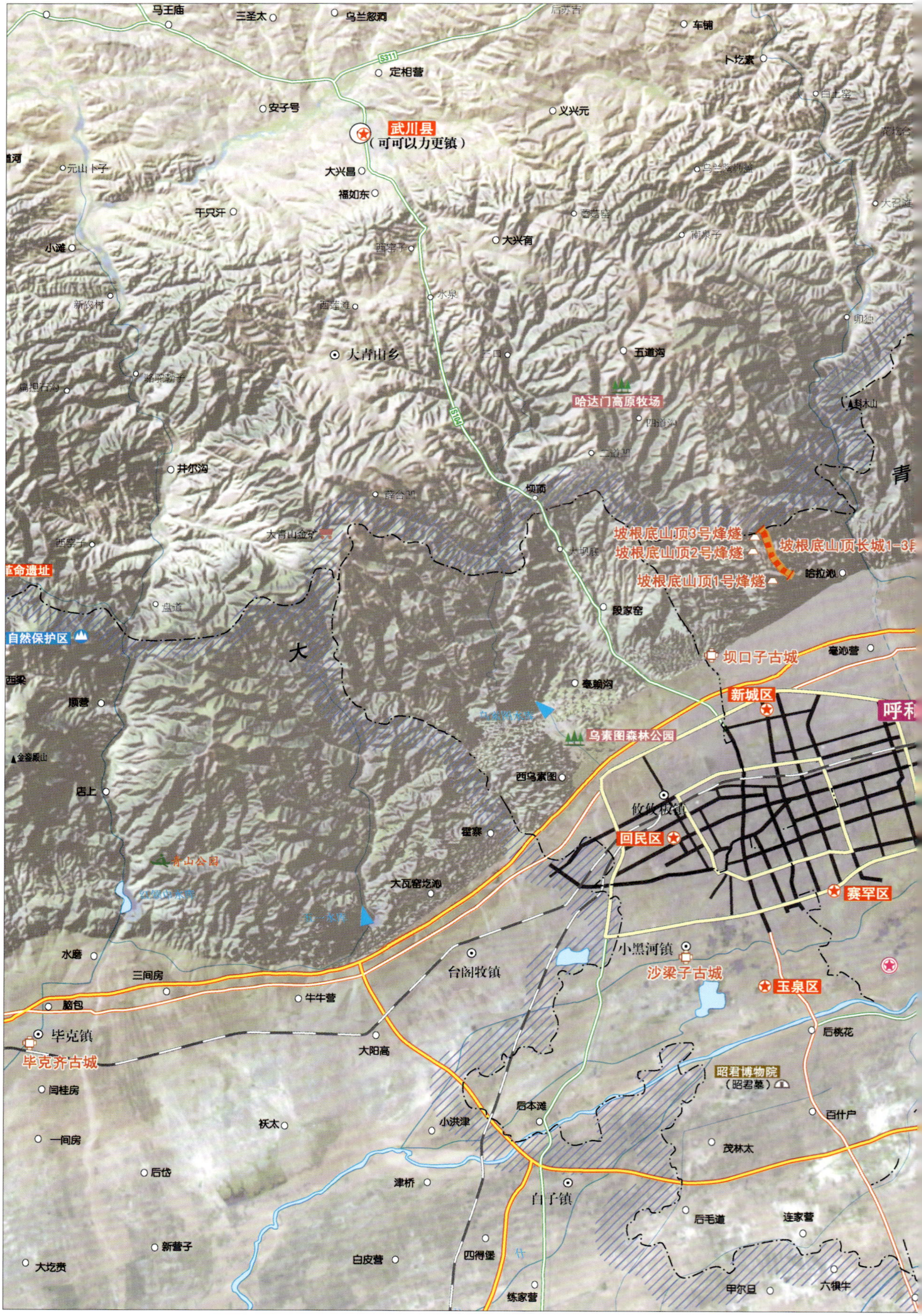

地图六　呼和浩特市市区及周边秦汉长城分布图

乌
兰
察
布
市
山
下营镇
边墙长城1-2段
水磨
水磨长城1段
水磨长城2段
奎素长城
奎素
古路板
野马图
大窑
大窑文化遗址
东干丈
二道河
保合少镇
讨思浩
庄子
巴彦街道
塔利古城
土良
陶卜齐古城
古力
榆林镇
腾家营
白塔
万部华严经塔
后乃莫板
三道沟
新地沟
太平庄
八拜古城
前尔什
合林
密湾
美岱
六犋牛
密梁
二十家
二十家子古城
后三富
石人湾
后窑
黄合少镇
金河镇
新村
西讨速号
窑子
南舍必崖
麻什
蛮汉镇
河湾
西黄合少
泉子什
苏计
东黑炭板
什不斜气
哈拉沁
李家园
姑子板
和林格尔县
（城关镇）
西沟门
S105
0
2.5
5.0
7.5
千米

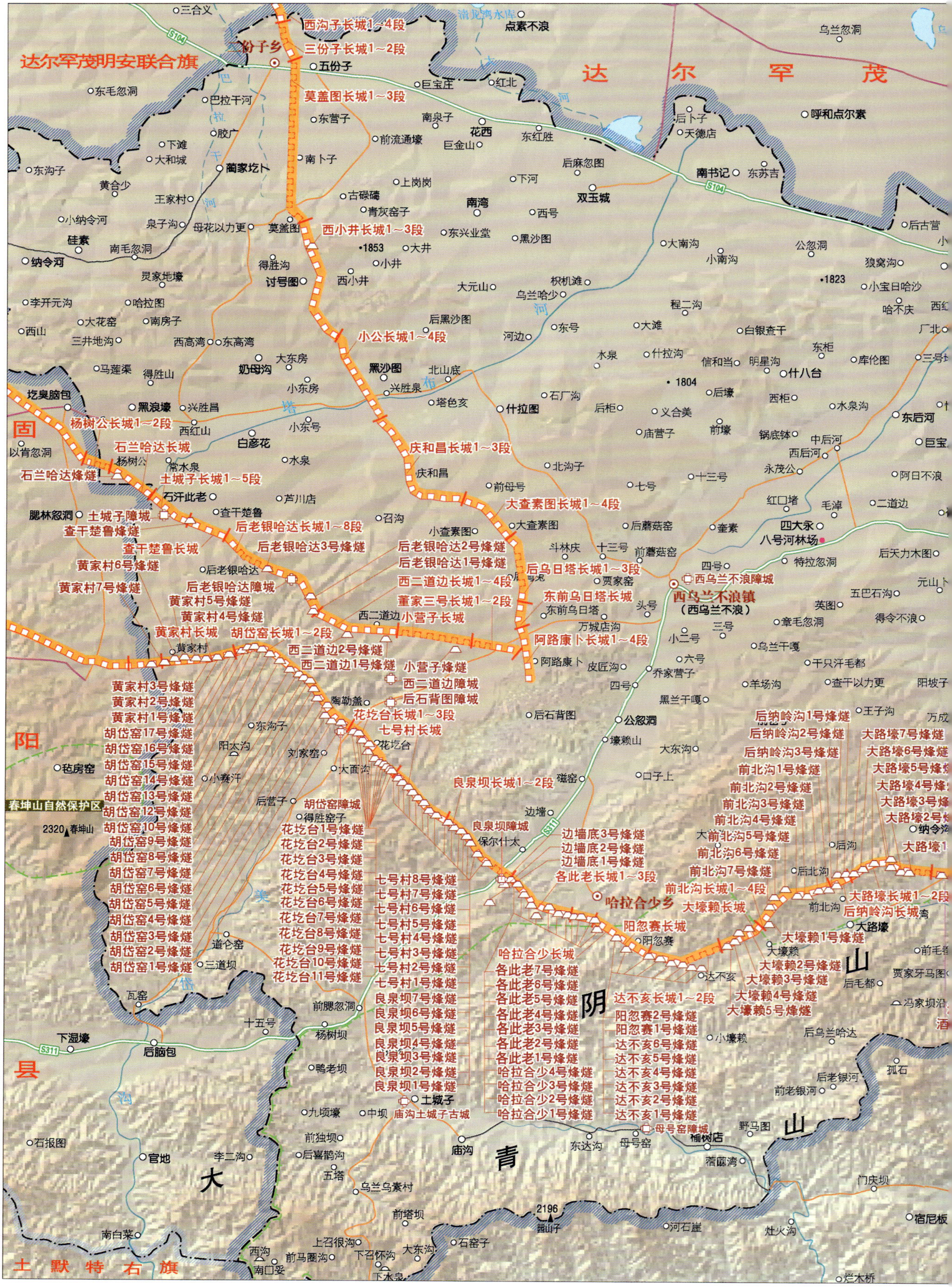

地图七　武川县秦汉长城分布图

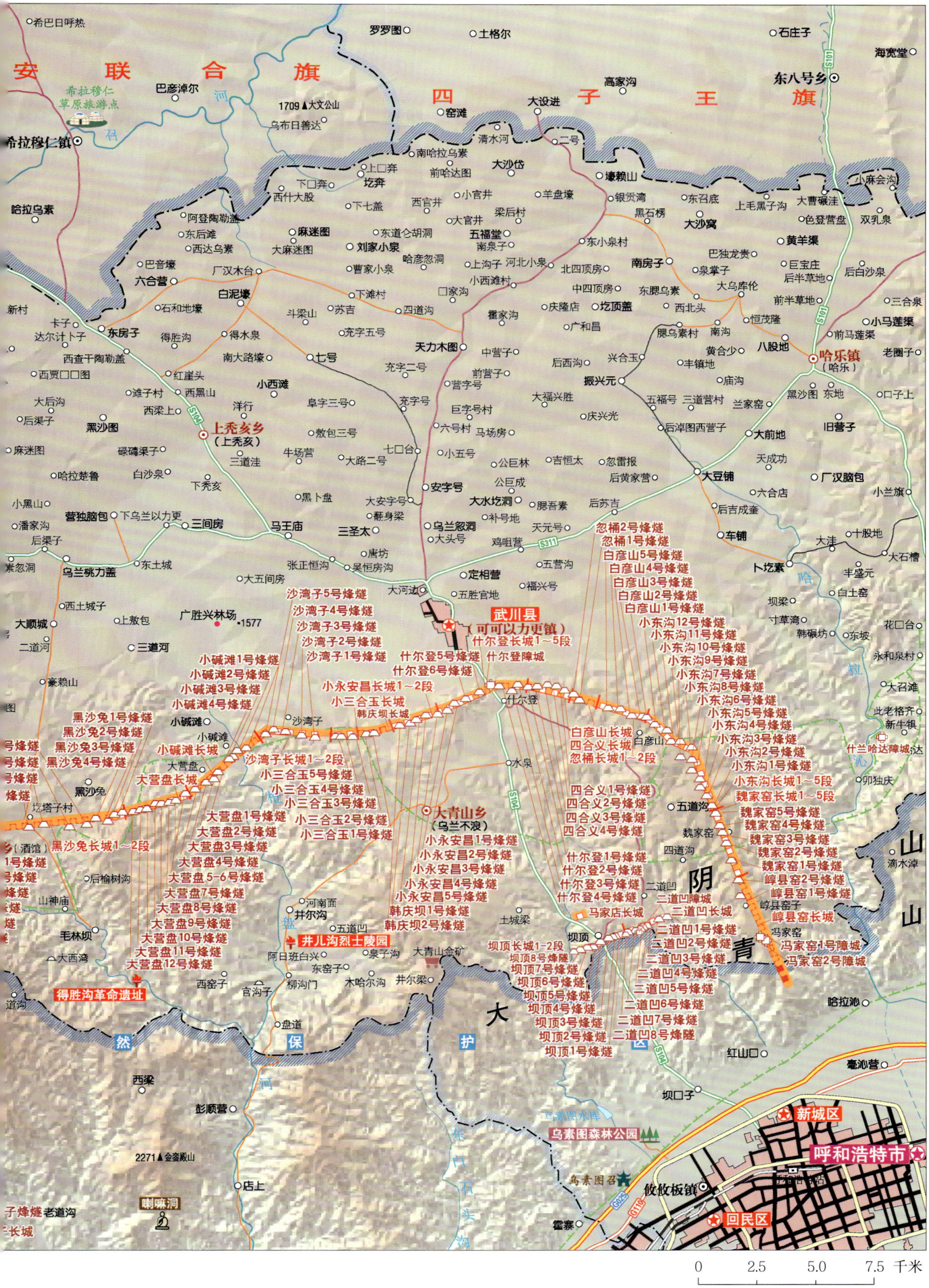

希巴日呼热
安 联 合 旗
希拉穆仁草原旅游点
希拉穆仁镇
巴彦淖尔
1709 大文公山
乌布日善达
罗罗图
土格尔
四 子 王 旗
窑滩
大设进
高家沟
东八号乡
石庄子
海宽堂
清水河
二号
南哈拉乌素
前哈达图
上□奔
圪奔
下□奔
西什大股
大沙岱
壕赖山
小麻会沟
哈拉乌素
阿登陶勒盖
东后滩
西达乌素
麻迷图
大麻迷图
东道仑胡洞
刘家小泉
小官井
大官井
五福堂
南泉子
梁后村
羊盘壕
银贡湾
东召底
上毛黑子沟
大曹碾洼
色登营盘
双乳泉
黑石榜
大沙窝
东小泉村
巴音壕
六合营
厂汉木台
曹家小泉
哈彦忽洞
上沟子
河北小泉
小西滩村
北四顶房
南房子
泉掌子
巴独龙贵
黄羊渠
巨宝庄
后半草地
后白沙泉
新村
白泥壕
石和地壕
下滩村
□家沟
中四顶房
东腮乌素
大乌库伦
前半草地
三合泉
卡子
达尔计卜子
东房子
得胜沟
得水泉
斗梁山
苏吉
四道沟
庆隆店
圪顶盖
西北头
恒茂隆
小马莲渠
前马莲渠
西查干陶勒盖
南大路壕
充字五号
天力木图
霍家沟
广和昌
腮乌素村
南沟
八股地
哈乐镇
（哈乐）
老圈子
西贾□□图
红崖头
七号
充字二号
中营子
后西沟
兴合玉
黄合少
丰镇地
滩子村
西黑山
小西滩
前营子
营字号
振兴元
庙沟
大后沟
西梁上
洋行
阜字三号
充字号
巨字号村
大福兴胜
五福号
三道营村
兰家窑
黑沙图
东地
口子上
后渠子
上秃亥乡
（上秃亥）
黑沙图
敖包三号
六号村
马场房
庆兴光
后淖图西营子
大前地
旧营子
麻迷图
碌碡渠子
牛场营
七□台
小五号
公巨林
吉恒太
忽雷报
后黄家营
天成功
哈拉楚鲁
白沙泉
三道洼
大路二号
公巨成
大豆铺
厂汉脑包
下秃亥
黑卜盘
安字号
大水圪洞
腮吾素
后苏吉
六合店
小兰旗
小黑山
营独脑包
下乌兰以力更
三间房
马王庙
大安字号
三圣太
藿身梁
补号地
乌兰忽洞
大头号
天元号
忽桶2号烽燧
后吉成壑
潘家沟
后渠子
忽桶1号烽燧
车铺
十股地
大洼
素忽洞
乌兰跳力盖
东土城
唐坊
张正恒沟
吴恒房沟
鸡咀营
S311
五营沟
白彦山5号烽燧
白彦山4号烽燧
白彦山3号烽燧
白彦山2号烽燧
白彦山1号烽燧
卜圪素
大石槽
丰盛元
大五间房
定相营
五胜官地
福兴号
沙湾子5号烽燧
大河边
沙湾子4号烽燧
沙湾子3号烽燧
沙湾子2号烽燧
沙湾子1号烽燧
白土窑
坝梁
寸草湾
韩碾坊
东坡
花□台
西土城子
大顺城
上敖包
广胜兴林场
1577
武川县
（可可以力更镇）
什尔登长城1～5段
什尔登5号烽燧
什尔登障城
什尔登6号烽燧
小东沟12号烽燧
小东沟11号烽燧
小东沟10号烽燧
小东沟9号烽燧
小东沟8号烽燧
小东沟7号烽燧
小东沟6号烽燧
小东沟5号烽燧
小东沟4号烽燧
小东沟3号烽燧
小东沟2号烽燧
小东沟1号烽燧
小东沟长城1～5段
二道河
三道河
小碱滩1号烽燧
小碱滩2号烽燧
小碱滩3号烽燧
小碱滩4号烽燧
小永安昌长城1～2段
小三合玉长城
韩庆坝长城
什尔登
永和泉村
大召滩
此老格齐
新牛棋
豪赖山
黑沙兔1号烽燧
黑沙兔2号烽燧
黑沙兔3号烽燧
黑沙兔4号烽燧
小碱滩
小碱滩长城
沙湾子
白彦山长城
四合义长城
忽桶长城1～2段
白彦山
什兰哈达障城
卯独庆
沙湾子长城1～2段
小三合玉5号烽燧
小三合玉4号烽燧
小三合玉3号烽燧
小三合玉2号烽燧
小三合玉1号烽燧
大营盘长城
大营盘
水泉
黑沙兔
四合义1号烽燧
四合义2号烽燧
四合义3号烽燧
四合义4号烽燧
五道沟
魏家窑长城1～5段
魏家窑5号烽燧
魏家窑4号烽燧
魏家窑3号烽燧
魏家窑2号烽燧
魏家窑1号烽燧
魏家窑
四道沟
滴水淖
圪塔子村
大营盘1号烽燧
大营盘2号烽燧
大营盘3号烽燧
大营盘4号烽燧
大营盘5～6号烽燧
大营盘7号烽燧
大营盘8号烽燧
大营盘9号烽燧
大营盘10号烽燧
大营盘11号烽燧
大营盘12号烽燧
大青山乡
（乌兰不浪）
小永安昌1号烽燧
小永安昌2号烽燧
小永安昌3号烽燧
小永安昌4号烽燧
小永安昌5号烽燧
韩庆坝1号烽燧
韩庆坝2号烽燧
黑沙兔长城1～2段
什尔登1号烽燧
什尔登2号烽燧
什尔登3号烽燧
什尔登4号烽燧
二道凹
二道凹障城
二道凹长城
马家店长城
阴
山
嵉县窑2号烽燧
嵉县窑1号烽燧
嵉县窑子
嵉县窑长城
冯家窑
冯家窑1号障城
冯家窑2号障城
后榆树沟
山神庙
河南面
井尔沟
五道凹
土城梁
坝顶
毛林坝
大西湾
井儿沟烈士陵园
阿日班白兴
泉子沟
大青山金矿
坝顶长城1～2段
坝顶8号烽燧
坝顶7号烽燧
坝顶6号烽燧
坝顶5号烽燧
坝顶4号烽燧
坝顶3号烽燧
坝顶2号烽燧
坝顶1号烽燧
二道凹1号烽燧
二道凹2号烽燧
二道凹3号烽燧
二道凹4号烽燧
二道凹5号烽燧
二道凹6号烽燧
二道凹7号烽燧
二道凹8号烽燧
青
得胜沟革命遗址
西窑子
宫沟子
东窑子
柳沟门
木哈尔沟
井尔梁
大
哈拉沁
盘道
然
保
护
区
红山口
毫沁营
西梁
坝口子
彭顺营
乌素图水库
乌素图森林公园
新城区
呼和浩特市
2271 金銮殿山
乌素图召
攸攸板镇
店上
喇嘛洞
老道沟
霍寨
回民区
G6
G110
S104
0 2.5 5.0 7.5 千米

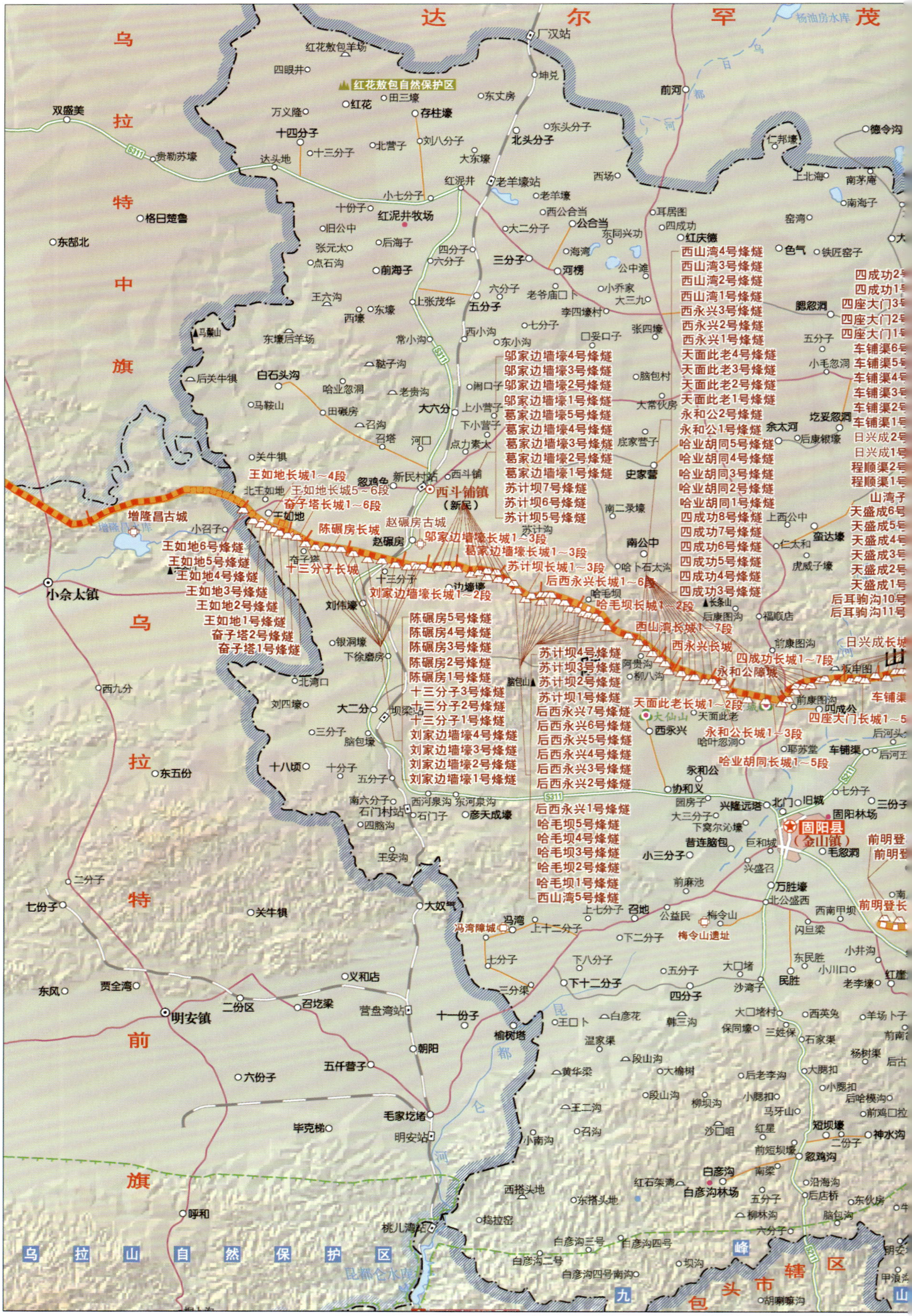

地图八　固阳县秦汉长城分布图

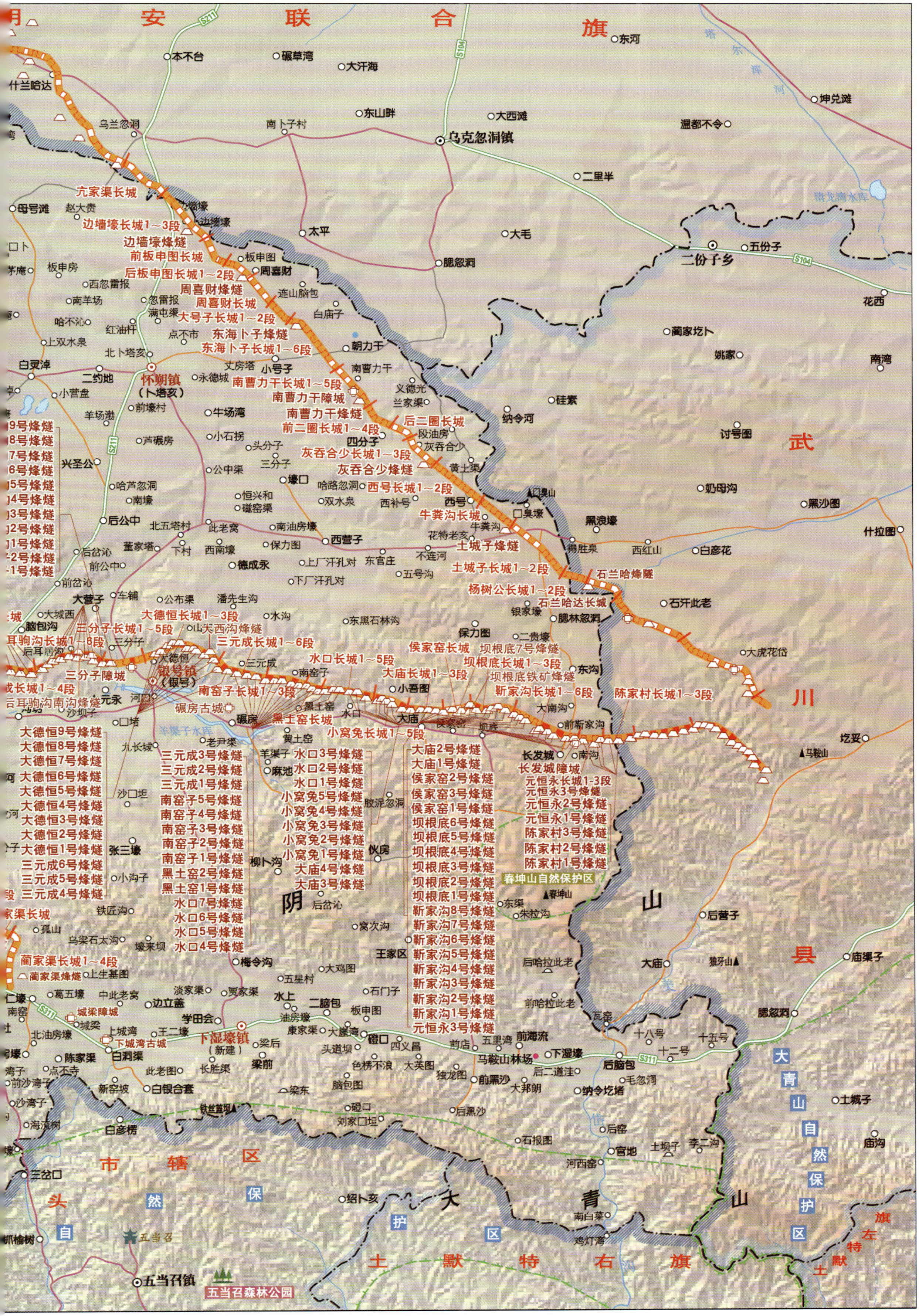

安
联
合
旗
S211
S104
东河
本不台
碱草湾
大圪海
什兰哈达
东山畔
大西滩
坤兑滩
乌兰忽洞
南卜子村
乌克忽洞镇
温都不令
二里半
亢家渠长城
母号滩
赵大贵
边墙壕长城1～3段
边墙壕
边墙壕烽燧
太平
大毛
五份子
前板申图长城
板申图
二份子乡
S104
板申房
后板申图长城1～2段
周喜财
腮忽洞
西忽雷报
周喜财烽燧
南羊场
忽雷报
周喜财长城
连山脑包
花西
满屯渠
大号子长城1～2段
白庙子
哈不沁
红油杆
点不市
东海卜子烽燧
蔺家圪卜
上双水泉
东海卜子长城1～6段
朝力干
北卜塔亥
白灵淖
丈房塔
小号子
南曹力干
姚家
南湾
二约地
怀朔镇
（卜塔亥）
永德城
南曹力干长城1～5段
义德光
小营盘
南曹力干障城
兰家渠
硅素
羊场渤
前壕村
牛场湾
南曹力干烽燧
纳令河
后二圈长城
讨号图
前二圈长城1～4段
段油房
武
芦硼房
小石拐
四分子
灰吞合少
兴圣公
头分子
灰吞合少长城1～3段
黄土渠
三分子
灰吞合少烽燧
公中渠
壕口
奶母沟
哈芦忽洞
哈路忽洞
西号长城1～2段
红泉山
南壕
恒兴和
双水泉
西号
黑沙图
磁窑渠
西补号
口泉壕
后公中
北五塔村
此老窝
南油房壕
牛粪沟长城
黑浪壕
什拉图
西营子
花特老亥
牛粪沟
董家塔
保力图
西红山
下村
西南壕
后岔沁
土城子烽燧
得胜泉
白彦花
前公中
德成永
上厂汗孔对
东官庄
不连河
土城子长城1～2段
石兰哈烽燧
五号沟
前岔沁
下厂汗孔对
杨树公长城1～2段
大营子
车铺
公布渠
潘生沟
石兰哈达长城
石汗此老
大城西
水沟
银家壕
腮林忽洞
大德恒长城1～3段
东黑石林沟
脑包沟
三分子长城1～5段
山大西沟烽燧
保力图
二贵壕
耳驹沟长城1～6段
三元成长城1～6段
侯家窑长城
坝根底7号烽燧
大虎花岱
后耳驹沟
三分子
大德恒
坝根底长城1～3段
三分子障城
三元成
水口长城1～5段
东沟
银号镇
（银号）
南窑子
大庙长城1～3段
坝根底铁矿烽燧
小香图
南窑子长城1～3段
新家沟长城1～6段
陈家村长城1～3段
川
元永
河口
黑土窑
水口
大南沟
碾房古城
碾房
黑土窑长城
大庙
侯家窑
坝底
前新家沟
口堵
羊渠子水库
老尹渠
黄土窑
小窝兔长城1～5段
圪妥
九长城
三元成3号烽燧
羊渠子
水口3号烽燧
大庙2号烽燧
长发城
南沟
马鞍山
三元成2号烽燧
麻池
水口2号烽燧
大庙1号烽燧
长发城障城
三元成1号烽燧
水口1号烽燧
侯家窑2号烽燧
元恒永长城1-3段
沙口垣
南窑子5号烽燧
小窝兔5号烽燧
侯家窑3号烽燧
元恒永3号烽燧
南窑子4号烽燧
小窝兔4号烽燧
胶泥忽洞
侯家窑1号烽燧
元恒永2号烽燧
南窑子3号烽燧
小窝兔3号烽燧
坝根底6号烽燧
元恒永1号烽燧
南窑子2号烽燧
小窝兔2号烽燧
坝根底5号烽燧
陈家村3号烽燧
张三壕
南窑子1号烽燧
小窝兔1号烽燧
伙房
坝根底4号烽燧
陈家村2号烽燧
黑土窑2号烽燧
柳卜沟
大庙4号烽燧
坝根底3号烽燧
陈家村1号烽燧
小沟子
黑土窑1号烽燧
大庙3号烽燧
坝根底2号烽燧
春坤山自然保护区
大德恒9号烽燧
大德恒8号烽燧
大德恒7号烽燧
大德恒6号烽燧
大德恒5号烽燧
大德恒4号烽燧
大德恒3号烽燧
大德恒2号烽燧
大德恒1号烽燧
三元成6号烽燧
三元成5号烽燧
三元成4号烽燧
水口7号烽燧
阴
后岔沁
坝根底1号烽燧
春坤山
铁匠沟
水口6号烽燧
新家沟8号烽燧
东渠
山
后营子
孤山
水口5号烽燧
窝次沟
新家沟7号烽燧
朱拉沟
乌梁石太沟
壕来坝
水口4号烽燧
王家区
新家沟6号烽燧
县
庙渠子
蔺家渠长城1～4段
梅令沟
新家沟5号烽燧
后哈拉此老
大庙
狼牙山
上生基图
大鸡图
新家沟4号烽燧
蔺家渠烽燧
五星村
新家沟3号烽燧
葛五壕
中此老窝
淡家渠
贾家渠
水上
石门子
新哈拉此老
边立盖
二脑包
新家沟2号烽燧
腮忽洞
S311
城梁障城
学田会
油房壕
板申图
新家沟1号烽燧
城梁
上城湾
王二壕
下湿壕镇
（新建）
梁后
康家渠
大康湾
窑口
元恒永3号烽燧
前海流
瓦窑
十八号
十五号
北油房壕
下城湾古城
四义昌
前店
五里湾
十二号
大
白润渠
头道坝
马鞍山林场
下湿壕
S311
陈家渠
梁前
色楞不浪
大英图
后脑包
青
点不寺
此老图
长胜渠
独龙图
后二道洼
毛忽洞
山
前沙湾子
新窝坡
白银合套
梁东
脑包图
前黑沙
大邦朗
纳令圪堵
土城子
自
沙湾子
铁兰宫蜀
硬口
后黑沙
海流树
白彦楞
刘家口垣
后窑
然
石报图
土坝子
李二沟
庙沟
市
辖
区
官地
三岔口
河西窑
保
头
然
保
绍卜亥
大
青
山
南白菜
护
旗
自
护
区
特
左
五当召
鸡灯湾
区
默
土
默
特
右
旗
柳树
五当召镇
五当召森林公园

0　3.5　7.0　10.5 千米

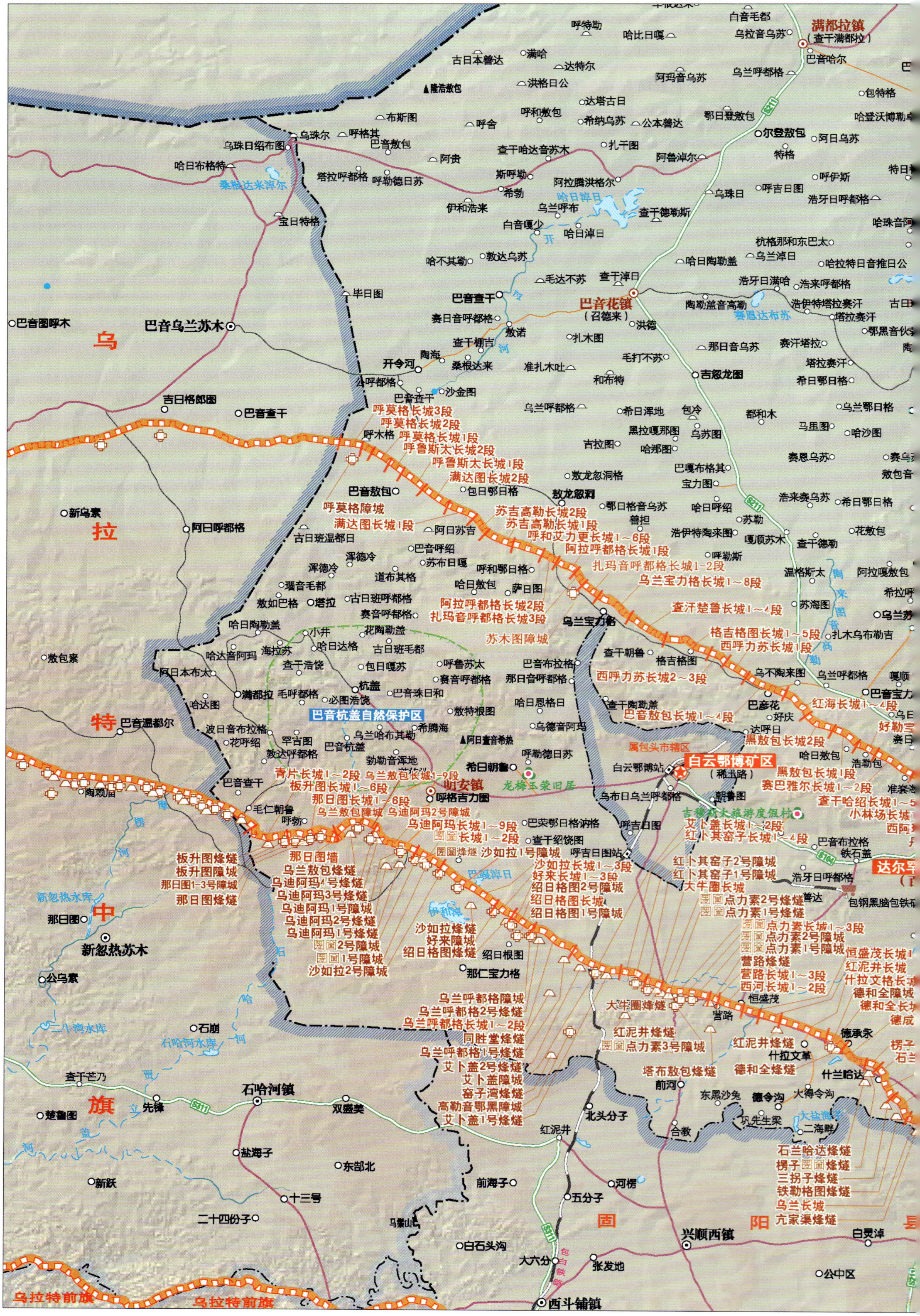

地图九　达尔罕茂明安联合旗汉长城分布图

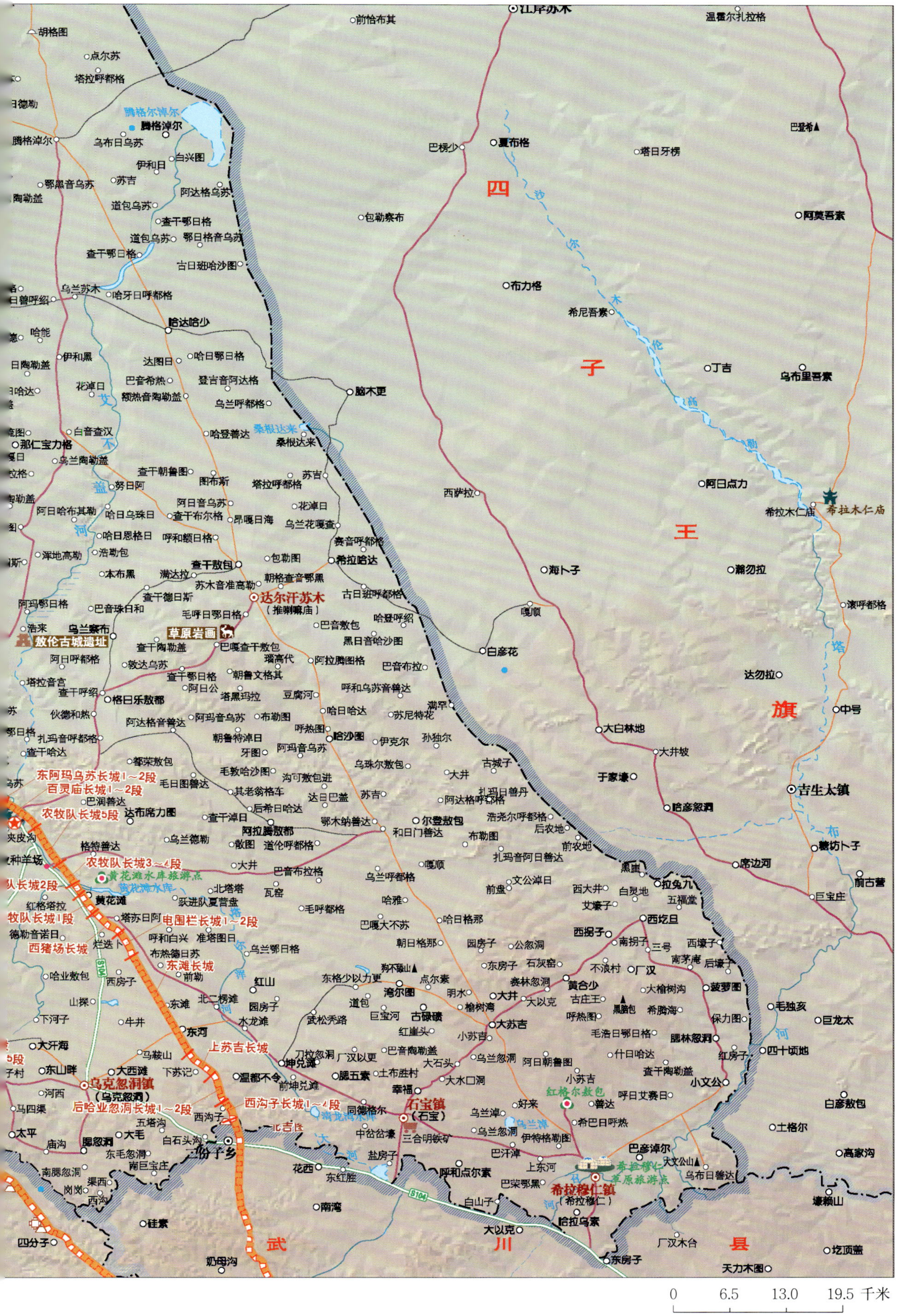
四
子
王
旗
武
川
县
江岸苏木
前恰布其
温霍尔扎拉格
胡格图
点尔苏
塔拉呼都格
腾格尔淖尔
腾格淖尔
乌布日乌苏
伊和日
白兴图
鄂黑音乌苏
苏吉
阿达格乌苏
道包乌苏
查干鄂日格
鄂日格音乌苏
古日班哈沙图
乌兰苏木
哈牙日呼都格
哈达哈少
哈能
伊和黑
达图日
哈日鄂日格
巴音希热
登吉音阿达格
花淖日
额热音陶勒盖
乌兰呼都格
脑木更
白音查汉
哈登普达
桑根达来
那仁宝力格
乌兰陶勒盖
查干朝鲁图
图布斯
塔拉呼都格
苏吉
努日阿
阿日音乌苏
花淖日
阿日哈布其勒
哈日乌珠日
查干布尔格
昂嘎日海
乌兰花嘎查
哈日恩格日
呼和额日格
赛音呼都格
浑地高勒
浩勒包
查干敖包
包勒图
希拉哈达
本布黑
满达拉
苏木音准高勒
朝格查音鄂黑
阿玛鄂日格
查干德日斯
达尔汗苏木
（推喇嘛庙）
古日班呼都格
巴音珠日和
毛呼日鄂日格
巴音敖包
哈登呼绍
嘎顺
乌兰察布
浩来
敖伦古城遗址
草原岩画
黑日音哈沙图
白彦花
查干陶勒盖
巴嘎查干敖包
阿日呼都格
瑙高代
阿拉腾图格
敦达乌苏
巴音布拉
塔拉音宫
查干鄂日格
朝鲁文格其
查干呼绍
阿日公
塔黑玛拉
豆腐河
呼和乌苏音普达
格日乐敖都
伙德和热
阿玛音乌苏
布勒图
哈日哈达
苏尼特花
阿达格音普达
满罕
呼热图
哈沙图
扎玛音呼都格
朝鲁特淖日
伊克尔
孙独尔
查干哈达
牙图
阿玛音乌苏
都荣敖包
乌珠尔敖包
古城子
毛敦哈沙图
沟可敖包进
大井
东阿玛乌苏长城1～2段
百灵庙长城1～2段
毛日图普达
其老翁格车
达日巴盖
苏吉
扎玛日普丹
巴润普达
后希日哈达
阿达格呼都格
农牧队长城5段
达布席力图
查干淖日
鄂木纳普达
尔登敖包
浩尧尔呼都格
阿拉腾敖都
和日门普达
后农地
乌兰德勒
散图
道伦呼都格
布勒图
前农地
格特普达
大井
扎玛音阿日普达
农牧队长城3～4段
巴音布拉格
嘎顺
黄花滩水库旅游点
黄花滩水库
北塔拉格
乌兰呼都格
文公淖日
黄花滩
瓦窑
前盘
跃进队夏营盘
毛呼都格
哈雅
哈日格那
塔苏日阿
电围栏长城1～2段
巴嘎大不苏
呼和白兴
准塔图日
朝日格那
园房子
公忽洞
乌兰鄂日格
西猪场长城
布热德日苏
东滩长城
东房子
石灰窑
狗不噎山
前勒
红山
东格少以力更
点尔素
西房子
哈业敖包
北二楞滩
湾尔图
明水
大井
山探
东滩
园房子
道包
榆树湾
大以克
下河子
牛井
水龙滩
武松秀路
巨宝河
古鲁碛
大苏吉
东河
红崖头
小苏吉
大阡海
上苏吉长城
马鞍山
刀拉敖洞
广汉以更
巴音陶勒盖
乌兰忽洞
阿日朝鲁图
大西滩
东山畔
下苏记
坤克滩
大石头
温都不令
腮五素
土布胜村
大水口洞
乌克忽洞镇
（乌克忽洞）
前坤兑滩
幸福
河西
后哈业忽洞长城1～2段
西沟子长城1～4段
同德格尔
石宝镇
（石宝）
好来
马四渠
西沟子
乌兰淖
太平
五塔沟
大毛
白石头沟
中岔岔壕
乌兰忽洞
三合明铁矿
庙沟
腮忽洞
二份子乡
盐房子
巴汗淖
东毛忽洞
南巨宝庄
南腮忽洞
花西
东红胜
阿和点尔素
上东河
南坝
渠西
西沟
南湾
巴荣鄂黑
白山子
硅素
大以克
四分子
奶母沟
夏布格
巴楞少
塔日牙楞
巴登希
阿莫吾素
包勒察布
布力格
希尼吾素
丁吉
乌布里吾素
阿日点力
希拉木仁庙
希拉木仁
西萨拉
海卜子
潮勿拉
滚呼都格
嘎顺
达勿拉
中号
大白林地
大井坡
于家壕
吉生太镇
哈彦忽洞
糖坊卜子
席边河
前古营
黑山
拉兔九
西大井
白灵地
五福堂
艾壕子
巨宝庄
西圪旦
西拐子
南拐子
三号
西壕子
南茅庵
后壕子
不浪村
厂汉
黄合少
大榆树沟
菠萝图
古庄王
毛独亥
巨龙太
呼热图
黑脑包
希腾海
保力图
毛浩日鄂日格
腮林忽洞
四十顷地
什日哈达
红房子
查干陶勒盖
小苏吉
红格尔敖包
小文公
呼日艾赛日
白彦敖包
普达
希巴日呼热
伊特格勒图
乌兰淖
土格尔
巴彦淖尔
大文公山
高家沟
希拉穆仁草原旅游点
乌布日普达
希拉穆仁镇
（希拉穆仁）
壕赖山
哈拉乌素
厂汉木台
圪顶盖
东房子
天力木图
沙
尔
木
伦
河
塔
布
河
艾
不
盖
河
大
河
0 6.5 13.0 19.5 千米

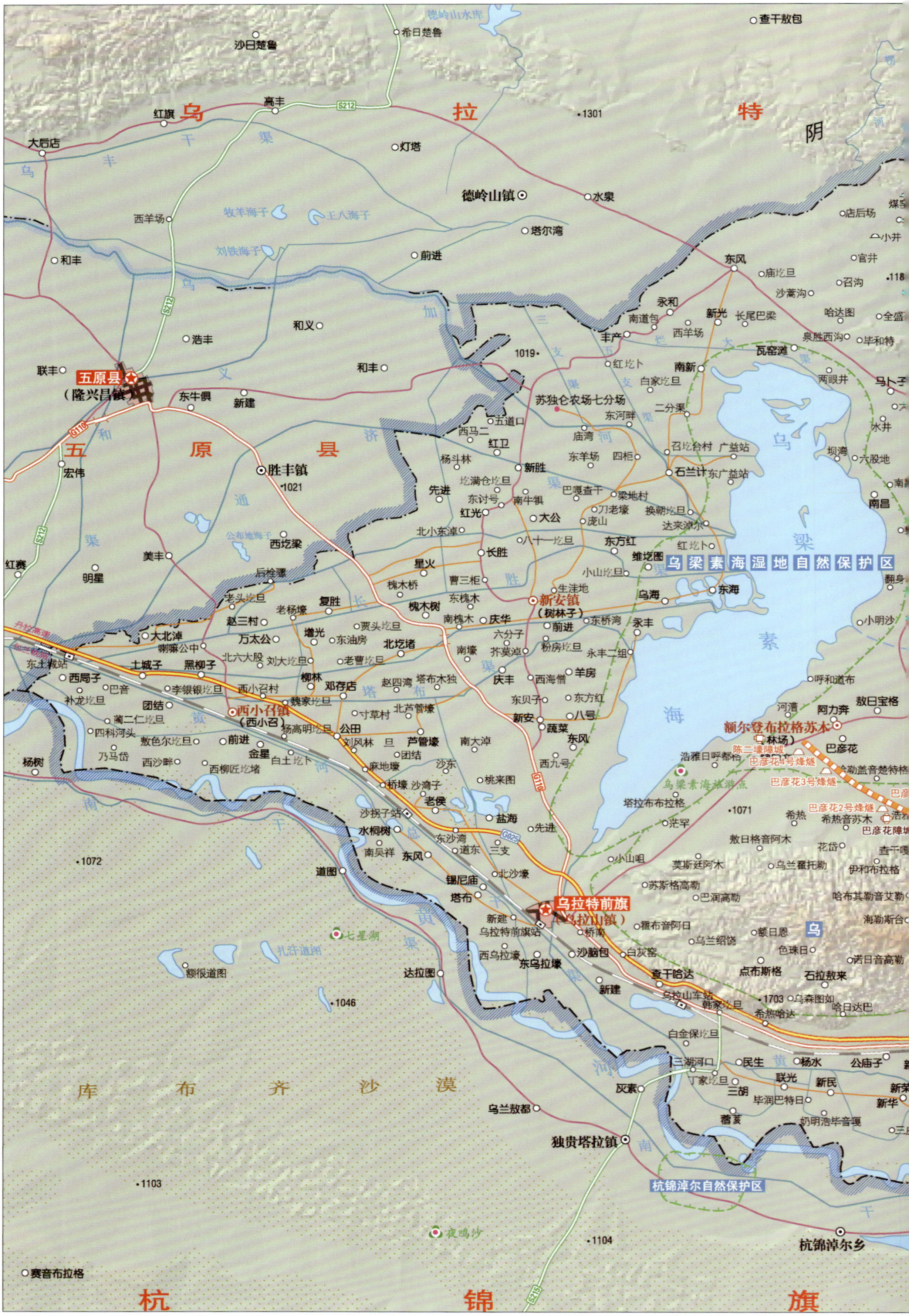

地图一〇　乌拉特前旗明安川汉长城分布图

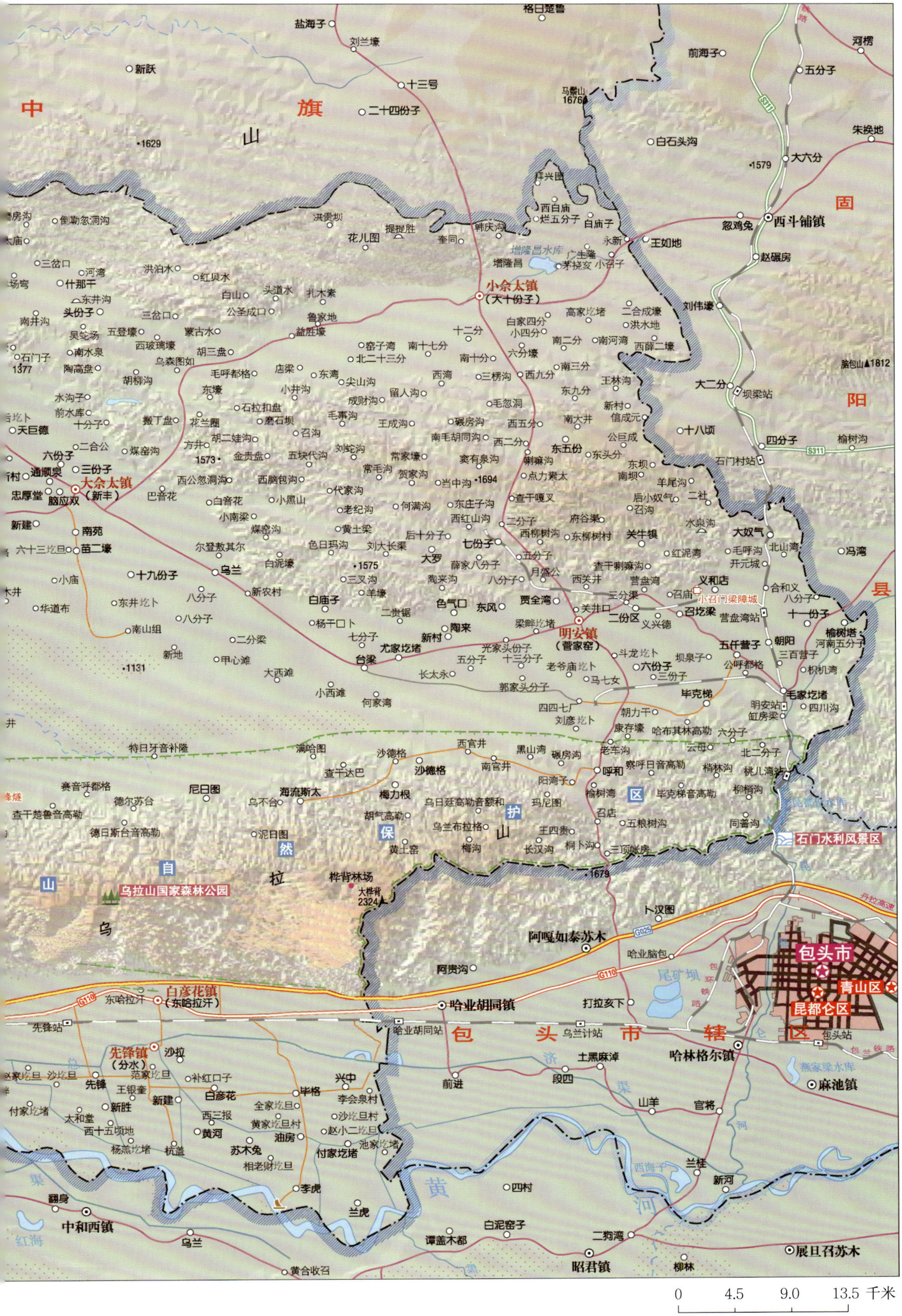

格日楚鲁
盐海子
刘兰壕
新跃
十三号
中
旗
二十四份子
山
•1629
马鬃山
1676
前海子
五分子
河楞
白石头沟
朱换地
•1579
大六分
固
西斗铺镇
忽鸡兔
赵碾房
刘伟壕
拜兴图
西白庙
烂五分子
白庙子
永新
王如地
增隆昌水库
增隆昌
广生隆
小召子
小佘太镇
（大十份子）
倒勒忽洞沟
洪贵坝
提挞胜
花儿图
奎同
韩庆沟
三岔口
什那干
洪泊水
红贝水
东井沟
头份子
白山
头道水
扎木素
三岔口
公圣成口
鲁家地
南井沟
五登壕
蒙古水
益胜壕
窑子湾
南十七分
十二分
白家四分
小四分
高家圪堵
二合成壕
洪水地
南二分
南河湾
西薛二壕
六分壕
石门子
1377
南水泉
西玻璃壕
乌森图如
胡三盘
北二十三分
南十分
南三分
陶高盘
胡柳沟
毛呼都格
店梁
东湾
尖山沟
西湾
三楞沟
西九分
王林沟
东九分
大二分
坝梁站
脑包山▲1812
阳
水沟子
前水库
东壕
小井沟
留人沟
成财沟
毛忽洞
新村
信成元
石拉扣盘
毛事沟
天巨德
十分子
搬丁盘
花兰圈
磨石坝
王成沟
碾房沟
西五分
南大井
十八顷
四分子
榆树沟
二合公
召沟
南毛胡同沟
西二分
公巨成
煤窑沟
胡二娃沟
刘蛇沟
东五份
东头分
六份子
方井
五块代沟
常家壕
窦有泉沟
喇嘛沟
石门村站
三份子
1573•
金贵盘
常毛沟
贾家沟
•1694
点力素太
东坝
通顺泉
大佘太镇
（新丰）
西公忽洞沟
西脑包沟
羊尾沟
南坝
忠厚堂
脑应双
巴音花
代家沟
尚中沟
查干嘎叉
后小奴气
二社
白音花
小黑山
老纪沟
何满沟
东庄子沟
府谷渠
召沟
新建
小南梁
西红山沟
二分子
水泉沟
南苑
煤窑沟
黄土梁
后十分子
西柳树沟
东柳树村
关牛犋
大奴气
六十三圪旦
苗二壕
尔登敖其尔
色日玛沟
刘大长渠
七份子
五分子
红泥湾
毛呼沟
北山湾
冯湾
大罗
薛家八分子
开元城
十九份子
乌兰
白泥壕
•1575
三叉沟
陶来沟
月盛公
查干刺麻沟
八分子
西关井
营盘湾
义和店
合和义
小庙
新农村
羊壕
营盘湾站
小召门梁障城
召吃梁
八分子
县
华道布
东井圪卜
白庙子
色气口
东风
贾全湾
三分渠
召庙
八分子
十一份子
八分子
杨干口卜
二贵锯
关井口
二份区
义兴德
榆树塔
河南五分子
南山组
二分梁
七分子
陶来
梁畔圪堵
明安镇
（营家窑）
斗龙圪卜
五仟营子
朝阳
新村
尤家圪堵
光家头份子
坝泉子
三百营子
•1131
新地
甲心滩
台梁
五分子
十三分子
老爷庙圪卜
六份子
公呼都格
枳机湾
大西滩
长太永
马七女
三份子
小西滩
何家湾
郭家头分子
毕克梯
毛家圪堵
四四七
朝力干
明安站
刘彦圪卜
缸房梁
四川沟
康存壕
哈布其林高勒
六分子
特日牙音补隆
满哈图
沙德格
西宫井
黑山湾
碾房沟
老车沟
云母
北二分子
查干达巴
南官井
沙德格
察呼日音高勒
梢林沟
桃儿湾站
赛音呼都格
尼日图
阳湾子
呼和
德尔苏台
海流斯太
梅力根
乌日廷高勒音额和
玛尼图
榆树湾
区
毕克梯音高勒
柳梢沟
查干楚鲁音高勒
乌不台
胡气高勒
护
召店
同普沟
保
乌兰布拉格
王四贵
五粮树沟
德日斯台音高勒
泥日图
然
黄土窑
梅沟
山
长汉沟
桐卜沟
三顶帐房
石门水利风景区
自
•1679
山
乌拉山国家森林公园
拉
桦背林场
大桦背
2324
卜汉图
乌
阿嘎如泰苏木
G025
包头市
哈业脑包
昆都仑区
青山区
阿贵沟
G110
尾矿坝
白彦花镇
（东哈拉汗）
东哈拉汗
哈业胡同镇
打拉亥下
G110
先锋站
哈业胡同站
包
头
市
辖
区
乌兰计站
包头站
哈林格尔镇
先锋镇
（分水）
沙拉
土默麻淖
燕家梁水库
麻池镇
沙圪旦
先锋
范家圪旦
补红口子
兴中
前进
段四
王银壹
白彦花
毕格
李会泉村
山羊
官将
付家圪堵
新胜
新建
全家圪旦
太和堂
西三报
黄家圪旦村
沙圪旦村
西十五顷地
黄河
赵小二圪旦
杨蒜圪堵
杭盖
苏木兔
油房
池家圪堵
付家圪堵
兰桂
相老财圪旦
西海子
新河
李虎
黄
四村
翻身
中和西镇
兰虎
河
红海
乌兰
谭盖木都
白泥窑子
二狗湾
展旦召苏木
黄合收召
昭君镇
柳林
0
4.5
9.0
13.5
千米

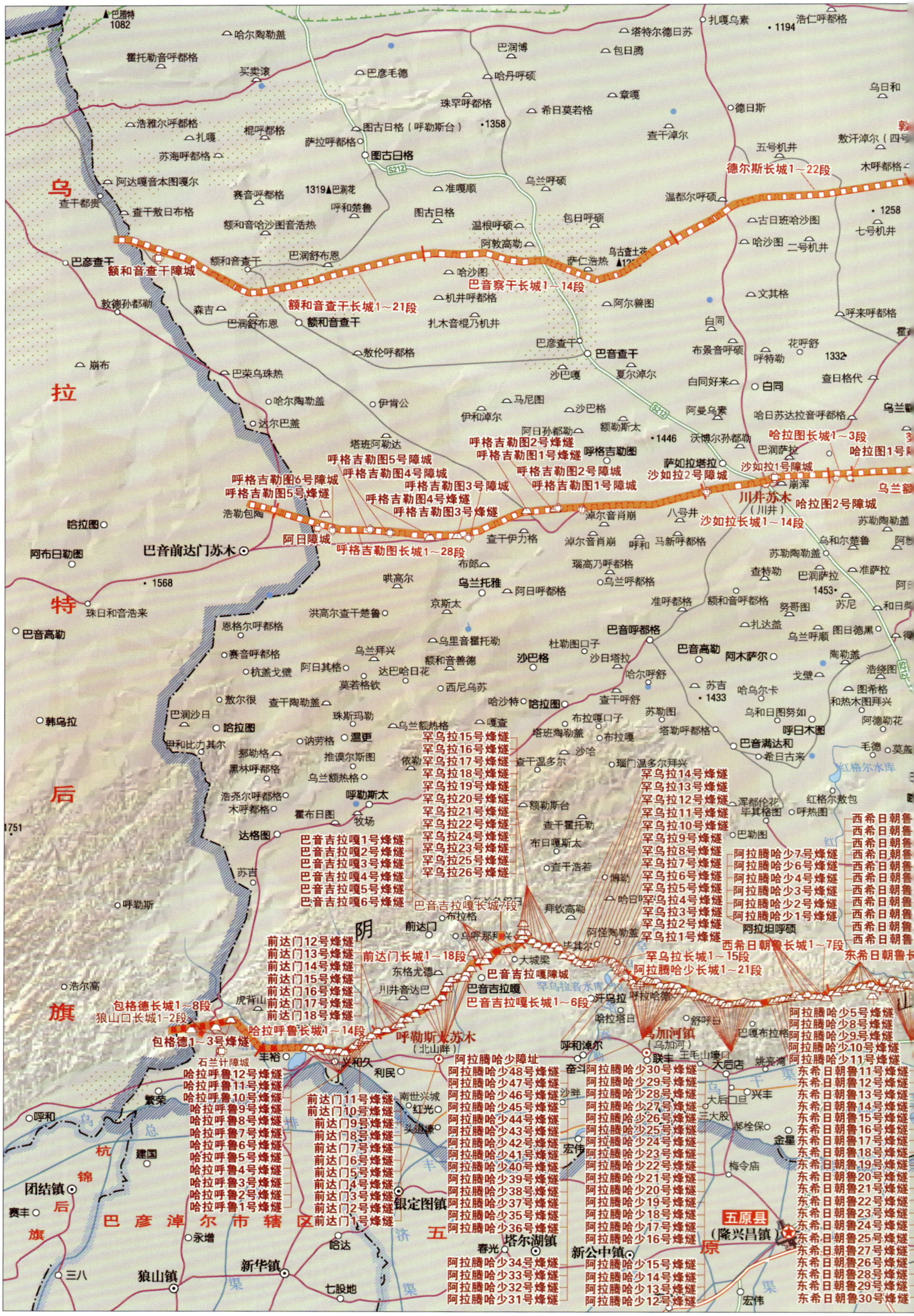

地图一一　乌拉特前旗、乌拉特中旗秦汉长城分布图

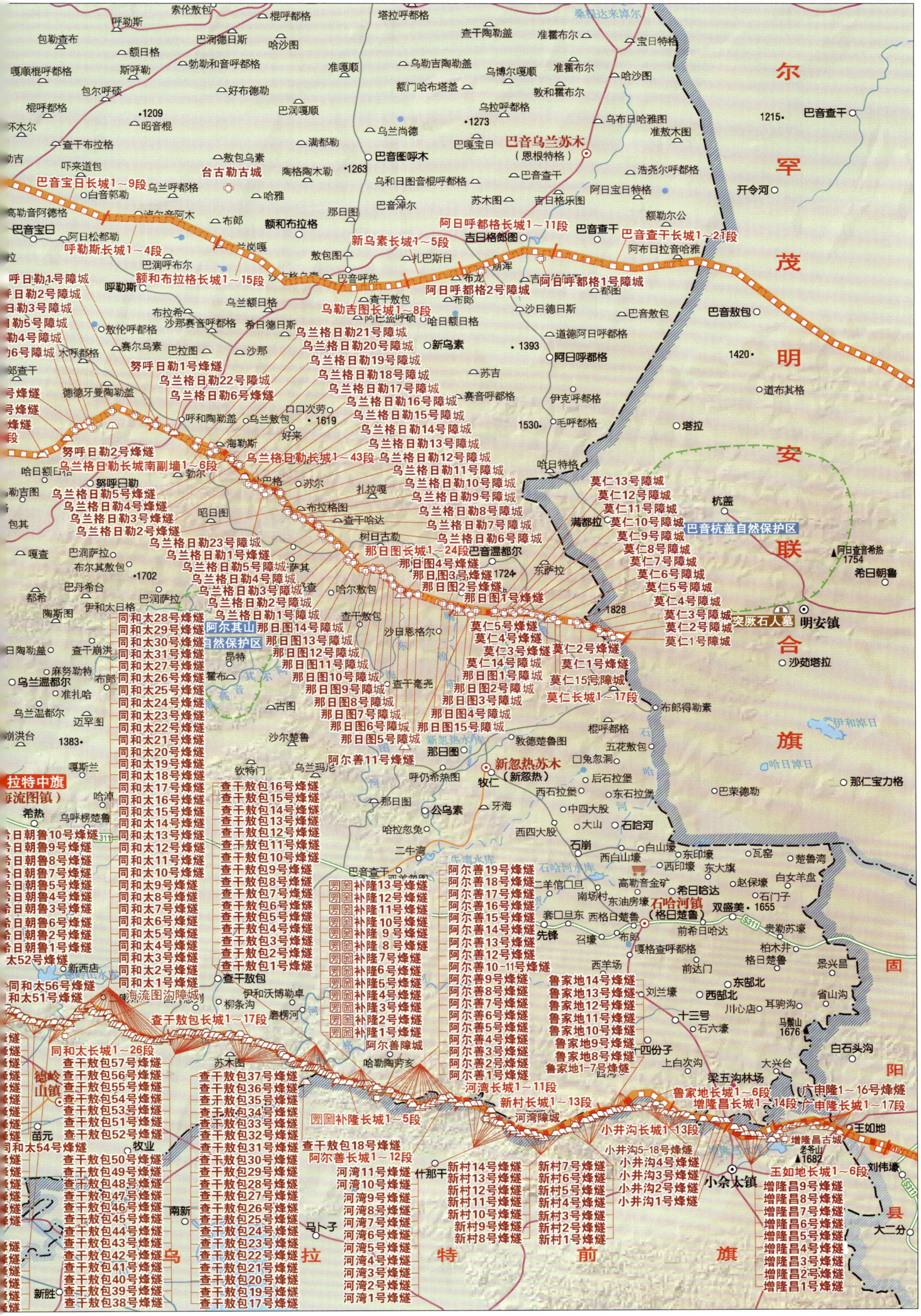

0　　6.5　　13.0　　19.5 千米

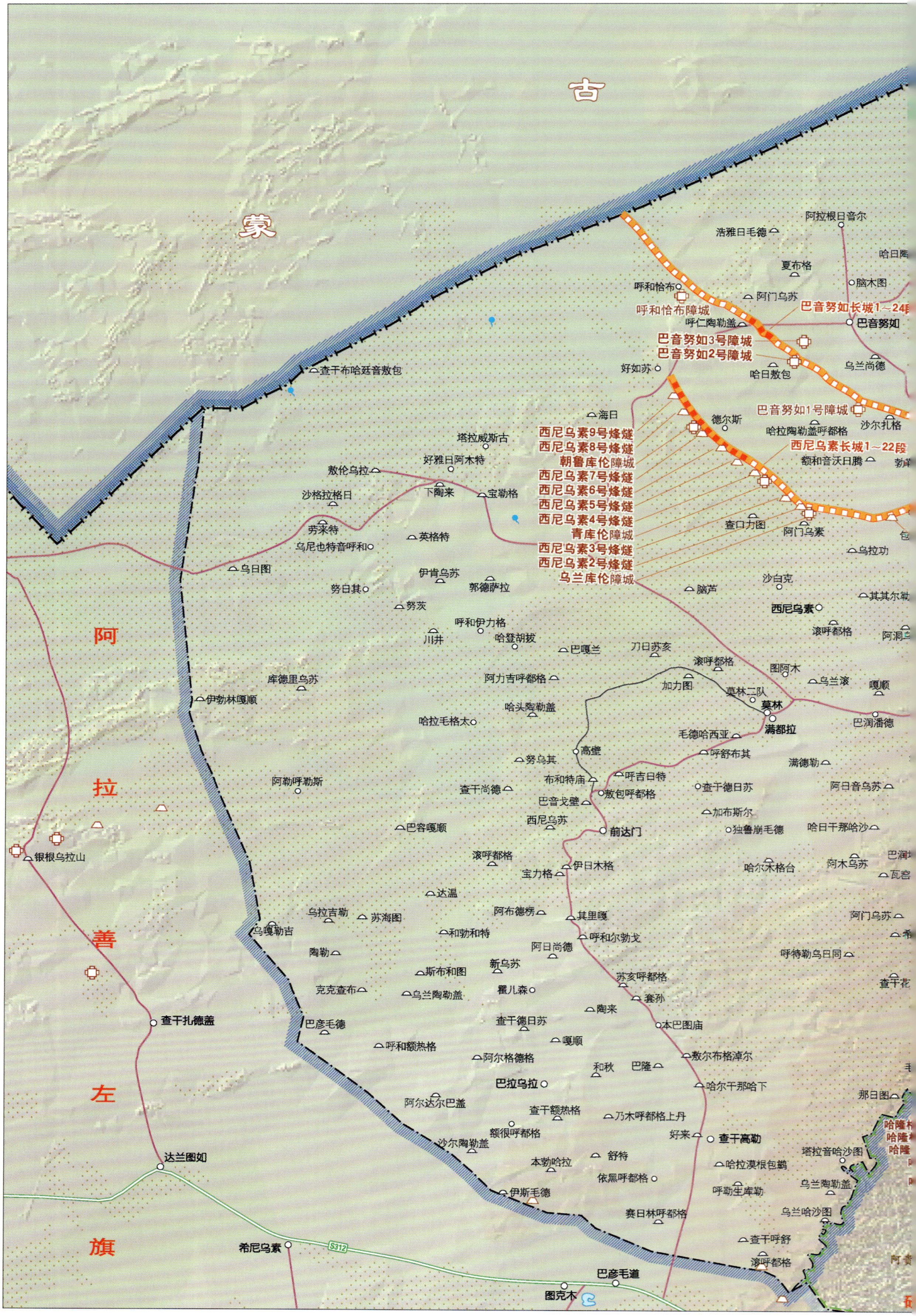

地图一二　乌拉特后旗秦汉长城分布图

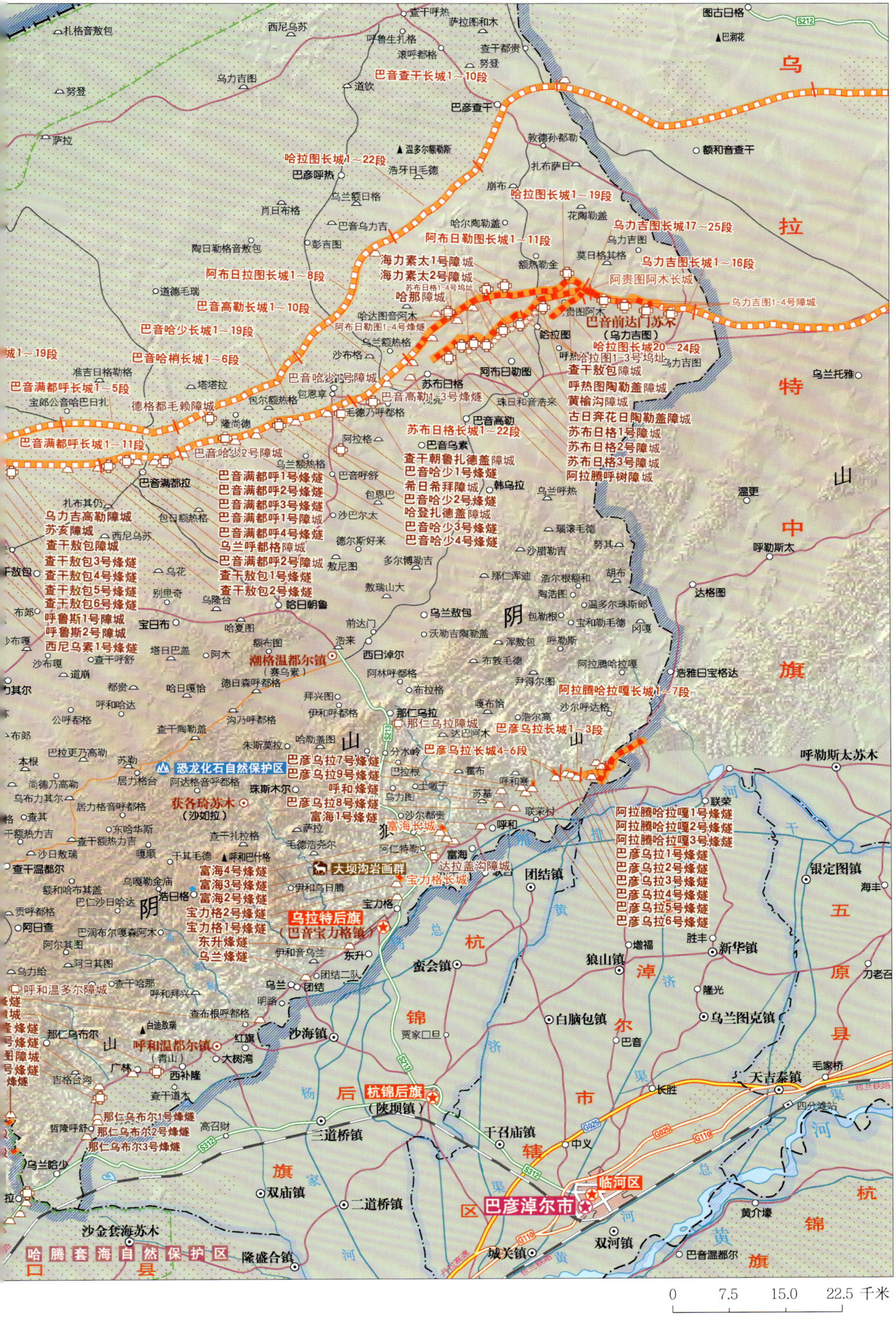
乌拉特中旗
五原县
杭锦后旗
杭锦旗
临河区
巴彦淖尔市
乌拉特后旗
（巴音宝力格镇）
杭锦后旗
（陕坝镇）
潮格温都尔镇
（赛乌素）
获各琦苏木
（沙如拉）
呼和温都尔镇
（青山）
巴音前达门苏木
（乌力吉图）
阴山
狼山
杭锦淖尔
哈腾套海自然保护区
恐龙化石自然保护区
大坝沟岩画群
巴音查干长城1～10段
哈拉图长城1～22段
哈拉图长城1～19段
乌力吉图长城17～25段
乌力吉图长城1～16段
阿贵图阿木长城
乌力吉图1-4号障城
阿布日勒图长城1～11段
海力素太1号障城
海力素太2号障城
哈那障城
阿布日拉图长城1～8段
巴音高勒长城1～10段
巴音哈少长城1～19段
巴音哈梢长城1～6段
巴音满都呼长城1～5段
巴音满都呼长城1～11段
德格都毛赖障城
哈拉图长城20～24段
查干敖包障城
呼热图陶勒盖障城
黄榆沟障城
古日奔花日陶勒盖障城
苏布日格1号障城
苏布日格2号障城
苏布日格3号障城
阿拉腾呼树障城
苏布日格长城1～22段
查干朝鲁扎德盖障城
巴音哈少1号烽燧
希日希拜障城
巴音哈少2号烽燧
哈登扎德盖障城
巴音哈少3号烽燧
巴音哈少4号烽燧
巴音满都呼1号烽燧
巴音满都呼2号烽燧
巴音满都呼3号烽燧
巴音满都呼1号障城
巴音满都呼4号烽燧
乌兰呼都格障城
巴音满都呼2号障城
查干敖包1号烽燧
查干敖包2号烽燧
乌力吉高勒障城
苏亥障城
查干敖包障城
查干敖包3号烽燧
查干敖包4号烽燧
查干敖包5号烽燧
查干敖包6号烽燧
呼鲁斯1号障城
呼鲁斯2号障城
西尼乌素1号烽燧
阿拉腾哈拉嘎长城1～7段
巴彦乌拉长城1～3段
巴彦乌拉长城4～6段
那仁乌拉障城
巴彦乌拉7号烽燧
巴彦乌拉9号烽燧
呼和烽燧
巴彦乌拉8号烽燧
富海1号烽燧
富海长城
达拉盖沟障城
宝力格长城
富海4号烽燧
富海3号烽燧
富海2号烽燧
宝力格2号烽燧
宝力格1号烽燧
东升烽燧
乌兰烽燧
呼和温多尔障城
那仁乌布尔1号烽燧
那仁乌布尔2号烽燧
那仁乌布尔3号烽燧
阿拉腾哈拉嘎1号烽燧
阿拉腾哈拉嘎2号烽燧
阿拉腾哈拉嘎3号烽燧
巴彦乌拉1号烽燧
巴彦乌拉2号烽燧
巴彦乌拉3号烽燧
巴彦乌拉4号烽燧
巴彦乌拉5号烽燧
巴彦乌拉6号烽燧
巴彦查干
额和音查干
图古日格
乌兰托雅
温更
呼勒斯太
达格图
浩雅日宝格达
呼勒斯太苏木
银定图镇
新华镇
乌兰图克镇
天吉泰镇
团结镇
蛮会镇
狼山镇
白脑包镇
沙海镇
三道桥镇
干召庙镇
双庙镇
二道桥镇
隆盛合镇
城关镇
双河镇
沙金套海苏木
黄介壕
巴音温都尔
总排干
黄河
G110
G6
S212
S312
0 7.5 15.0 22.5 千米

彩图一　东石咀烽燧（南—北）

彩图二　西石咀烽燧（北—南）

彩图三　杨合窑烽燧（东—西）

彩图四　兴窑沟 1 号烽燧（东—西）

彩图五　兴窑沟 1 号烽燧墩台（西南—东北）

彩图六　兴窑沟长城（西—东）

彩图七　兴窑沟长城墙体西端点（东—西）

彩图八　兴窑沟 2 号烽燧（北—南）

彩图九　北银子沟烽燧（南—北）

彩图一〇　陶卜窑烽燧
（西南—东北）

彩图一一　兴窑子烽燧
（南—北）

彩图一二　大同窑古城南墙
（东南—西北）

彩图一三　大同窑古城采集涡纹半瓦当

彩图一四　韩家营长城（东—西）

彩图一五　韩家营烽燧（东—西）

彩图一六　新民村长城 2 段墙体豁口（东南—西北）

彩图一七　新民村长城 2 段（东—西）

彩图一八　北沙滩长城（东—西）

彩图一九　北沙滩烽燧采集陶片

彩图二〇　芦苇沟 2 号烽燧（东—西）

彩图二一　西湾 3 号烽燧（东北—西南）

彩图二二　二道营长城（东—西）

彩图二三　二道营 1 号烽燧（东—西）

彩图二四　二道营障城（东—西）

彩图二五　店子长城（东—西）

彩图二六　店子 1 号烽燧（北—南）

彩图二七　店子 2 号烽燧（东—西）

彩图二八　店子 4 号烽燧（西—东）

彩图二九　店子4号烽燧墩台断面夯层（南—北）

彩图三〇　店子障城（北—南）

彩图三一　喇嘛营 2 号烽燧（南—北）

彩图三二　喇嘛营 4 号烽燧（西—东）

彩图三三　喇嘛营障城（东—西）

彩图三四　喇嘛营 6 号烽燧（北—南）

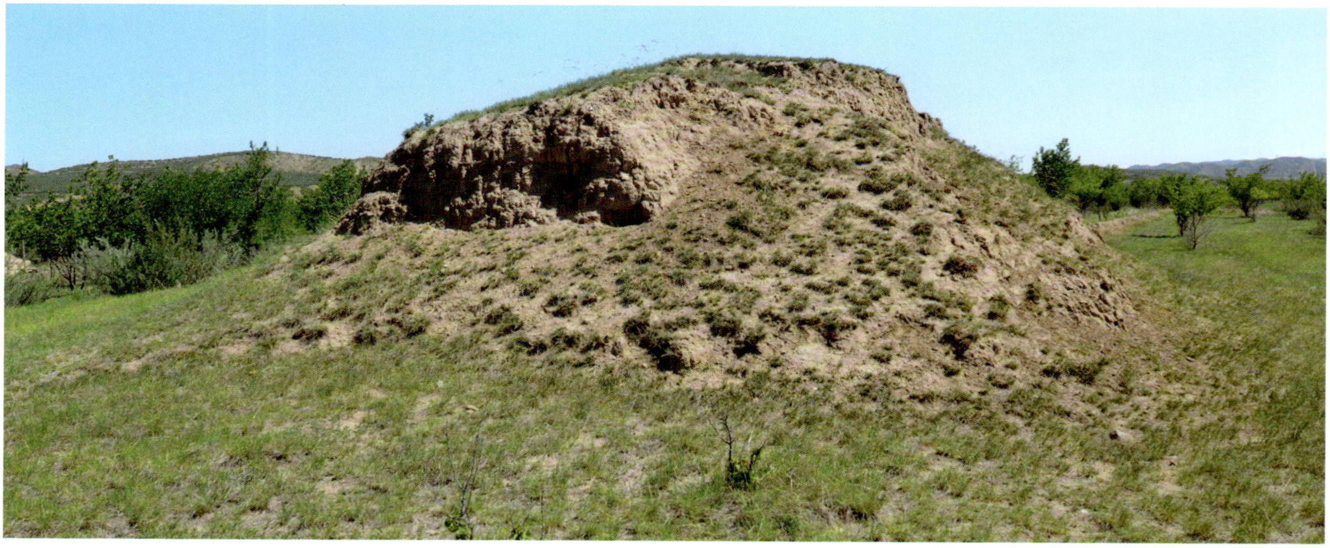

彩图三五　白家营 1 号烽燧（东—西）

彩图三六　白家营障城（东南—西北）

彩图三七　白家营障城内的台基和烽燧（南—北）

彩图三八　白家营障城内烽燧（北—南）

彩图三九　卢家营 1 号烽燧（南—北）

彩图四〇　卢家营 3 号烽燧（南—北）

彩图四一　卢家营 5 号烽燧（南—北）

彩图四二　卢家营 5 烽燧西北侧墙体（南—北）

彩图四三　葛胡夭 1 号烽燧（东南—西北）

彩图四四　葛胡夭 2 号烽燧（西—东）

彩图四五　张麻沟烽燧（南—北）

彩图四六　梁尾烽燧（南—北）

彩图四七　营盘嘴 2 号烽燧（北—南）

彩图四八　东马道沟 2 号烽燧（南—北）

彩图四九　孤山远景（南—北）

彩图五〇　乌拉哈乌拉长城东侧山脊墙体东北支线（西南—东北）

彩图五一　乌拉哈乌拉长城南侧山脊墙体（南—北）

彩图五二　乌拉哈乌拉障城墙体夯层（东—西）

彩图五三　乌拉哈乌拉障城墙体上的排水洞（南—北）

彩图五四　黄旗海北岸长城 1 段墙体局部（西北—东南）

彩图五五　礼拜寺烽燧（西—东）

彩图五六　纳令沟 1 号烽燧（西—东）

彩图五七　四合义烽燧（东南—西北）

彩图五八　口子长城1段（东南—西北）

彩图五九　口子1号障城（东南—西北）

彩图六〇　黑沟长城1段（西北—东南）

彩图六一　黑沟长城1段（西南—东北）

彩图六二　黑沟 2 号障城采集卷云纹瓦当

彩图六三　黑沟 2 号障城采集铁锸

彩图六四　黑沟长城 3 段（西南—东北）

彩图六五　黑沟长城 3 段（东北—西南）

彩图六六　黑沟 5 号烽燧（南—北）

彩图六七　黑沟 8 号烽燧（北—南）

彩图六八　东房子 1 号烽燧墩台（北—南）

彩图六九　东房子 1 号烽燧长方形台体（西北—东南）

彩图七〇　东房子3号烽燧墩台、长方形台体和积薪垛的分布情况（西南—东北）

彩图七一　三岔口长城1段（东—西）

彩图七二　三岔口长城3段（东北—西南）

彩图七三　聚金店长城2段（西—东）

彩图七四　四柜烽燧（东北—西南）

彩图七五　河西长城（西—东）

彩图七六　白银不浪障城（东北—西南）

彩图七七　白银不浪障城南墙（东南—西北）

彩图七八　坝梁长城（东南—西北）

彩图七九　南土城障城远景（北—南）

彩图八〇　口子古城西南角（西南—东北）

彩图八一　口子古城东墙（南—北）

彩图八二　双古城古城西北角台（西—东）

彩图八三　双古城古城西墙（北—南）

彩图八四　圪林沟 2 号烽燧（南—北）

彩图八五　后德胜 1 号烽燧（北—南）

彩图八六　后德胜 1 号烽燧（东北—西南）

彩图八七　后德胜长城1段（南—北）

彩图八八　后德胜2号烽燧（东—西）

彩图八九　后德胜长城 3 段（南—北）

彩图九〇　后德胜长城 3 段（北—南）

彩图九一　后德胜 3 号烽燧（东—西）

彩图九二　芦家窑障城远景（东北—西南）

彩图九三　巴安兔沟长城 1 段 (东南—西北)

彩图九四　巴安兔沟 1 号烽燧（东南—西北）

彩图九五　巴安兔沟 2 号烽燧（东南—西北）

彩图九六　巴安兔沟 4 号烽燧（北—南）

彩图九七　巴安兔沟 6 号烽燧（西—东）

彩图九八　东脑包长城（北—南）

彩图九九　东脑包 1 号烽燧（东南—西北）

彩图一〇〇　东脑包 6 号烽燧（南—北）

彩图一〇一　牛路沟 1 号烽燧（西南—东北）

彩图一〇二　牛路沟 2 号烽燧（西南—东北）

彩图一〇三　北坝 3 号烽燧（东南—西北）

彩图一〇四　北坝 4 号烽燧（西南—东北）

彩图一〇五　双脑包 1 号烽燧（东南—西北）

彩图一〇六　双脑包 2 号烽燧（西南—东北）

彩图一〇七　小土城障城远景（东南—西北）

彩图一〇八　头道泉 4 号烽燧（南—北）

彩图一〇九　头道泉长城 2 段（南—北）

彩图一一〇　头道泉 5 号烽燧（东南—西北）

彩图一一一　头道泉 6 号烽燧（南—北）

彩图一一二　头道泉 2 号烽燧（东北—西南）

彩图一一三　土城子长城 1 段（东南—西北）

彩图一一四　脑包湾障城南墙（北—南）

彩图一一五　脑包湾烽燧（西北—东南）

彩图一一六　中营子长城 1 段（东南—西北）

彩图一一七　中营子 1 号烽燧（西南—东北）

彩图一一八　中营子 2 号烽燧（北—南）

彩图一一九　中营子长城 2 段（东北—西南）

彩图一二〇　北营子长城 1 段（东—西）

彩图一二一　北营子 1 号烽燧（东北—西南）

彩图一二二　北营子 1 号烽燧（北—南）

彩图一二三　北营子 3 号烽燧（东北—西南）

彩图一二四　上三道营长城 2 段（西—东）

彩图一二五　三道营古城东城东墙（南—北）

彩图一二六　三道营古城南城西南角角台残迹（东北—西南）

彩图一二七　不浪沟古城全景

彩图一二八　左卫窑古城西墙（北—南）

彩图一二九　左卫窑古城西南角城墙（南—北）

彩图一三〇　灰腾梁草原

彩图一三一　桌子山障城远景（西北—东南）

彩图一三二　桌子山障城航片

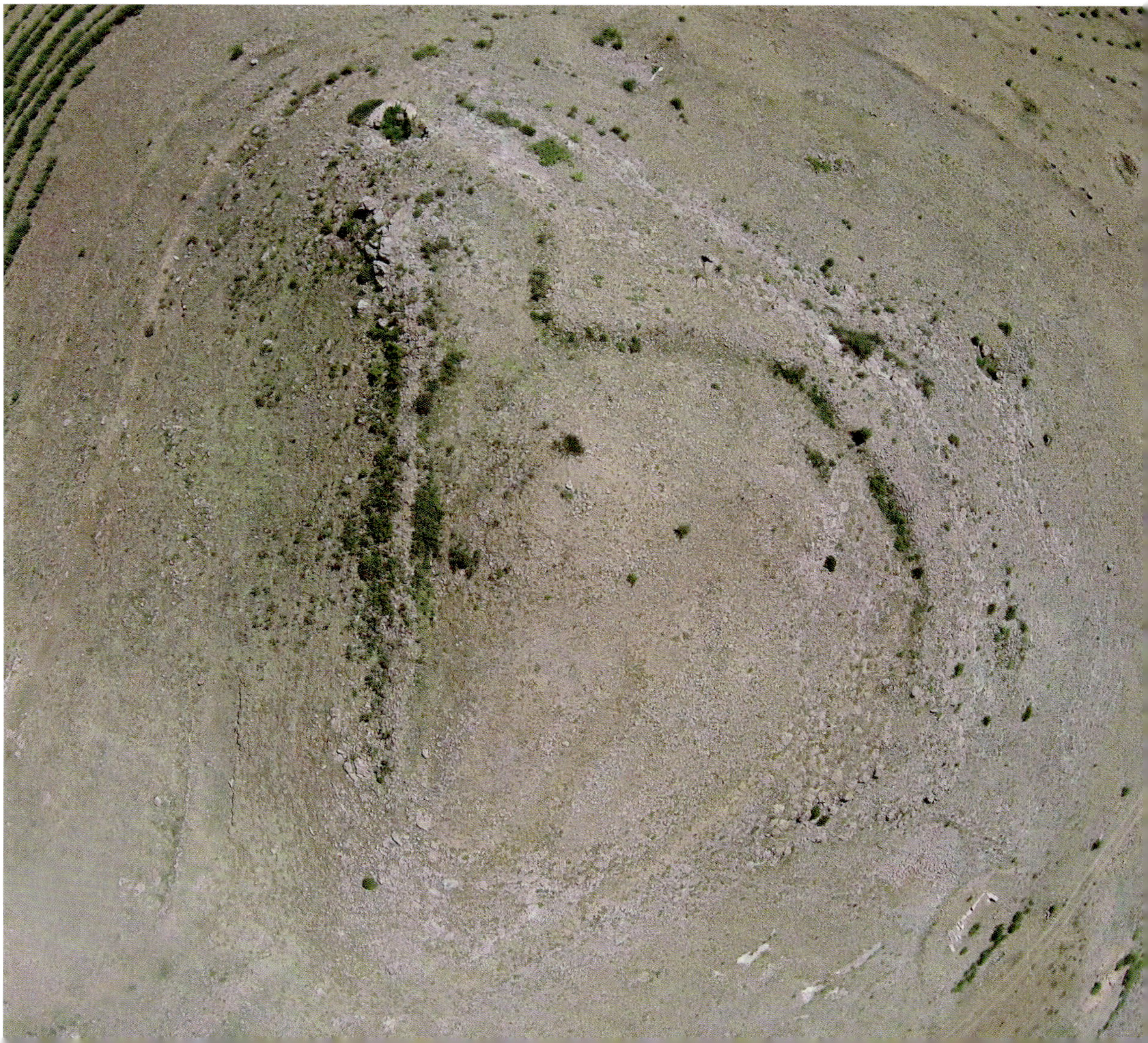

彩图一三三　小桌子山烽燧航片

彩图一三四　十股地长城 1 段（西—东）

彩图一三五　十股地 2 号烽燧（东南—西北）

彩图一三六　栗家堂长城 2 段（北—南）

彩图一三七　栗家堂长城 2 段（西南—东北）

彩图一三八　栗家堂 6 号烽燧（南—北）

彩图一三九　三盖脑包 1 号烽燧（西北—东南）

彩图一四〇　三盖脑包障城远景（东南—西北）

彩图一四一　三盖脑包障城与长城墙体（东北—西南）

彩图一四二　杏桃沟长城 1 段（西南—东北）

彩图一四三　杏桃沟长城 1 段（东北—西南）

彩图一四四　杏桃沟长城 1 段（西南—东北）

彩图一四五　杏桃沟长城 3 段（东北—西南）

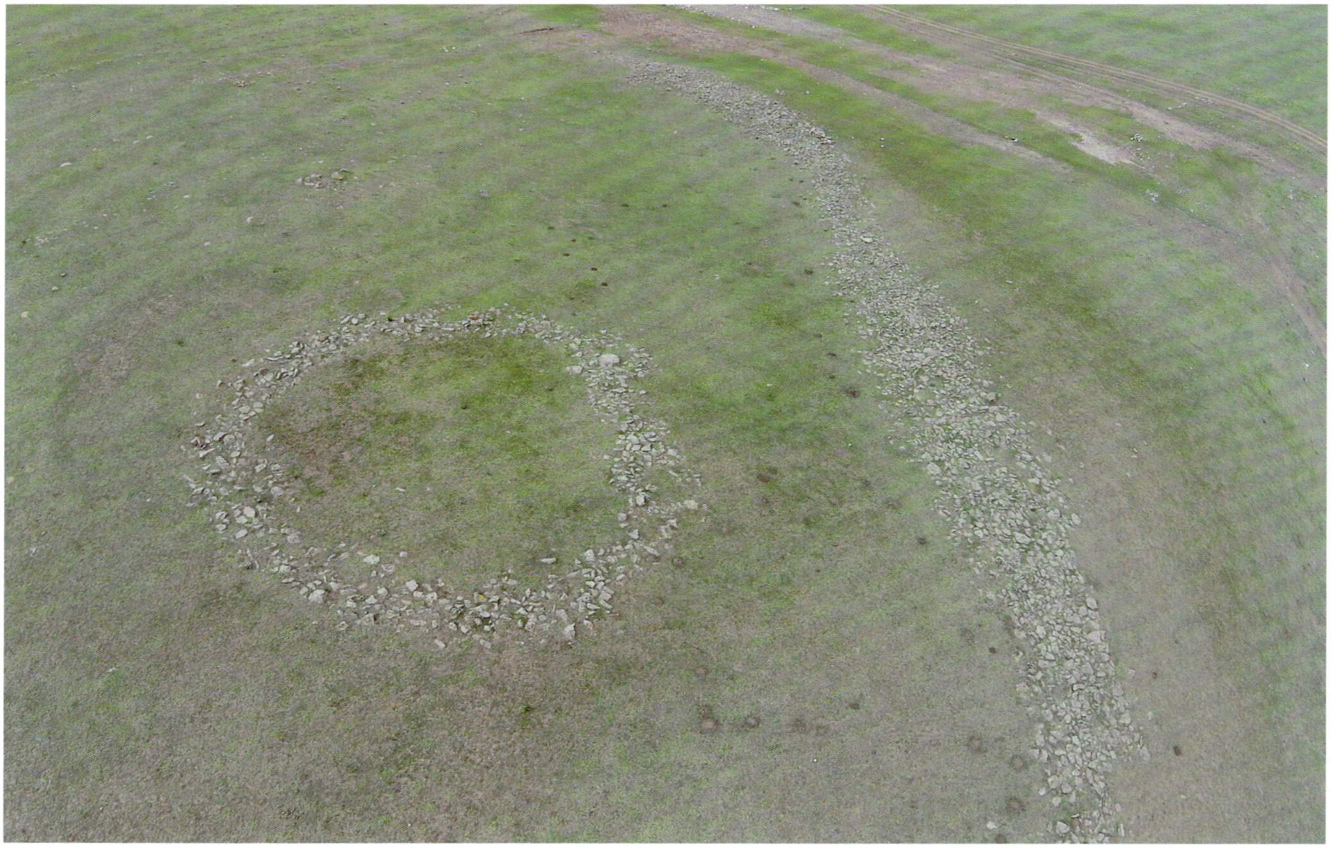

彩图一四六　杏桃沟长城 3 段与杏桃沟坞址航拍

彩图一四七　杏桃沟长城 3 段（东南—西北）

彩图一四八　杏桃沟 6 号烽燧（西南—东北）

彩图一四九　五道沟长城 2 段（东南—西北）

彩图一五〇　测量五道沟 2 号烽燧坞墙（西北—东南）

彩图一五一　五道沟障城遭破坏南墙（南—北）

彩图一五二　五道沟 3 号烽燧及五道沟长城 2 段墙体航拍

彩图一五三　新教滩 3 号烽燧（南—北）

彩图一五四　隆胜义 2 号烽燧（西南—东北）

彩图一五五　宏盘长城（西南—东北）

彩图一五六　宏盘 2 号烽燧（北—南）

彩图一五七　大西沟 2 号烽燧（南—北）

彩图一五八　蓿麻湾 1 号烽燧（西北—东南）

彩图一五九　大阳卜障城远景（西北—东南）

彩图一六〇　大阳卜6号烽燧（南—北）

彩图一六一　独贵坝障城远景（西南—东北）

彩图一六二　米家湾烽燧远景（北—南）

彩图一六三　口子障城石砌墙体（西北—东南）

彩图一六四　永胜堂障城远景（东南—西北）

彩图一六五　大东沟烽燧墩台局部石砌墙体（南—北）

彩图一六六　圪料坝烽燧残存墩台及外侧壕沟（西南—东北）

彩图一六七　边墙长城1段（东—西）

彩图一六八　水磨长城 1 段（西南—东北）

彩图一六九　水磨长城 2 段（南—北）

彩图一七〇　二道凹长城墙体东端起点（西—东）

彩图一七一　二道凹 4 号烽燧（东北—西南）

彩图一七二　二道凹 6 号烽燧（东—西）

彩图一七三　二道凹 7 号烽燧（南—北）

彩图一七四　坝顶长城 2 段（东北—西南）

彩图一七五　坝顶 1 号烽燧（西—东）

彩图一七六　坝顶 6 号烽燧（南—北）

彩图一七七　坝顶7号烽燧（东南—西北）

彩图一七八　马家店长城（西南—东北）

彩图一七九　小坝子长城（南—北）

彩图一八〇　庙沟土城子古城航拍

彩图一八一　庙沟土城子古城远景（西南—东北）

彩图一八二　下城湾古城北墙（西—东）

彩图一八三　石家渠长城（西—东）

彩图一八四　奴气梁长城 2 段（东北—西南）

彩图一八五　红泥井长城 2 段（西—东）

彩图一八六　前明登 2 号烽燧（东—西）

彩图一八七　梅令山遗址（北—南）

彩图一八八　冯湾障城内部（西—东）

彩图一八九　小召门梁障城凸出的主障（西北—东南 ）

彩图一九〇　石门（南—北）

彩图一九一　石门以北的石门沟（东南—西北）

彩图一九二　五当沟烽燧（西南—东北）

彩图一九三　缸房地长城2段（北—南）

彩图一九四　官牛犋遗址（东北—西南）

彩图一九五　爬榆树烽燧（北—南）

彩图一九六　石人壕烽燧（东南—西北）

彩图一九七　海流树烽燧（东—西）

彩图一九八　沙湾子烽燧（东南—西北）

彩图一九九　营洞山长城（东—西）

彩图二〇〇　昆都仑沟遗址（南—北）

彩图二〇一　昆都仑沟遗址采集陶片及动物骨骼

彩图二〇二　套路壕遗址夯土台基西侧断壁（西—东）

彩图二〇三　巴彦花长城 3 段（南—北）

彩图二〇四　陈二壕障城（西南—东北）

彩图二〇五　塔利古城内城东墙（南—北）

彩图二〇六　塔利古城外城西墙（南—北）

彩图二〇七　什拉哈达障城远景（东北—西南）

彩图二〇八　八拜古城北墙（西—东）

彩图二〇九　西达赖营古城南墙（东—西）

彩图二一〇　沙梁子古城航拍（南—北）

彩图二一一　拐子上古城远景（东南—西北）

彩图二一二　拐子上古城北墙（东—西）

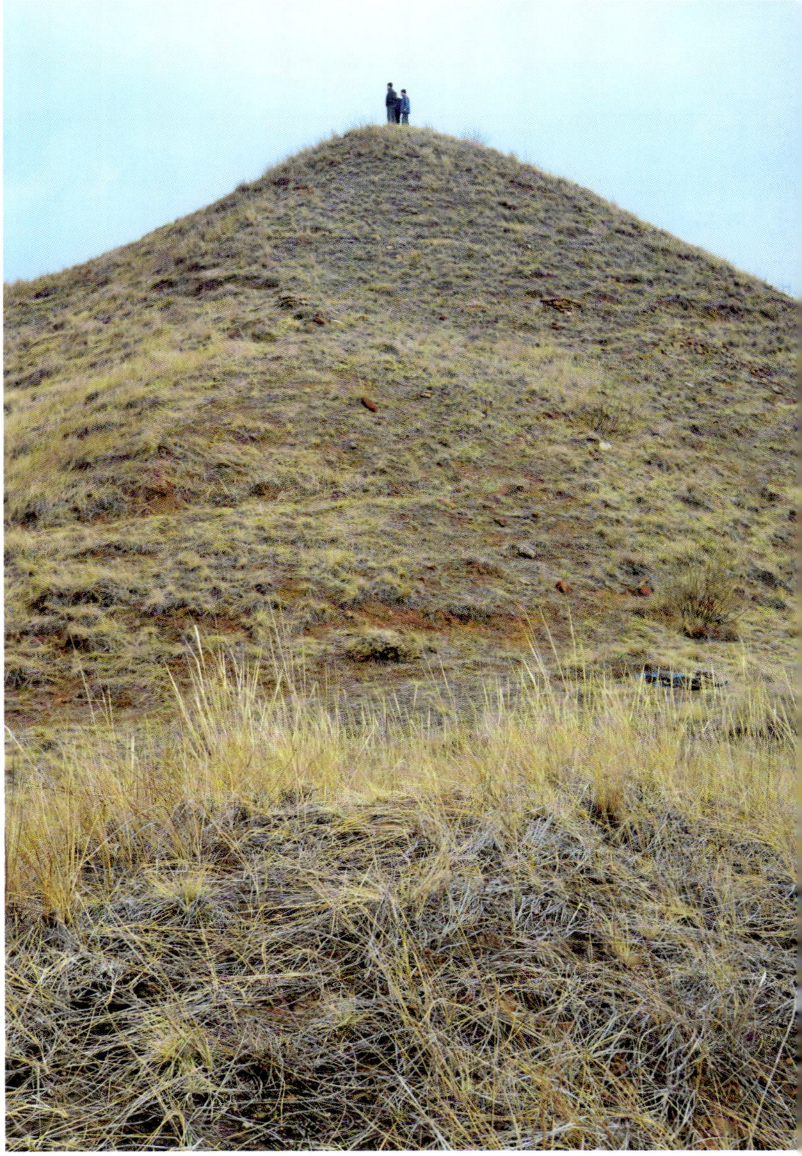

彩图二一三　拐子上古城东北角台（南—北）

彩图二一四　拐子上古城东南角台（南—北）

彩图二一五　拐子上烽燧（东—西）

彩图二一六　坡根底山顶长城 1 段起点及坡根底 1 号烽燧（西南—东北）

彩图二一七　坡根底长城 1 段及大青山前的呼和浩特市市区（西北—东南）

彩图二一八　坡根底山顶 1 号烽燧改砌的敖包（北—南）

彩图二一九　站在坡根底山顶 1 号烽燧改砌的敖包之上眺望呼和浩特市市区（北—南）

彩图二二〇　坡根底山顶 2 号烽燧（西—东）

彩图二二一　坡根底山顶 3 号烽燧（西—东）

彩图二二二　坡根底山顶长城 3 段（东南—西北）

彩图二二三　冯家窑 1 号障城远景（东—西）

彩图二二四　冯家窑 1 号障城航片

彩图二二五　冯家窑烽燧（东北—西南）

彩图二二六　冯家窑 2 号障城内部（东南—西北）

彩图二二七　冯家窑 2 号障城远景（南—北）

彩图二二八　冯家窑 2 号障城航片

彩图二二九　冯家窑 2 号障城北侧当路塞长城（东—西）

彩图二三〇　崞县窑 2 号烽燧（南—北）

彩图二三一　魏家窑长城 3 段（南—北）

彩图二三二　魏家窑 3 号烽燧（北—南）

彩图二三三　魏家窑 5 号烽燧（东北—西南）

彩图二三四　小东沟长城 2 段（西北—东南）

彩图二三五　小东沟 4 号烽燧（西北—东南）

彩图二三六　小东沟 5 号烽燧（西—东）

彩图二三七　小东沟 6 号烽燧（东—西）

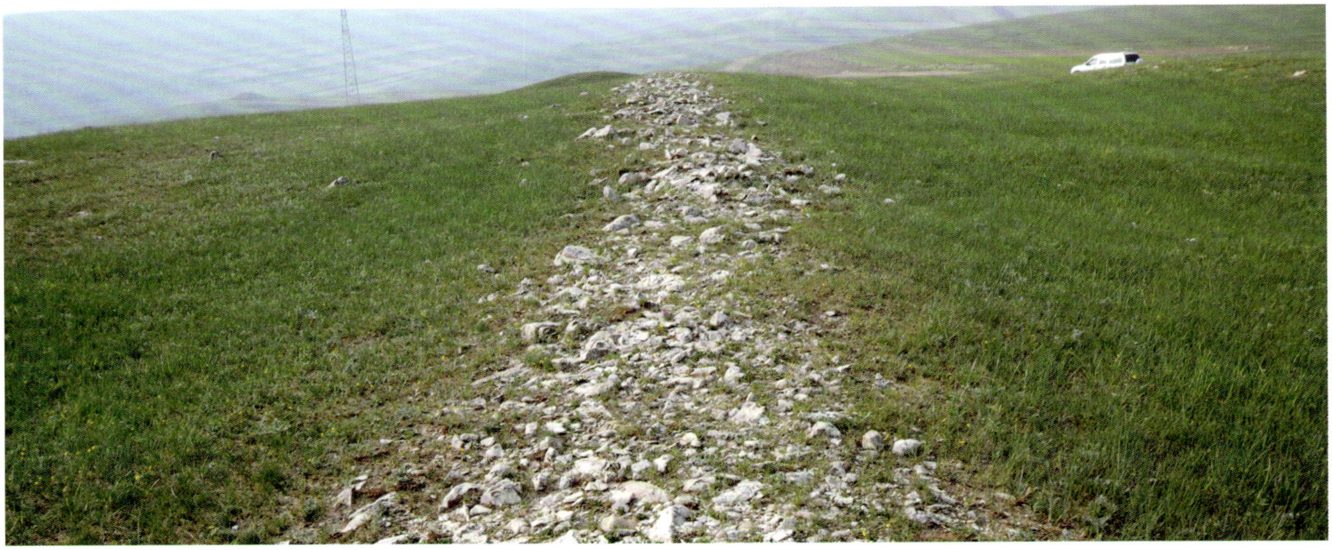

彩图二三八　小东沟长城 5 段（东南—西北）

彩图二三九　小东沟遗址（东南—西北）

彩图二四〇　小东沟 12 号烽燧（西北—东南）

彩图二四一　白彦山 4 号烽燧（西—东）

彩图二四二　四合义长城（东南—西北）

彩图二四三　四合义 2 号烽燧（北—南）

彩图二四四　什尔登 5 号烽燧（东南—西北）

彩图二四五　什尔登长城5段（东—西）

彩图二四六　小永安昌2号烽燧（东—西）

彩图二四七　小三合玉长城（东—西）

彩图二四八　沙湾子遗址（西北—东南）

彩图二四九　小碱滩 3 号烽燧（西北—东南）

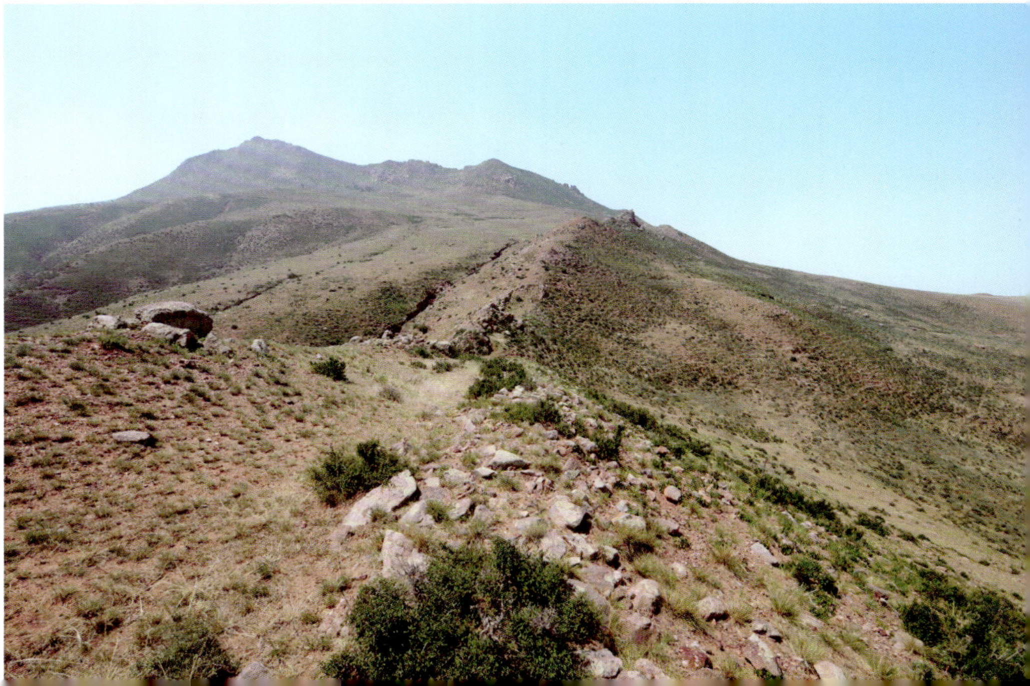
彩图二五〇　大营盘长城（东—西）

彩图二五一　黑沙兔长城 1 段（东—西）

彩图二五二　黑沙兔 3 号烽燧（东—西）

彩图二五三　酒馆村长城（西南—东北）

彩图二五四　酒馆 8 号烽燧（东北—西南）

彩图二五五　大路壕长城 2 段（东北—西南）

彩图二五六　大路壕 4 号烽燧（南—北）

彩图二五七　前北沟长城 3 段（西南—东北）

彩图二五八　前北沟 6 号烽燧（东—西）

彩图二五九　前北沟长城 4 段（东北—西南）

彩图二六〇　大壕赖 1 号烽燧（东—西）

彩图二六一　大壕赖 4 号烽燧（西南—东北）

彩图二六二　达不亥 1 号烽燧（东北—西南）

彩图二六三　达不亥 3 号烽燧（东北—西南）

彩图二六四　哈拉合少 2 号烽燧（西南—东北）

彩图二六五　哈拉合少 4 号烽燧（东—西）

彩图二六六　各此老 4 号烽燧（西南—东北）

彩图二六七　各此老7号烽燧（南—北）

彩图二六八　边墙底3号、2号烽燧（西南—东北）

彩图二六九　良泉坝长城2段（东南—西北）

彩图二七〇　良泉坝 3 号烽燧
（东南—西北）

彩图二七一　良泉坝 5 号烽燧
（西北—东南）

彩图二七二　良泉坝 7 号烽燧
（南—北）

彩图二七三　西乌兰不浪障城（东南—西北）

彩图二七四　七号村长城（东南—西北）

彩图二七五　花圪台长城 1 段后小段墙体（东南—西北）

彩图二七六　花圪台 2 号烽燧（北—南）

彩图二七七　花圪台 4 号烽燧（西—东）

彩图二七八　花圪台 6 号烽燧（西—东）

彩图二七九　花圪台长城 3 段（西—东）

彩图二八〇　胡岱窑长城 1 段（西北—东南）

彩图二八一　胡岱窑 2 号烽燧（东—西）

彩图二八二　胡岱窑 3 号烽燧
（西南—东北）

彩图二八三　胡岱窑 9 号烽燧
（西—东）

彩图二八四　胡岱窑 15 号烽燧
（南—北）

彩图二八五　胡岱窑 16 号烽燧（西北—东南）

彩图二八六　黄家村长城（东—西）

彩图二八七　黄家村 2 号烽燧（西北—东南）

彩图二八八　黄家村7号烽燧（东南—西北）

彩图二八九　大兴有长城（南—北）

彩图二九〇　陈家村长城 1 段（东—西）

彩图二九一　陈家村 1 号烽燧（东北—西南）

彩图二九二　元恒永 1 号烽燧（西南—东北）

彩图二九三　元恒永长城 2 段（东—西）

彩图二九四　长发城障城（北—南）

彩图二九五　靳家沟 2 号烽燧（东—西）

彩图二九六　靳家沟长城 4 段（西北—东南）

彩图二九七　靳家沟 4 号烽燧（西—东）

彩图二九八　靳家沟长城 6 段中小段墙体及靳家沟 7 号烽燧（西北—东南）

彩图二九九　靳家沟 6 号烽燧坞址及其墩台（西南—东北）

彩图三〇〇　坝根底长城 2 段前小段墙体（西北—东南）

彩图三〇一　坝根底长城 2 段中小段墙体及坝根底 3 号、4 号烽燧（东—西）

彩图三〇二　坝根底铁矿烽燧（东南—西北）

彩图三〇三　坝根底2号烽燧坞址及墩台（南—北）

彩图三〇四　坝根底5号烽燧（南—北）

彩图三〇五　坝根底6号、7号烽燧（南—北）

彩图三〇六　侯家窑长城（西—东）

彩图三〇七　侯家窑 2 号烽燧积薪垛、坞及墩台（南—北）

彩图三〇八　侯家窑 2 号烽燧积薪垛、坞及石圈（东北—西南）

彩图三〇九　大庙长城 2 段及大庙 3 号烽燧远眺（东—西）

彩图三一〇　大庙长城 3 段前小段墙体及大庙 2 号烽燧（东—西）

彩图三一一　大庙长城 3 段后小段及大庙 4 号烽燧、小窝兔 1 号烽燧（东—西）

彩图三一二　小窝兔长城1段（东—西）

彩图三一三　小窝兔2号、3号烽燧（东南—西北）

彩图三一四　小窝兔3号烽燧墩台、坞及围墙（北—南）

彩图三一五　小窝兔 4 号烽燧（东—西）

彩图三一六　水口长城 2 段（西—东）

彩图三一七　水口长城 4 段及水口 5 号烽燧（东—西）

彩图三一八　水口长城 4 段中、后小段墙体（西南—东北）

彩图三一九　黑土窑 2 号烽燧积薪垛及墩台（南—北）

彩图三二〇　水口长城 5 段及前后段墙体与黑土窑 1 号烽燧（东北—西南）

彩图三二一　水口 4 号烽燧围墙及墩台（西—东）

彩图三二二　南窑子 5 号烽燧（北—南）

彩图三二三　三元成长城 1 段后小段墙体及三元成长城 2 段前小段墙体（东—西）

彩图三二四　三元成长城 2 段中小段墙体及三元成 2 号烽燧（西—东）

彩图三二五　三元成 2 号烽燧积薪垛及墩台（南—北）

彩图三二六　碾房古城（西北—东南）

彩图三二七　三元成长城 5 段及三元成 5 号烽燧（西北—东南）

彩图三二八　大德恒长城 1 段前小段墙体及大德恒 1 号、大西沟烽燧（西—东）

彩图三二九　大德恒 2 号烽燧墩台及坞址（南—北）

彩图三三〇　大德恒长城 2 段及大德恒 6 号烽燧（东—西）

彩图三三一　大德恒长城2段中小段墙体及大德恒7号烽燧（西南—东北）

彩图三三二　三分子长城4段及三分子1号烽燧远眺（西北—东南）

彩图三三三　后耳驹沟长城1段后小段墙体及后耳驹沟南沟烽燧（东—西）

彩图三三四　后耳驹沟 1 号烽燧（西—东）

彩图三三五　后耳驹沟 5 号烽燧坞址及墩台（东南—西北）

彩图三三六　后耳驹沟 6 号烽燧积薪垛（南—北）

彩图三三七　后耳驹沟长城3段及后耳居沟8号、9号烽燧（东北—西南）

彩图三三八　后耳驹沟7号烽燧积薪垛及墩台（东南—西北）

彩图三三九　后耳驹沟8号烽燧旁侧石人及墩台（西南—东北）

彩图三四〇　后耳驹沟长城 4 段（西南—东北）

彩图三四一　后耳驹沟 9 号烽燧坞址及墩台（南—北）

彩图三四二　后耳驹沟长城 5 段前小段墙体（南—北）

彩图三四三　后耳驹沟长城 6 段排水口（北—南）

彩图三四四　后耳驹沟 11 号烽燧坞址及后耳居沟 10 号烽燧（南—北）

彩图三四五　天盛成长城1段（东—西）

彩图三四六　天盛成长城4段（东—西）

彩图三四七　山湾子长城（东—西）

彩图三四八　山湾子长城挡水墙（东—西）

彩图三四九　山湾子烽燧（东南—西北）

彩图三五〇　程顺渠长城（东—西）

彩图三五一　程顺渠2号烽燧（东—西）

彩图三五二　日兴成长城 1 段（东—西）

彩图三五三　日兴成长城 2 段后小段墙体（东—西）

彩图三五四　日兴成 2 号烽燧（东—西）

彩图三五五　车铺渠长城 1 段及车铺渠 1 号烽燧（东南—西北）

彩图三五六　车铺渠长城 3 段及车铺渠 2 号烽燧（西—东）

彩图三五七　车铺渠长城 3 段与车铺渠 3 号烽燧（东—西）

彩图三五八　车铺渠 4 号烽燧（西—东）

彩图三五九　车铺渠长城 6 段及车铺渠 5 号烽燧远眺（西—东）

彩图三六〇　车铺渠长城 7 段及车铺渠 6 号烽燧（东—西）

彩图三六一　四座大门长城5段（东—西）

彩图三六二　四座大门3号烽燧积薪垛及墩台（南—北）

彩图三六三　四成功1号烽燧采集陶片及铁锛

彩图三六四　四成功长城 3 段、4 段（东—西）

彩图三六五　四成功长城 5 段及四成功 4 号、3 号、2 号烽燧（西—东）

彩图三六六　四成功长城 5 段及四成功 6 号烽燧（东—西）

彩图三六七　哈业胡同长城 1 段（东—西）

彩图三六八　哈业胡同长城 2 段（东—西）

彩图三六九　哈业胡同长城 2 段排水口外护坡墙（东—西）

彩图三七〇　哈业胡同 2 号烽燧（西—东）

彩图三七一　哈业胡同 4 号烽燧及哈业胡同长城 2 段后小段墙体（西—东）

彩图三七二　哈业胡同长城 4 段墙体剖面（西—东）

彩图三七三　哈业胡同5号烽燧及哈业胡同长城5段（南—北）

彩图三七四　哈业胡同5号烽燧采集陶片

彩图三七五　永和公障城及永和公1号烽燧（西南—东北）

彩图三七六　永和公长城 2 段（西北—东南）

彩图三七七　永和公 2 号烽燧积薪垛及墩台（东南—西北）

彩图三七八　永和公长城 3 段（东南—北）

彩图三七九　天面此老长城 1 段中小段墙体及天面此老 2 号烽燧（东南—西北）

彩图三八〇　天面此老长城 1 段后小段前端墙体及天面此老 4 号烽燧（东—西）

彩图三八一　西永兴长城及西永兴 2 号烽燧（东南—西北）

彩图三八二　西永兴 1 号烽燧积薪垛及墩台（西南—东北）

彩图三八三　西永兴2号烽燧积薪垛及墩台（西南—东北）

彩图三八四　西山湾长城1段（山险墙）及西山湾长城2段前小段墙体（东—西）

彩图三八五　西山湾长城 2 段中小段墙体（东—西）

彩图三八六　西山湾长城 2 段后小段墙体及西山湾 2 号烽燧（东—西）

彩图三八七　西山湾 1 号烽燧积薪垛及墩台（东南—西北）

彩图三八八　西山湾长城 3 段中小段墙体（东南—西北）

彩图三八九　西山湾长城 3 段后小段墙体及西山湾 4 号烽燧（东—西）

彩图三九〇　西山湾 3 号烽燧（西北—东南）

彩图三九一　西山湾长城 7 段（东南—西北）

彩图三九二　西山湾 5 号烽燧（南—北）

彩图三九三　哈毛坝长城 1 段中小段墙体及哈毛坝 1 号烽燧（东—西）

彩图三九四　哈毛坝长城 1 段后小段墙体及哈毛坝 2 号烽燧（东南—西北）

彩图三九五　哈毛坝 3 号烽燧积薪垛及墩台（南—北）

彩图三九六　哈毛坝长城 2 段及哈毛坝 5 号烽燧远眺（东—西）

彩图三九七　后西永兴长城 3 段（东—西）

彩图三九八　后西永兴长城 5 段（东—西）

彩图三九九　后西永兴长城 5 段及后西永兴 7 号烽燧（北—南）

彩图四〇〇　后西永兴 5 号烽燧与 4 号烽燧远眺（西—东）

彩图四〇一　后西永兴 6 号烽燧（南—北）

彩图四〇二　苏计坝长城 1 段中小段墙体（西北—东南）

彩图四〇三　苏计坝 4 号、5 号烽燧（东—西）

彩图四〇四　苏计坝长城3段中小段墙体及苏计坝6号烽燧（西北—东南）

彩图四〇五　苏计坝6号烽燧积薪垛（南—北）

彩图四〇六　葛家边墙壕长城 1 段后小段墙体及葛家边墙壕 5 号烽燧（东—西）

彩图四〇七　葛家边墙壕长城 1 段后小段墙体（西—东）

彩图四〇八　葛家边墙壕 1 号烽燧（西南—东北）

彩图四〇九　葛家边墙壕 2 号烽燧（东—西）

彩图四一〇　葛家边墙壕 5 号烽燧（东—西）

彩图四一一　葛家边墙壕长城 2 段（北—南）

彩图四一二　葛家边墙壕长城 3 段墙体剖面（西—东）

彩图四一三　邬家边墙壕 1 号烽燧墩台及坞址（南—北）

彩图四一四　邬家边墙壕 1 号烽燧墩台西南部积薪垛（西南—东北）

彩图四一五　邬家边墙壕 2 号烽燧（东—西）

彩图四一六　邬家边墙壕长城 3 段及邬家边墙壕 4 号烽燧远眺（东—西）

彩图四一七　邬家边墙壕 3 号烽燧积薪垛及墩台（南—北）

彩图四一八　刘家边墙壕长城 1 段后小段墙体（东—西）

彩图四一九　刘家边墙壕长城1段墙体断面（东—西）

彩图四二〇　刘家边墙壕2号烽燧积薪垛及墩台（东南—西北）

彩图四二一　刘家边墙壕长城 2 段（西—东）

彩图四二二　十三分子长城（东—西）

彩图四二三　陈碾房长城前小段墙体（东—西）

彩图四二四　陈碾房 2 号烽燧（东南—西北）

彩图四二五　陈碾房 4 号烽燧（东—西）

彩图四二六　奋子塔长城 2 段山险墙（西北—东南）

彩图四二七　奋子塔长城 2 段、3 段及奋子塔 1 号烽燧远眺（北—南）

彩图四二八　奋子塔 1 号烽燧采集陶片

彩图四二九　奋子塔长城 5 段山险墙及奋子塔 1 号烽燧远眺（西北—东南）

彩图四三〇　奋子塔长城 6 段（东—西）

彩图四三一　奋子塔 2 号烽燧（南—北）

彩图四三二　王如地长城 1 段及王如地长城 5 段副墙（东—西）

彩图四三三　王如地长城 1 段及王如地长城 6 段副墙（东—西）

彩图四三四　王如地 1 号烽燧（南—北）

彩图四三五　王如地 2 号烽燧及王如地 1 号烽燧所在的尖子山（西—东）

彩图四三六　王如地长城 2 段（东南—西北）

彩图四三七　王如地 3 号烽燧（东南—西北）

彩图四三八　王如地长城 4 段及王如地川地（西北—东南）

彩图四三九　广申隆长城 1 段（东南—西北）

彩图四四〇　广申隆长城 4 段（东—西）

彩图四四一　广申隆 1 号烽燧（北—南）

彩图四四二　广申隆长城 8 段（东—西）

彩图四四三　广申隆 3 号烽燧及广申隆长城 8 段后小段墙体（东—西）

彩图四四四　广申隆长城 9 段（东北—西南）

彩图四四五　广申隆 4 号烽燧（西—东）

彩图四四六　广申隆长城（东北—西南）

彩图四四七　广申隆 5 号烽燧（西—东）

彩图四四八　广申隆 7 号烽燧（东—西）

彩图四四九　广申隆长城 11 段（东北—西南）

彩图四五〇　广申隆长城 12 段（西—东）

彩图四五一　广申隆 8 号烽燧（西—东）

彩图四五二　广申隆 9 号烽燧（东—西）

彩图四五三　广申隆长城 13 段（西—东）

彩图四五四　广申隆 12 号烽燧（东—西）

彩图四五五　广申隆 13 号烽燧（东—西）

彩图四五六　广申隆长城 14 段（东—西）

彩图四五七　广申隆 14 号烽燧（东—西）

彩图四五八　广申隆 15 号烽燧（西—东）

彩图四五九　广申隆长城 15 段（北—南）

彩图四六〇　广申隆 16 号烽燧（西—东）

彩图四六一　广申隆长城 16 段（西南—东北）

彩图四六二　增隆昌长城 1 段（东北—西南）

彩图四六三　增隆昌长城 2 段（东—西）

彩图四六四　增隆昌 2 号烽燧（东—西）

彩图四六五　增隆昌 3 号烽燧（北—南）

彩图四六六　增隆昌 4 号烽燧（北—南）

彩图四六七　增隆昌长城 5 段（东—西）

彩图四六八　增隆昌 5 号烽燧（东—西）

彩图四六九　增隆昌长城 6 段（东南—西北）

彩图四七〇　增隆昌6号烽燧（东—西）

彩图四七一　增隆昌长城7段夯层（东—西）

彩图四七二　增隆昌长城7段（东南—西北）

彩图四七三　增隆昌 7 号烽燧（南—北）

彩图四七四　增隆昌 9 号烽燧（北—南）

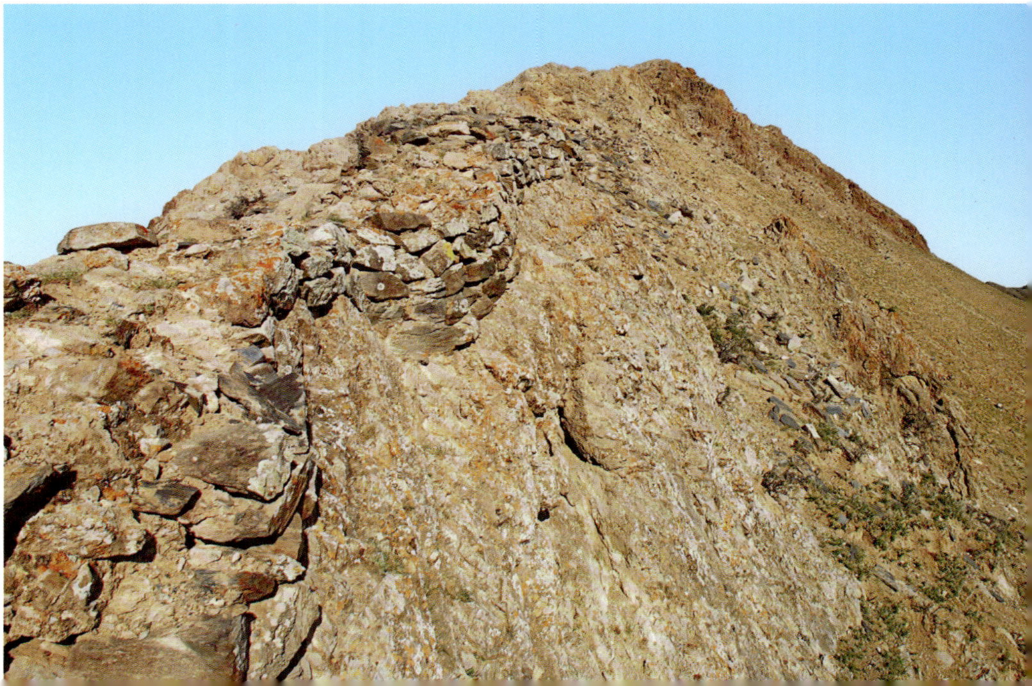

彩图四七五　小井沟长城 2 段（东南—西北）

彩图四七六　小井沟长城 2 段（东—西）

彩图四七七　小井沟长城 3 段（东北—西南）

彩图四七八　小井沟 3 号烽燧（北—南）

彩图四七九　小井沟 3 号烽燧（东南角，东南—西北）

彩图四八〇　小井沟 4 号烽燧（东—西）

彩图四八一　小井沟长城 5 段（东南—西北）

彩图四八二　小井沟长城 7 段断面夯层（西—东）

彩图四八三　小井沟长城7段（东—西）

彩图四八四　小井沟5号烽燧（东—西）

彩图四八五　小井沟6号烽燧（南—北）

彩图四八六　小井沟长城 8 段（东—西）

彩图四八七　小井沟 9 号烽燧（北—南）

彩图四八八　小井沟 13 号烽燧（北—南）

彩图四八九　小井沟长城 10 段（东—西）

彩图四九〇　小井沟长城 11 段（东北—西南）

彩图四九一　小井沟 16 号烽燧（北—南）

彩图四九二　鲁家地 2 号烽燧（北—南）

彩图四九三　鲁家地 5 号烽燧（北—南）

彩图四九四　鲁家地长城 3 段（东—西）

彩图四九五　鲁家地 7 号烽燧（南—北）

彩图四九六　鲁家地长城4段（北—南）

彩图四九七　鲁家地长城4段（西—东）

彩图四九八　鲁家地 11 号烽燧（东—西）

彩图四九九　鲁家地长城 6 段（东北—西南）

彩图五〇〇　新村长城 1 段（东北—西南）

彩图五〇一　新村 1 号烽燧（东南—西北）

彩图五〇二　新村长城 2 段（西南—东北）

彩图五〇三　新村长城 2 段（东北—西南）

彩图五〇四　新村长城 4 段（东—西）

彩图五〇五　新村 5 号烽燧（东—西）

彩图五〇六　新村长城 5 段山险墙（东—西）

彩图五〇七　新村长城 8 段（东—西）

彩图五〇八　新村长城 9 段（东—西）

彩图五〇九　新村 11 号烽燧（东—西）

彩图五一〇　新村长城 10 段（东南—西北）

彩图五一一　新村长城 10 段（东—西）

彩图五一二　新村 12 号烽燧（东北—西南）

彩图五一三　新村长城 11 段（东南—西北）

彩图五一四　新村长城 13 段（西—东）

彩图五一五　新村 14 号烽燧（南—北）

彩图五一六　河湾长城 1 段后小段墙体（西—东）

彩图五一七　河湾长城 5 段（东—西）

彩图五一八　河湾障城（西—东）

彩图五一九　河湾长城 6 段（东南—西北）

彩图五二〇　河湾 5 号烽燧（东—西）

彩图五二一　河湾 6 号烽燧（南—北）

彩图五二二　河湾 8 号烽燧（南—北）

彩图五二三　河湾9号烽燧（东北—西南）

彩图五二四　阿尔善长城1段后小段墙体（东—西）

彩图五二五　阿尔善长城2段（南—北）

彩图五二六　阿尔善长城 2 段（东—西）

彩图五二七　阿尔善长城 4 段（东北—西南）

彩图五二八　阿尔善长城 7 段（西北—东南）

彩图五二九　阿尔善 9 号烽燧（东—西）

彩图五三〇　阿尔善 12 号烽燧（东北—西南）

彩图五三一　阿尔善长城 9 段（东—西）

彩图五三二　阿尔善 16 号烽燧（东—西）

彩图五三三　阿尔善长城 11 段（南—北）

彩图五三四　阿尔善长城 12 段（东—西）

彩图五三五　阿尔善障城（东—西）

彩图五三六　圐圙补隆长城 1 段（东—西）

彩图五三七　圐圙补隆长城 2 段（西北—东南）

彩图五三八　圐圙补隆长城 2 段（东—西）

彩图五三九　圐圙补隆长城 3 段（北—南）

彩图五四〇　罽圙补隆 8 号烽燧（北—南）

彩图五四一　罽圙补隆长城 4 段（东—西）

彩图五四二　罔圖补隆长城 5 段（西—东）

彩图五四三　罔圖补隆 13 号烽燧（东—西）

彩图五四四　增隆昌长城 11 段（东南—西北）

彩图五四〇　圐圙补隆8号烽燧（北—南）

彩图五四一　圐圙补隆长城4段（东—西）

彩图五四二　圐圙补隆长城5段（西—东）

彩图五四三　圐圙补隆13号烽燧（东—西）

彩图五四四　增隆昌长城11段（东南—西北）

彩图五四五　增隆昌长城 14 段（南—北）

彩图五四六　查干敖包长城 1 段后小段及查干敖包长城 2 段前小段墙体（东—西）

彩图五四七　查干敖包 1 号烽燧（北—南）

彩图五四八　查干敖包 2 号烽燧（西—东）

彩图五四九　查干敖包 3 号烽燧（南—北）

彩图五五〇　查干敖包 4 号烽燧（北—南）

彩图五五一　查干敖包 5 号烽燧（东—西）

彩图五五二　查干敖包长城 3 段（东—西）

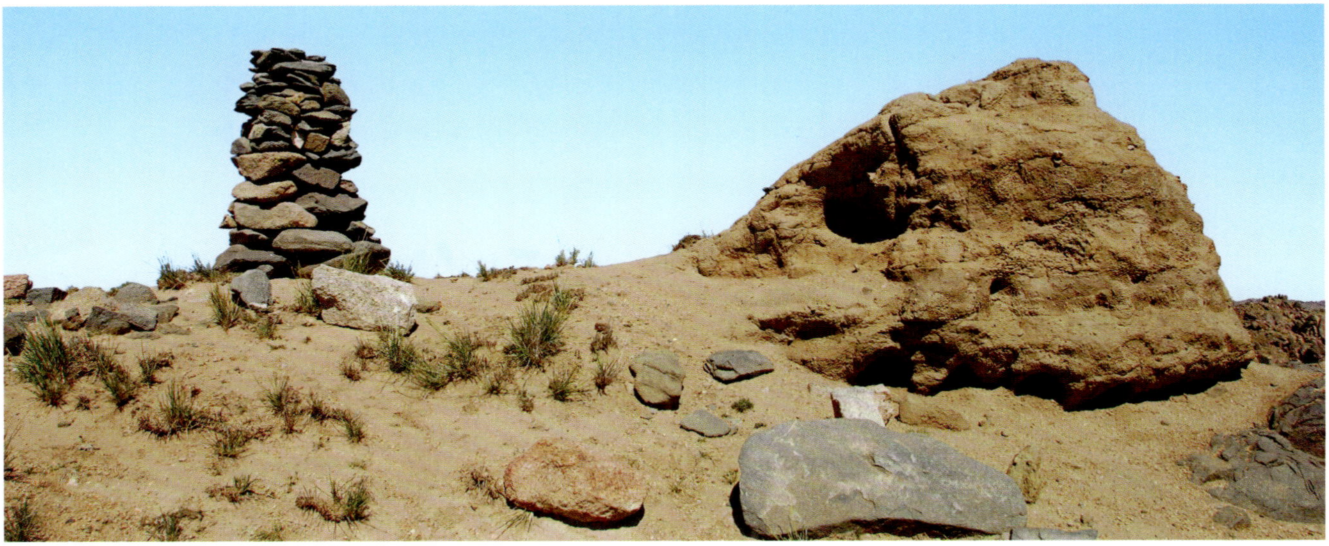

彩图五五三　查干敖包 6 号烽燧（东北—西南）

彩图五五四　查干敖包 9 号烽燧（东—西）

彩图五五五　查干敖包 9 号烽燧（南—北）

彩图五五六　查干敖包 10 号烽燧（南—北）

彩图五五七　查干敖包 18 号烽燧（北—南）

彩图五五八　查干敖包 18 号烽燧东侧摩楞河谷（东—西）

彩图五五九　查干敖包 18 号烽燧北侧坞址（南—北）

彩图五六〇　查干敖包长城 5 段（东—西）

彩图五六一　查干敖包 14 号烽燧（西—东）

彩图五六二　查干敖包 15 号烽燧（西北—东南）

彩图五六三　查干敖包长城 6 段及查干敖包 16 号烽燧（西北—东南）

彩图五六四　查干敖包 17 号烽燧（东北—西南）

彩图五六五　查干敖包长城 7 段（东南—西北）

彩图五六六　查干敖包长城 8 段（东南—西北）

彩图五六七　查干敖包长城 8 段（西北—东南）

彩图五六八　查干敖包 23 号烽燧（东—西）

彩图五六九　查干敖包 24 号烽燧（西—东）

彩图五七〇　查干敖包 25 号烽燧（南—北）

彩图五七一　查干敖包 25 号烽燧西侧积薪垛与查干敖包长城 9 段（东—西）

彩图五七二　查干敖包长城 9 段（东南—西北）

彩图五七三　查干敖包长城 9 段（西—东）

彩图五七四　查干敖包 26 号烽燧（东—西）

彩图五七五　查干敖包 28 号烽燧南侧积薪垛（北—南）

彩图五七六　查干敖包长城 10 段中小段墙体（东—西）

彩图五七七　查干敖包长城 10 段后小段墙体（东—西）

彩图五七八　查干敖包 30 号烽燧（北—南）

彩图五七九　查干敖包长城 11 段（东—西）

彩图五八〇　查干敖包 33 号烽燧（北—南）

彩图五八一　查干敖包 34 号烽燧（北—南）

彩图五八二　查干敖包长城 12 段与石哈河东岸崖壁（西南—东北）

彩图五八三　查干敖包长城 12 段（东—西）

彩图五八四　查干敖包 39 号烽燧（东—西）

彩图五八五　查干敖包 43 号烽燧（东—西）

彩图五八六　查干敖包 44 号烽燧及积薪垛（东北—西南）

彩图五八七　查干敖包长城 13 段（东—西）

彩图五八八　查干敖包长城 13 段的石筑排水涵洞（东—西）

彩图五八九　查干敖包长城 14 段（北—南）

彩图五九〇　查干敖包长城16段（东—西）

彩图五九一　同和太长城3段（东—西）

彩图五九二　同和太长城 8 段及同和太 17 号、18 号烽燧（东南—西北）

彩图五九三　同和太 18 号烽燧（东北—西南）

彩图五九四　同和太 21 号烽燧（东—西）

彩图五九五　同和太长城 12 段（西南—东北）

彩图五九六　同和太 28 号烽燧（北—南）

彩图五九七　同和太长城 16 段及折角处马面（东—西）

彩图五九八　同和太长城 19 段（东—西）

彩图五九九　同和太长城 22 段及同和太 47 号烽燧积薪垛（东—西）

彩图六〇〇　同和太 47 号烽燧（东北—西南）

彩图六〇一　同和太长城 23 段及同和太 49 号烽燧（东—西）

彩图六〇二　同和太长城 24 段（东—西）

彩图六〇三　同和太长城 26 段（东—西）

彩图六〇四　同和太 55 号烽燧（东南—西北）

彩图六〇五　东希日朝鲁 4 号烽燧（东—西）

彩图六〇六　东希日朝鲁长城 6 段（东—西）

彩图六〇七　东希日朝鲁 12 号烽燧（北—南）

彩图六〇八　东希日朝鲁长城 8 段及东希日朝鲁 14 号烽燧（东—西）

彩图六〇九　东希日朝鲁 18 号烽燧（南—北）

彩图六一〇　东希日朝鲁长城 16 段及东希日朝鲁 25 号、26 号烽燧（东—西）

彩图六一一　东希日朝鲁长城 17 段（东—西）

彩图六一二　东希日朝鲁长城 18 段（西北—东南）

彩图六一三　西希日朝鲁长城 2 段及西希日朝鲁 4 号烽燧（东—西）

彩图六一四　西希日朝鲁 4 号烽燧（东—西）

彩图六一五　西希日朝鲁 6 号烽燧坞址（西南—东北）

彩图六一六　阿拉腾哈少长城 2 段及阿拉腾哈少 3 号烽燧（东—西）

彩图六一七　阿拉腾哈少长城 6 段（西—东）

彩图六一八　阿拉腾哈少 11 号烽燧坞址（西南—东北）

彩图六一九　拉腾哈少长城 9 段（东—西）

彩图六二〇　阿拉腾哈少长城 12 段及阿拉腾哈少 25 号烽燧（东—西）

彩图六二一　阿拉腾哈少长城 13 段及阿拉腾哈少 26 号烽燧（东—西）

彩图六二二　阿拉腾哈少 26 号烽燧积薪垛（东南—西北）

彩图六二三　阿拉腾哈少 32 号烽燧（东—西）

彩图六二四　阿拉腾哈少长城 16 段（东北—西南）

彩图六二五　阿拉腾哈少 37 号烽燧（东—西）

彩图六二六　阿拉腾哈少长城 18 段及阿拉腾哈少 43 号烽燧（东—西）

彩图六二七　阿拉腾哈少长城 19 段（北—南）

彩图六二八　阿拉腾哈少障城（西北—东南）

彩图六二九　罕乌拉长城 1 段及罕乌拉 1 号烽燧（西南—东北）

彩图六三〇　罕乌拉长城 3 段及罕乌拉 7 号烽燧（东—西）

彩图六三一　罕乌拉 8 号烽燧（北—南）

彩图六三二　罕乌拉长城 6 段（东—西）

彩图六三三　罕乌拉 19 号烽燧（北—南）

彩图六三四　巴音吉拉嘎障城（西北—东南）

彩图六三五　巴音吉拉嘎长城 3 段（北—南）

彩图六三六　前达门 1 号烽燧（东—西）

彩图六三七　前达门长城6段（东—西）

彩图六三八　前达门5号烽燧（北—南）

彩图六三九　前达门长城 8 段（东北—西南）

彩图六四○　前达门长城 13 段（东北—西南）

彩图六四一　前达门 12 号烽燧（西—东）

彩图六四二　前达门 13 号烽燧（西—东）

彩图六四三　前达门长城 14 段
（东—西）

彩图六四四　前达门 17 号烽燧
（东—西）

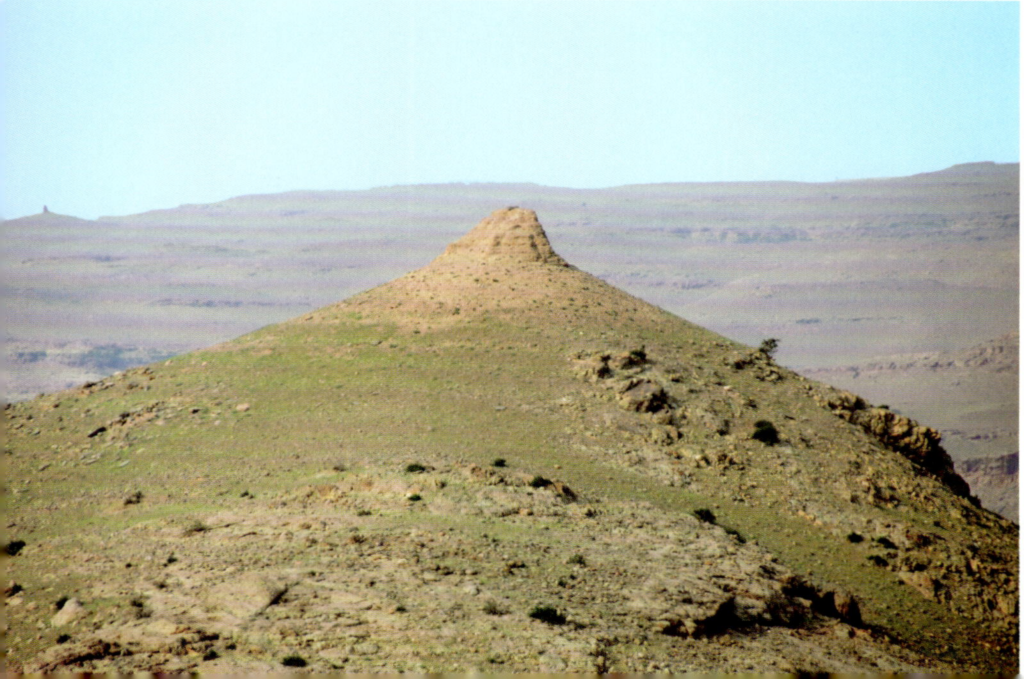

彩图六四五　哈拉呼鲁 1 号烽燧
（东北—西南）

彩图六四六　哈拉呼鲁长城 2 段（东—西）

彩图六四七　哈拉呼鲁 2 号烽燧（北—南）

彩图六四八　哈拉呼鲁 4 号烽燧（南—北）

彩图六四九　哈拉呼鲁 11 号烽燧（西—东）

彩图六五〇　包格德长城 3 段（东—西）

彩图六五一　包格德长城 4 段（东—西）

彩图六五二　巴音吉拉嘎长城7段（南—北）

彩图六五三　狼山口长城1段（东北—西南）

彩图六五四　石兰计障城所在位置及狼山口（南—北）

彩图六五五　阿拉腾哈拉嘎 1 号烽燧（东—西）

彩图六五六　阿拉腾哈拉嘎长城 5 段（西南—东北）

彩图六五七　阿拉腾哈拉嘎 3 号烽燧墩台西侧坞址（西—东）

彩图六五八　巴彦乌拉长城 1 段
（东南—西北）

彩图六五九　巴彦乌拉长城 2 段
（西北—东南）

彩图六六〇　巴彦乌拉 4 号烽燧
（北—南）

彩图六六一　巴彦乌拉长城5段（西—东）

彩图六六二　巴彦乌拉7号烽燧（东—西）

彩图六六三　富海1号烽燧（东南—西北）

彩图六六四　富海长城（西—东）

彩图六六五　富海 3 号烽燧（南—北）

彩图六六六　宝力格长城（东—西）

彩图六六七　玻璃庙沟障城（东北—西南）

彩图六六八　达巴图障城（西—东）

彩图六六九　那仁乌布尔 1 号烽燧（南—北）

彩图六七〇　哈隆格乃沟长城 1 段（西南—东北）

彩图六七一　哈隆格乃沟长城 2 段（北—南）

彩图六七二　哈隆格乃沟 2 号烽燧（东南—西北）

彩图六七三　哈隆格乃沟 2 号烽燧（西南—东北）

彩图六七四　哈隆格乃沟 2 号烽燧墩台西北角（西北—东南）

彩图六七五　哈隆格乃沟长城3段航拍图（上为北）

彩图六七六　哈隆格乃沟长城3段远景（东南—西北）

彩图六七七　呼仁敖包烽燧（西北—东南）

彩图六七八　巴音乌拉障城（西—东）

彩图六七九　巴音乌拉障城瓮城（东—西）

彩图六八〇　巴音乌拉3号烽燧（东北—西南）

彩图六八一　巴音乌拉 7 号烽燧（东北—西南）

彩图六八二　巴音乌拉 12 号烽燧（南—北）

彩图六八三　布都毛道长城 2 段（西南—东北）

彩图六八四　布都毛道障城航拍图（东南—西北）

彩图六八五　布都毛道 2 号烽燧（东—西）

彩图六八六　布都毛道沟长城航拍图（西北—东南）

彩图六八七　布都毛道沟长城 3 段墙体（西南—东北）

彩图六八八　董家三号长城 1 段墙体（西北—东南）

彩图六八九　小营子长城墙体（西—东）

彩图六九〇　西二道边2号烽燧（东南—西北）

彩图六九一　后老银哈达长城1段墙体（东南—西北）

彩图六九二　后老银哈达 1 号烽燧（北—南）

彩图六九三　后老银哈达 2 号烽燧（西北—东南）

彩图六九四　后老银哈达障城（西北—东南）

彩图六九五　后老银哈达长城 5 段（东南—西北）

彩图六九六　土城子烽燧（南—北）

彩图六九七　灰吞合少烽燧（南—北）

彩图六九八　南曹力干障城远景（西南—东北）

彩图六九九　南曹力干长城4段（东南—西北）

彩图七〇〇　艾卜盖长城2段（西北—东南）

彩图七〇一　好来长城1段（西北—东南）

彩图七〇二　好来长城1段（东南—西北）

彩图七〇三　那日图长城1段（西北—东南）

彩图七〇四　那日图长城1段（东—西）

彩图七〇五　那日图长城3段（东南—西北）

彩图七〇六　那日图长城 4 段（东南—西北）

彩图七〇七　那日图长城 4 段（东—西）

彩图七〇八　板升图长城5段（东北—西南）

彩图七〇九　青片长城2段（西北—东南）

彩图七一〇　莫仁 1 号烽燧（东—西）

彩图七一一　莫仁 2 号烽燧（南—北）

彩图七一二　莫仁 3 号烽燧（东南—西北）

彩图七一三　乌兰格日勒长城6段（东南—西北）

彩图七一四　乌兰格日勒1号烽燧（西—东）

彩图七一五　乌兰格日勒长城 8 段（东—西）

彩图七一六　乌兰格日勒长城 11 段（东—西）

彩图七一七　乌兰格日勒长城 15 段（东—西）

彩图七一八　乌兰格日勒长城 17 段（南—北）

彩图七一九　乌兰格日勒 13 号障城（南—北）

彩图七二〇　乌兰格日勒 13 号障城西南角（北—南）

彩图七二一　乌兰格日勒长城 22 段（西—东）

彩图七二二　乌兰格日勒长城 24 段（西—东）

彩图七二三　乌兰格日勒长城 24 段局部（东—西）

彩图七二四　乌兰格日勒长城 26 段（南—北）

彩图七二五　乌兰格日勒3号烽燧（北—南）

彩图七二六　乌兰格日勒长城28段（南—北）

彩图七二七　乌兰格日勒 17 号障城（东—西）

彩图七二八　乌兰格日勒 17 号障城门道（西—东）

彩图七二九　乌兰格日勒 4 号烽燧（南—北）

彩图七三〇　乌兰格日勒长城 29 段（南—北）

彩图七三一　乌兰格日勒 5 号烽燧（北—南）

彩图七三二　努呼日勒 1 号烽燧（北—南）

彩图七三三　努呼日勒 2 号烽燧（南—北）

彩图七三四　努呼日勒5号障城墙体（南—北）

彩图七三五　呼格吉勒图3号障城残存西北角台（西南—东北）

彩图七三六　阿日障城（东北—西南）

彩图七三七　乌力吉图长城 7 段（东南—西北）

彩图七三八　乌力吉图长城 10 段（东南—西北）

彩图七三九　哈拉图长城 3 段（东—西）

彩图七四〇　哈拉图长城 6 段（东北—西南）

彩图七四一　哈拉图长城 11 段（西南—东北）

彩图七四二　哈拉图长城 12 段（东北—西南）

彩图七四三　哈拉图长城 21 段（西南—东北）

彩图七四四　苏布日格长城 13 段（东北—西南）

彩图七四五　阿布日勒图长城 2 段（西南—东北）

彩图七四六　阿布日勒图 1 号烽燧（西北—东南）

彩图七四七　哈那障城北墙（西—东）

彩图七四八　阿布日勒图长城 6 段（东北—西南）

彩图七四九　阿布日勒图 4 号烽燧（西—东）

彩图七五〇　巴音哈少1号烽燧（西—东）

彩图七五一　查干敖包长城5段（东—西）

彩图七五二　查干敖包长城 11 段（东—西）

彩图七五三　西尼乌素长城 11 段（东南—西北）

彩图七五四　西尼乌素长城 18 段（东南—西北）

彩图七五五　西尼乌素长城 18 段（西北—东南）

彩图七五六　西尼乌素 6 号烽燧（西—东）

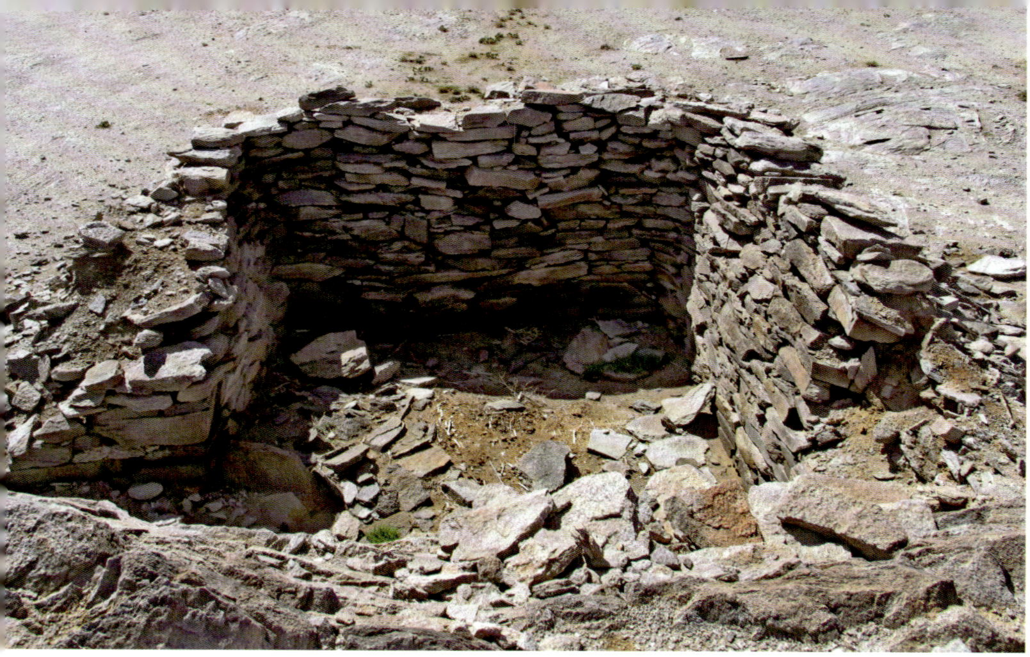

彩图七五七　西尼乌素 6 号烽燧（北—南）

彩图七五八　西尼乌素长城 19 段（东南—西北）

彩图七五九　西尼乌素 8 号烽燧（西—东）

彩图七六〇　西尼乌素长城 21 段（东南—西北）

彩图七六一　西尼乌素长城 21 段（东南—西北）

彩图七六二　西尼乌素长城 22 段（东南—西北）

彩图七六三　庆和昌长城 1 段（东南—西北）

彩图七六四　庆和昌长城3段（南—北）

彩图七六五　丹山障城（东—西）

彩图七六六　赛巴雅尔长城1段（东南—西北）

彩图七六七　黑敖包长城1段（东南—西北）

彩图七六八　格吉格图长城1段（东南—西北）

彩图七六九　查干楚鲁长城4段（西北—东南）

彩图七七〇　满达图长城 2 段（西北—东南）

彩图七七一　呼莫格长城 1 段（西北—东南）

彩图七七二　呼莫格障城（东北—西南）

彩图七七三　阿日呼都格 1 号障城内城局部（南—北）

彩图七七四　阿日呼都格 2 号障城城内（东北—西南）

彩图七七五　巴音宝日长城 7 段（东—西）

彩图七七六　额和音查干长城9段（东—西）

彩图七七七　巴音努如长城11段（东—西）

彩图七七八　巴音努如长城13段（东—西）

彩图七七九　巴音努如长城15段（东—西）

彩图七八〇　巴音努如长城 15 段局部（东北—西南）

彩图七八一　巴音努如 3 号障城远景（南—北）

彩图七八二　巴音努如 3 号障城门址（南—北）

彩图七八三　巴音努如 3 号障城城内局部（东—西）

彩图七八四　巴音努如长城 17 段（东—西）

彩图七八五　巴音努如长城 18 段（东—西）

后　记

自2012年年初开始，在阴山山脉秦汉长城调查资料的基础上，设在内蒙古自治区文物考古研究院的自治区长城资源调查项目组组织人员开展了本报告的编撰工作。到2012年底，完成了调查报告的初稿。参加调查报告初稿编撰的人员有李恩瑞、马登云、苗润华、张文平、杨建林、魏长虹、赵栩田、达来、七十四、武俊生、郝玉龙、张震州、王浩、程建蒙、武明光、胡怀峰、刘斌、刘雪峰、杨志军、小军、訾强等。调查报告的后期统稿工作，由张文平、丹达尔、苗润华、吴松岩等于2013～2021年完成，张文平总统稿。

此外，自治区长城资源调查的合作单位内蒙古自治区航空遥感测绘院，绘制了本报告中所有长城墙体及附属设施、单体建筑、相关遗存等的分布图。主要绘制人员有杜斌、张桂莲、赵海霞、杨晓燕、包东妍、张利娜、李淑敏、郝利娟、孙晶晶等，马登云亦参加了绘制工作。

长城资源调查工作是国家文物局领导下的大型文化遗产调查项目，从调查工作的开展到调查报告的编写、出版，都得到了国家文物局相关领导以及局文物保护与考古司的大力支持。设在中国文化遗产研究院的国家长城资源调查项目组的领导和专家，一直从业务方面对我区的长城调查工作进行着不遗余力的指导，内蒙古自治区长城调查工作所取得的每一份成就，都离不开他们的心血与汗水。最后，感谢自治区文化和旅游厅、自治区文物局、自治区文物考古研究院的领导和同仁对长城资源调查工作的关心与支持。

由于编写时间仓促，加之水平有限，本报告难免存在诸多问题，敬请广大同行、读者批评指正。

编　者

2021年12月